22만 6천 편입합격생의 선택

김영편입

영어

문법

워크북 **1**단계

김앤북
KIM&BOOK

22만 6천 편입합격생의 선택

김영편입 영어
문법
워크북 1단계

PREFACE

편입영어시험을 준비하는 데 있어서 가장 필요한 것은 무엇일까요? 수험생이라면 누구나 기출문제라고 답할 것입니다. 기출문제는 내가 대학에 들어갈 수 있느냐 없느냐를 판가름하는 중요한 바로미터이기 때문입니다. 따라서 쉬운 문제부터 어려운 문제까지 실력을 차근차근 쌓아가는 것을 목표로 "김영편입 기출 시리즈"를 단계별로 제작하였습니다.

"그럼 워크북은 왜 필요할까요? 기출문제만 풀어도 충분하지 않을까요?" 이렇게 이야기하는 수험생들이 분명히 있을 것입니다. 그러나 기출문제는 편입하고자 하는 학교에서 요구하는 실력을 수험생이 갖추고 있는지를 확인하는 문제이므로, 반드시 알고 넘어가야 하는 문제이지, 대학에서 기출문제를 다음 시험에 '그대로' 다시 출제하지는 않습니다. 따라서 기출문제를 통해 기출 유형과 출제경향을 익혔다면 이를 토대로 출제된 예상문제를 풀어봄으로써 이론을 문제에 적용할 수 있는 훈련을 하여 유형이 바뀌더라도 틀리지 않고 풀 수 있는 실력을 쌓아야 시험에서 고득점을 획득할 수 있습니다.

이것이 바로 "김영편입 워크북 시리즈"를 제작하게 된 이유입니다. "기출 1단계"에서 쉬운 기출문제를 풀면서 기초 실력을 쌓을 수 있었다면, "워크북 1단계"에서는 이미 학습한 출제 포인트를 새로운 문제를 통해 다시 한 번 숙지하고 반복 학습할 수 있도록 제작했습니다.

"김영편입 워크북 시리즈"는 "김영편입 기출 시리즈"와 동일한 구성으로 단계별 학습이 가능하도록 만든 책입니다. 따라서 "기출 1단계"를 풀고 나서 "기출 2단계"로 바로 넘어가도 좋지만, "기출 2단계"로 가기에는 실력이 아직 부족하다면, 동일 난이도의 "워크북 1단계"로 실력을 다진 후 "기출 2단계"를 학습하시기 바랍니다.

"워크북 1단계"는 편입영어시험의 대표 유형인 문법, 논리, 독해의 3종으로 구성되어 있습니다. 문법의 경우 "기출 1단계"에서 일목요연하게 정리된 이론을 워크북 1단계에서 어떻게 응용해 출제될 수 있는지 확인할 수 있으며, 논리와 독해의 경우 "기출 1단계"를 풀며 습득한 문제풀이 스킬을 어떻게 다양한 문제에 적용해 볼 수 있는지를 체험할 수 있습니다.

문제를 많이 풀어보는 만큼 실력을 빠르게 쌓을 수 있는 방법은 없습니다. '스스로 학습할 수 있도록 제작된 책'이라는 워크북(workbook)의 사전적 의미처럼, "워크북 1단계"를 통해 기본 단계의 문제라면 혼자서도 거뜬히 풀어낼 수 있는 능력을 향상시키기를 바랍니다.

김영편입 컨텐츠평가연구소

HOW TO STUDY

편입 문법 이렇게 출제된다!

- 문법은 밑줄 친 보기 중 틀린 것을 고르는 Written Expression(W/E) 유형, 빈칸에 알맞은 문법사항을 고르는 General Structure(G/S) 유형, 정/비문 찾기의 크게 3가지 유형의 문제가 출제됩니다.

- W/E 유형과 G/S 유형의 출제 비중이 높은 편이며, 정/비문 찾기의 경우 특정 대학에서 매년 출제되고 있으므로, 그 대학을 준비하는 수험생은 이에 대한 대비가 필요합니다.

- 독해 길이의 장문의 문제와 여러 문법 사항이 혼합된 형태의 고난도 문제를 출제하는 비중이 증가하고 있습니다. 하지만 기본적인 문법 사항을 묻는 문제가 주로 출제되고 있으므로 문법의 기본 개념에 대한 정확한 이해가 필요합니다.

이렇게 대비해라!

- 문법의 기초가 부족할 경우에는 어려운 문제를 푸는 것이 학습에 독이 될 수 있습니다. 자신의 수준에 맞는 쉬운 기출문제부터 풀고 나서 그래도 기초가 부족하다고 생각되는 수험생은 워크북에 수록된 문제를 풀어서 문제풀이에 대한 감을 우선적으로 익혀야 합니다.

- 시험의 빈출 포인트를 파악하고 관련 문제들을 많이 풀어볼 필요가 있습니다. 기출 1단계에서 단원별로 일목요연하게 정리된 문법사항을 확인하고 기출문제에 적용해 보았다면, 워크북 1단계에서는 다양한 문제를 풀어봄으로써 동일 난이도의 문제풀이 능력을 극대화시켜야 합니다.

- 제대로 숙지하지 못한 파트의 문제는 계속해서 틀리게 마련입니다. 자신의 취약 부분을 정확히 파악하고 보완해 나가는 것이 중요합니다. 틀린 문제는 필히 오답노트에 정리해 철저히 확인할 필요가 있습니다.

이 책은 이렇게 구성했다!

- 본 교재는 "기출 1단계"에서 학습한 시험에 자주 출제되는 핵심 문법사항을 묻는 문제를 빠짐없이 수록했습니다. 기본적인 문제뿐 아니라 같은 문법사항을 응용한 문제까지 풀 수 있는 실력을 갖추고자 하는 수험생에게 본서는 특히 안성맞춤입니다.

- 기출문제에서 출제빈도가 높은 문법사항을 묻는 문제 위주로 전 단원에 골고루 수록하였으며, 출제비중이 높은 문제는 유사한 문제들을 제시하여 반복 학습을 통해 실전 적응력을 기를 수 있도록 했습니다.

실전 문제 TEST

○ 다양한 문법 유형의 문제들을 단원마다 고르게 배치하여 어떠한 유형의 문제도 정답을 맞출 수 있는 문제해결능력을 기를 수 있도록 했습니다.

○ 출제 비중이 높은 문법 유형의 경우 테스트 횟수를 늘려 충분히 학습하고 자신감을 얻을 수 있도록 했습니다.

정답과 해설 ANSWERS & TRANSLATION

○ 혼자서도 학습이 가능하도록 정답이 되는 이유를 문제마다 해설에서 명쾌하게 제시하였습니다.

○ 특별한 주의가 필요한 오답 선택지에 대해서는 상세한 오답 해설을 실어 왜 정답이 안 되는지 확실히 파악할 수 있도록 했습니다.

CONTENTS

교재의 내용에 오류가 있나요?
www.kimyoung.co.kr ➡ 온라인 서점 ➡ 정오표 게시판
정오표에 반영되지 않은 새로운 오류가 있을 때에는 교새 오류신고
게시판에 글을 남겨주세요. 정성껏 답변해 드리겠습니다.

해설편

22만 6천 편입합격생의 선택

김영편입 영어
문법

워크북 **1**단계

동사와 문형

[01-12] Choose the one that best completes the sentence.

01   A number of landlords _____ the rent every year at lease renewal, and many tenants complain of unjustified rent hike.

① raise
② rise
③ raises
④ rises

02   The game finished in a 2-0 defeat but the result did not _____ to the travelling fans.

① mattered it
② matter it
③ mattered
④ matter

03   I had my watch _____ at a watchmaker's shop in the village, and I enjoyed dinner with other travelers.

① repaired
② repair itself
③ repairing itself
④ repair

04   The country should _____ international agreements to limit global warming.

① participate
② participate in
③ participating
④ participated in

05   Life-long learning is the only way to remain _____ in today's job market.

① competed
② competition
③ competitive
④ competitively

06 We were stunned to see a barbaric outburst of anti-Japan sentiment _____ through China.

① raging   ② to rage
③ of raging   ④ rages

07 Slightly over half of the population of that region _____ both English and Spanish.

① says   ② says to
③ speaks   ④ speaks to

08 When a squadron of police encountered a large crowd of rioters, batons and bullets _____ the rioters by the dozen.

① had felled   ② felling
③ had fallen   ④ felled

09 On a cloudy day, the man bought _____ for her seventeenth birthday.

① a scarf to her   ② her a scarf
③ a scarf of her   ④ a her scarf

10 Our society is morally bankrupt, and the problems _____ to government cures.

① seem resistant   ② seems to resist
③ seem resistantly   ④ seems resistantly

11 In the past, bears _____ the whole European continent, with the exception of the islands of Sardinia, Corsica, Ireland and Iceland.

① inhabited   ② have inhabited
③ inhabited in   ④ have inhabited in

12   Did you notice the young man _____ away?

① took the jewel and run   ② take the jewel and run

③ taking the jewel and ran   ④ taking the jewel and run

[13-29] Choose the one that is NOT correct in standard English.

13   All ①men feel ②strangely when ③so beautiful a woman chooses ④such an ugly man.

14   To ①avoid from the same mistake, district staff and the board ②have already ③begun to ④examine the budget.

15   We ①simply cannot afford ②allowing the corporate ③greed of the coal, oil and gas industries ④to determine the future of humanity.

16   After the toddler's family finished ①to sing "Happy Birthday", he ②excitedly went to ③blow out the candle — but ④struggled.

17   When the express bus ①was interrupted by a tree, woodmen ②sawed the tree ③kindly and watched the bus ④restarted the journey.

18   When they informed the master ①to his mother's illness, he hurried ②to his house and waited ③on his sick mother ④day and night.

19   We may ①as well ②call the ③show as The Real Housewives of Atlanta because ④it offers us the recipe of the chocolate chip cookies.

20 The administration official ①spoke on the condition of anonymity ②because he ③was not authorized to ④discuss about the matter publicly.

21 When I ①was talking to my cousin ②about Reagan, he ③mentioned me that all three of Reagan's names, first, middle and last, ④contained six letters.

22 When I first ①moved to Bangkok, friends would let me ②sleep on their sofas and lend clothes ③for me until I could start earning enough to take care of ④myself.

23 The ①governing body ②consists in five members of the governor's administration and two local representatives of the ③area where a project ④is proposed.

24 His interest ①in writing all ②stemmed from his old English teacher Dave Novell, when Mr Novell got his students ③start thinking and ④talking about their reading.

25 My husband had assured ①to me fervently that he had no intention ②of coming out of the study, and I had ③been told sternly that all I had to do ④was put dinner on the table.

26 When an Iranian man ①fleeing religious persecution in Tehran sought asylum in the country, the ②authorities tried ③to deport him for ④entering into the country on a forged passport.

27 Geneticists studying DNA now say that, ①to the contrary, a cousin of the Neanderthals may ②have lingered in Africa ③until perhaps 25,000 years ago, ④coexisting the modern humans.

28 Alexander von Humboldt was a superstar. His life ①<u>was packed with</u> adventures. Napoleon envied ②<u>his fame to him</u>. ③<u>Read</u> the biography about him and you ④<u>will be wowed by</u> him too.

29 Lawmakers investigating the ①<u>deadly</u> terrorist attacks in Paris last year have ②<u>lain out</u> a long list of failures ③<u>on the part of</u> French authorities and ④<u>proposed scores of</u> reforms to prevent future attacks in France.

[30] Choose the sentence that is NOT grammatically correct.

30 ① You must not forbid others to modify your data.
② You had better not have your hair curled at that salon.
③ The robber attacked the man to rob his money of him.
④ He'd often run away from home and return penniless.

[01-12] Choose the one that best completes the sentence.

01   A child's success throughout life depends _____ where he or she lives.

① great   ② greatly

③ great on   ④ greatly on

02   Western countries accuse Iran _____ the capability to build nuclear weapons.

① to seek   ② seeking

③ of seeking   ④ for seeking

03   He wasn't letting the bad news _____ his plans to go to a concert.

① to change   ② change

③ changes   ④ changed

04   The weather was too cold, and they managed _____ the room temperature by a few degrees.

① raise   ② to raise

③ to raising   ④ raising

05   If the mother doesn't produce sufficient milk or you have an orphaned puppy, milk replacement formula _____.

① does it   ② will do it

③ does   ④ will do

06   Decide to avoid _____ sick by developing good habits: eat healthful foods, drink lots of water, exercise, and get a good night's sleep.

① to getting   ② get

③ to get   ④ getting

07   I missed _____ the train to Shanghai, and I had to take another one.

① catching   ② to catch

③ being caught   ④ caught

08   While the candidates can delay _____ these difficult questions, they cannot avoid them.

① being answered   ② to answer to

③ answering   ④ to answer

09   Dr Maliangkay says Korea, Japan and China have cultures that discourage people _____ help for psychological issues.

① from seeking   ② to seek

③ seeking   ④ of seeking

10   I visited a village community and listened _____ and play the accordion.

① to an old man sang ② an old man sing

③ to an old man sing ④ an old man sang

11   _____ don't want to help even when we need help.

① They appear to   ② They appear that

③ It appears to   ④ It appears that they

12   I was extremely lucky to have great mentors who appreciated my contribution and forgave _____.

① my mistakes to me   ② me my mistakes

③ me to my mistakes   ④ my mistakes me

[13-29] Choose the one that is NOT correct in standard English.

13   ①Making a list of things you are ②grateful for may seem ③silly, but it has proved ④effectively.

14   He ①held a referendum on the programme but ②it failed ③attracting enough voters ④to be valid.

15   I have heard the girl ①sung. I ②know very little of music but I ③think that she ④has a fine voice.

16   The Prime Minister ①paid a fine ②for traffic police for ③not wearing a helmet ④during his motorcycle ride last week.

17   We ①took responsibility for the actions, removed the signs and ②apologized Mr. Boucher, ③but in his mind, ④that was not enough.

18   There are 168 hours ①in a week, 10,080 minutes. ②How much of that time do the average parents devote ③to talking ④their children?

19 Before my 18 year old brother ①died, I ②owed to him 20 dollars. I ③was 15 at the time and never expected his sudden illness ④to be fatal.

20 Dozens of students ①joined the arguments ②lasting about an hour and several asked many questions ③to the judges and lawyers ④afterward.

21 When the king tried ①to get his own candidate ②elected, the archbishop refused ③accepting him and had Richard ④elected in his place.

22 Western medicine works ①good for trauma and ②acute cases, ③but acupuncture works ④better for chronic conditions and for pain.

23 The stress of ①contracting the disease prevented me from ②being visited my family. So I had to ③stay at home. The course of life ④changed overnight.

24 Brendan Fraser ①made headlines after a video ②went viral. The actor ③appeared sadly and ④spoke in a near whisper for the duration of the video.

25 In the past, people who ①had teeth with ②diseased insides just had the tooth ③pull. It was the only choice for people who could not ④bear the pain any longer.

26 Some employees ①get in at 7 a.m. and ②leave at 3 p.m. but most of them ③arrive the office between 9 a.m. and 10 a.m. and ④leave the office at around 7 p.m..

27 40 percent of 1,000 marketing professionals ①<u>wanted to</u> reinvent ②<u>themselves</u> for the digital age but only 14 percent of ③<u>that</u> 40 percent knew ④<u>to become</u> digital marketers.

28 The air force was largely ①<u>deprived of</u> its pilots by the revolution that ②<u>had ousted</u> the king, ran ③<u>short of spares</u>, and was unable to ④<u>remain</u> sophisticated weaponry.

29 John Augustus ①<u>died</u> peacefully on Friday, Jan. 17, 2020. He ②<u>graduated</u> BU in 1949. He worked for Burroughs Corporation. He ③<u>retired</u> in 1990, and ④<u>wintered</u> in Venice, Fla.

[30] Choose the sentence that is NOT grammatically correct.

30 ① The idea is useful and it is worth considering.
② I had my shaver repaired at the service center.
③ The pharmacist supplied patients prescription drugs.
④ I envy her wit but I never envy her her poverty.

[01-12] Choose the one that best completes the sentence.

01 His employer made him _____ wood for a while.

① saw   ② sawing
③ to saw   ④ seeing

02 So each part of our bodies _____ an object for nip and tuck.

① are become   ② is become
③ become   ④ becomes

03 We are happy to _____ you many treasures of Israel and its capital city of Jerusalem.

① provide   ② explain
③ introduce   ④ show

04 Her hands were dirty but she forgot _____ her hands right away and by mistake rubbed her eyes with her dirty hands.

① to washing   ② to wash
③ washed   ④ washing

05 In India, you should remember _____ with your right hand only because the left hand is reserved for personal hygiene tasks.

① eating   ② to eating
③ to eat   ④ having eaten

06 John did well in his job, was promoted, and was looking forward to _____ a woman.

① marrying to   ② marrying on

③ marrying with   ④ marrying

07 According to the legend, the Messiah will arrive when he wants _____ the new Jerusalem.

① build   ② to building

③ building   ④ to build

08 People in general expect _____ in their homes and local areas.

① feeling safe   ② to feel safe

③ feeling safely   ④ to feel safely

09 Max was sitting on top of a roof when he heard a girl _____ help.

① was screamed   ② screams for

③ was screaming   ④ scream for

10 Friends really close to each other _____ fun of each other all the time.

① enjoys to make   ② enjoy to make

③ enjoys making   ④ enjoy making

11 His parents brought him back to me in order to have him _____ with me.

① persuade staying   ② persuade to stay

③ persuaded staying   ④ persuaded to stay

12 Ancient people regarded the man as the sun and _____ the moon.

① the woman   ② regarding the woman

③ the woman as   ④ regarding the woman as

[13-29] Choose the one that is NOT correct in standard English.

13 Kindness always ①pays it, but it usually ②pays best when it is ③not done for ④pay.

14 The children ①whom we ②met yesterday made us ③comfortably and made us ④laugh.

15 ①Obviously I pretended ②to enjoy ③going to art galleries because it helped me look ④smartly.

16 ①In spite of your thorough planning, ②there may be obstacles that can stop you ③to get ④what you want.

17 If you are ①new to the subject of microscopy, this guide ②will give some ③information you about the ④basics.

18 Doctors explained ①the situation the family and decided ②to perform a brain surgery ③to avert further ④severe bleeding.

19 We later ①learned that local honey helped ②fight off local allergies, and it tasted ③well in tea. It made us ④want more tea.

20 I was out of bed, ①took the train ②to Zurich, and at the airport bought a watch ③to my mother. Then I ④flew to London.

21 The history of New York ①beginning with ②the first interaction with native Indian ③tribes that originally ④inhabited the area.

22 Supporters have ①rallied to her defense, ②likening her to Joan of Arc, ③who defeated against her enemy but ④was burned at the stake.

23 There are video cameras ①watching the counter ②all the time, and the monitors are ③wrapped in clear plastic to keep them ④cleanly.

24 The ①newly released 3D film will enable movie-goers ②journey through distant galaxies ③to explore the grandeur of our celestial ④surroundings.

25 After the country ①democratized in ②the early 1990s, the agency, which has changed its name ③a few times, has vowed not to ④intervene politics.

26 A big smile ①formed on the young woman's face as she ②laid in the hospital bed and ③recalled the doctor who ④had treated her at the hospital before.

27 ①Early today, I went into the den and found the big screen ②lifelessly and I thought that the cats ③stepped on the power strip and turned ④off the power strip.

28 When I ①walked into his room at the start of that week and noticed Auntie Norah ②seating by the window, I had to ③leave again before she saw me ④crying.

29 A captain's cap ①covered a mat of silver hair. His overall size reflected a strong ②build, but age robbed the ③man from his vitality. He ④sat comfortably in his chair.

[30] Choose the sentence that is NOT grammatically correct.

30 ① Johnny persuaded his brother to apply for the job.
② Johnny wanted his brother to apply for the job.
③ Johnny hoped his brother to apply for the job.
④ Johnny allowed his brother to apply for the job.

02

시제

시제 | **TEST 01**

▶ ▶ ▶ **ANSWERS** P.218

[01-12] Choose the one that best completes the sentence.

01   My lovely girlfriend _____ very sick since last week and has stayed home.

① has been   ② was

③ had been   ④ is

02   When I arrived at baggage claim, it was clear that someone _____ my luggage.

① takes   ② took

③ taking   ④ had taken

03   At dawn, the sun _____ in the East and brings with it the emergence of light and the start of the day.

① rose   ② rises

③ has risen   ④ had risen

04   So long as you return the book by Saturday, I _____ it to John with pleasure.

① lend   ② will lend

③ have lent   ④ would have lent

05   The Korean War _____ in the midst of the Cold War struggle between the United States and the Soviet Union.

① occurs   ② occurred

③ has occurred   ④ had occurred

06 A growth stock will have rallied significantly by the time you _____ to invest in it.

① will decide   ② deciding

③ will deciding   ④ decide

07 Global temperatures _____ up or down in the past 1,000 years.

① have fluctuated   ② fluctuated

③ had fluctuated   ④ fluctuate

08 Greenearth Energy says this technology and market assessment is due to _____ within the next few months.

① finalizing   ② finalize

③ be finalized   ④ having finalized

09 I lost sight in one eye at the age of 10 and I also _____ in the other eye when I was 13.

① had become blind   ② became blind

③ became blindly   ④ had become blindly

10 She _____ to hear that the music of Mozart was played in America.

① had been delighting   ② was delighting

③ had been delighted   ④ was delighted

11 With less than 8 months to go until election day, the presidential contest _____ in recent weeks and the candidates have lobbed broadside after broadside against each other.

① escalated sharply   ② have been sharply escalated

③ was escalated sharply   ④ has escalated sharply

12   The man was severely bruised by Nicholas Copernicus because Nicholas Copernicus
_____ around the sun.

    ① found that the earth went   ② found that the earth goes

    ③ finds that the earth went   ④ finds that the earth goes

[13-29] Choose the one that is NOT correct in standard English.

13   I ①had got an email ②requesting that we ③change from paid leave to unpaid leave ④from Mr. Medina yesterday.

14   During the 1600's, the English biologist John Ray ①first ②had suggested the idea of ③species ④in classification.

15   The last time I ①met my sister ②in May 2007, she told me that she ③has just completed her third ④trip to New York.

16   The audience ①were part of the Christmas festival, as ②each member came to the front and ③recite a verse from ④the Bible.

17   ①As a child, Robinson competed ②against bigger and older kids ③who laughed at his small ④stature — until he ⑤beats them.

18   The ①patient's doctor ②strongly urges that he ③has an operation on his back as soon as his general health ④improves.

19   For the recent exhibition, the museum ①acquired a rock ②from a volcano that ③has erupted more than ④two thousand years ago.

20   When my mother returned from her job ①that night, I insisted that she ②stood still and ③listen while I ④counted to one hundred.

21   The local news reporter ①was surprised because the cops hadn't known ②that the suspect ③sold the house ④to them three months before.

22   A survey he conducted a year ago ①has shown more than 60 percent of ②newly eligible families ③were willing to have ④a second baby.

23   I ①was told by a teacher in junior high school ②that chameleons ③changed color as a method ④to communicate threats or mating behavior.

24   Fear is ①spreading in the Baltic States, which ②were belonging to the Soviet Union, but ③also in Poland and Hungary, which ④were a part of the Warsaw Pact.

25   Tettamanzi, ①who presided over the service as the local Cardinal, read his remarks and, ②according to a supporter of the Milanese prelate, ③leave the crowd ④cold.

26   When I ①retire in three years, I ②have been working for this company just over 45 years. I ③will fly to Canada and have a rest then. ④I have been working so hard until now.

27 People thought that the sun ①<u>went</u> around the Earth. ②<u>They</u> thought the moon, stars, and other planets ③<u>did</u>, too. Then they learned that Earth ④<u>was</u> not the center.

28 30 people ①<u>were gathering</u> and 30 candles ②<u>were being lit</u> during this ceremony and the ceremony ③<u>was consisting of</u> personal stories from people who ④<u>survived</u> cancer and AIDS.

29 I ①<u>have been playing</u> Scrabble since I was six years old. With Scrabble ②<u>moving</u> online, it ③<u>has become</u> part of my life rhythm. By the end of this year, I ④<u>will play</u> over 20,000 games online.

[30] Choose the sentence that is NOT grammatically correct.

30 ① Over the past few years electric cars have gained traction.
② When have you seen the tide turning in your favor?
③ I have just been to the airport to see my wife off.
④ There have been several muggings here recently.

[01-12] Choose the one that best completes the sentence.

01   After you _____ asleep last night, she caught the scent of an animal in the bushes.

① fall   ② fell

③ will fall   ④ has fallen

02   First, remember that gas _____ when it is heated and contracts when the temperature declines.

① expanding   ② expands

③ to expand   ④ expanded

03   An astonishing six hundred books about the country _____ published in Japan during the past decade.

① has been   ② was

③ have been   ④ were

04   Thirty years ago today, Ronald Reagan _____ his vision to protect America from nuclear attack.

① announces   ② announced

③ had announced   ④ has announced

05   The other day, I _____ a conversation with another man in a pub.

① have   ② will have

③ had   ④ have had

06 As soon as he _____ from a family holiday at the end of next week, he'll be heading to London.

① will return   ② return

③ shall return   ④ returns

07 When the train _____ New York twelve hours later, it will encounter another train that is leaving New York at that moment.

① arrives in   ② will arrive

③ arrive   ④ will arrive in

08 The letter _____ by Linda when the phone rang.

① was writing   ② is writing

③ was being written   ④ is being written

09 By next April, he _____ nearly 500 additional secure beds for people with severe mental illness.

① will have created   ② has created

③ had created   ④ creates

10 No one wants the United Nations to suffer the fate of the League of Nations, which collapsed because it _____ real leverage.

① lacked   ② was lacking

③ had been lacking   ④ was being lacked

11 To date, however, there _____ raised against data localization laws by any WTO member.

① are no complaints   ② have been no complaints

③ no complaints are   ④ no complaints have been

12   Charles Schwab _____ the king of Sweden yesterday by saying, "King, this is my valet."

① introduces his servant   ② introduces his servant to

③ introduced his servant   ④ introduced his servant to

[13-29] Choose the one that is NOT correct in standard English.

13   She was ①surprised to ②hear that a ③close friend of hers ④is promoted to manager.

14   If he ①retires next spring, he ②will be teaching politics for ③over ten years ④in this school.

15   The hubby ①told the ②news to me on my birthday two years ago ③that he ④lost the job the day before.

16   When you ①will reach the small goal, you ②will begin to see that you ③have the capacity ④to reach bigger ones.

17   He took down the ①larger of the two dictionaries and ②begin ③to search for the word he ④had misspelled.

18   I had hoped ①to have learned French before my trip to Paris, but I ②did not have any ③extra money ④for a course.

19   A Los Feliz resident left New York ①five years ago to ②pursue comedy and ③was performing for the ④past five years.

20 When George Moore began to write, ①his style was poor; it gave ②the impression that he ③writes on wrapping paper ④with a blunt pencil.

21 ①The "Little Ice Age" was ②a period of unsettled weather ③that ④has lasted from the mid-sixteenth to the early eighteenth century.

22 Alvin Ailey's choreography ①reflected his southern roots and ②center on ③fragments of folk songs and jazz that ④was innovative in his time.

23 Alaska had more resources than any other ①state in the country, ②and yet none of these resources ③have been developed for power generation ④prior to 2006.

24 ①An astute and powerful woman, Francis Nadel ②has been ③a beauty contest winner before she became ④president of the company ⑤upon the death of her husband.

25 ①In the year of 1910, Halley's comet — the comet that ②has flared in 1066 over the Norman invasion of England — was again ③brightening the night skies ④of the earth.

26 Facebook ①has started 10 years ago in a Harvard dorm room and turned the word "friend" into ②a verb. The company ③has succeeded but competitors like Friendster and MySpace ④failed.

27 June has ①avoided riding elevators since she ②has been seven years old. When she is with other people, she ③makes excuses to use the stairs. She ④feels relief when she avoids elevator rides.

28 Indonesian troops ①stormed a Roman Catholic school in East Timor Sunday and ②rounded up about 50 pro-independence youths who ③took refuge there. Several youths ④were reported wounded in gunfire during the raid.

29 The California Gold Rush ①has been sparked by the discovery of gold nuggets in early 1848. As news ②spread of the discovery, ③thousands of prospective gold miners traveled ④by sea or over land to San Francisco.

[30] Choose the sentence that is NOT grammatically correct.

30 ① He is leaving for China next Friday.
② The weather has been nasty for half a month.
③ I have not walked a mile before it began to rain.
④ I will have read this book four times if I read it once again.

[01-12] Choose the one that best completes the sentence.

01 Albert put his book on the table and _____ down on the chair near his close friend.

① set   ② seat

③ sit   ④ sat

02 A: Did you visit your sister last weekend?

B: Well, I intended to, but she called up saying she _____ out of town, so I went to Chicago instead.

① were   ② would be

③ shall be   ④ will be

03 Newton proved that all objects _____ each other according to a simple equation. Sun, moon, planets, apples, and grains of sand are all subject to the law of gravity.

① attract   ② attracted

③ have attracted   ④ had attracted

04 The operetta first _____ as a popular form of musical theater in the 19th century.

① emerged   ② emerging

③ to emerge   ④ has emerged

05 By the time the mayor gets to his office, his secretary _____ for Santa Barbara.

① will have left   ② left

③ is leaving   ④ will leave

06 The adversarial relationship between government and business _____ an important topic of economic research in recent years.

① have   ② remain
③ has remained   ④ is remaining

07 There is no doubt that he _____ once been a strong supporter of the conservatives but he apparently has changed sides in recent years.

① may   ② should have
③ has   ④ had

08 A: Was the driving pleasant when you vacationed in Mexico last summer?

B: No, It _____ for four days when we arrived, so the roads were very muddy.

① was raining   ② have rained
③ would be raining   ④ had been raining

09 More than a million children have parents who are in the military and _____ in the last three years.

① has been deployed   ② has deployed
③ have been deployed   ④ have deployed

10 Lisa Morgan predicts that by this time next year up to 30 million third generation game consoles _____.

① will have been sold   ② will have sold
③ have been sold   ④ have sold

11 All applicants _____ of the outcome of their job application by the end of next week.

① notify   ② are notified
③ have notified   ④ will have been notified

12 The malicious computer virus _____ rapidly through email for the last few days.

① will be spreading   ② is spreading

③ was spreading   ④ has been spreading

[13-29] Choose the one that is NOT correct in standard English.

13 The houses ①that were destroyed ②by the typhoon had been ③built more than a hundred ④years ago.

14 Tea did not ①become popular in Europe ②until the mid-17th century when it ③has been ④first imported to England.

15 The ①building manager was ②angry because somebody ③allows the photographers ④to enter the building.

16 Many years ago, ①feeling that there must be a logical answer ②to this question, he ③decides to find out, if possible, ④what it was.

17 ①Korea's trade balance swung to a surplus in April, ②when the growth rate of exports ③exceeds ④that of imports for the first time this year.

18 Before producing *Gone with the Wind*, ①the book that won her ②fame, Margaret Mitchell ③writes and ④destroyed a novel about the ⑤First World War.

19 But he ①came across ②this old math book. And from this simple text, he was able to extrapolate ③theories that ④were baffling mathematicians for years.

20 ①Many of these people ②are descended from the band of 153 Welshmen who ③had come to South America in a ship ④called the Mimosa over a century ago.

21 While ①there are medications ②available for the treatment of bipolar disorder, you will not know if a specific medication ③will help your child until he ④will try it.

22 When the First World War ①had broken out in 1914, America was at first ②determined to remain ③neutral as the conflict was ④regarded as a European matter.

23 As he ①approached the village, he met no one whom he knew, ②which surprised him, for he ③has thought himself ④acquainted with every one in the village.

24 The workers viewed the ①work-sharing plan with hostility ②out of fear that it ③will undermine the seniority system and ④negatively affect retirement benefits.

25 A researcher says he ①had found where William Shakespeare lived in London. ②Evidence shows Shakespeare ③lived in lodgings ④overlooking the graveyard in the 1590s.

26 Although Julia Adams ①is almost totally deaf in one ear and had ②weak hearing in ③the other, she overcame the handicap and ④became an internationally renowned pianist.

27 In ①a thought-provoking new book, writer Malcolm Gladwell argues that our inborn ②tendencies and biases ③skew our judgement and ④prevented from spotting the evil among us.

28   She ①dressed beautifully. She was ②petite with white skin and gorgeous black eyes, and she ③was resembling her father. In manner, she was gracious, attractive, ④and wonderfully friendly.

29   The project of Korea's ①own satellite development and launch ②has begun in the year 2000. If all goes as planned, Korea will be the 9th country ③following India and Israel to launch a satellite ④using its own technology.

[30] Choose the sentence that is NOT grammatically correct.

30   ① Pandemic will not end for anyone until it ends for everyone.
② Europe has paid $40 billion to Russia for oil since the war started.
③ The driver has already left the scene before the police arrived.
④ He was driving at a very high speed when the accident happened.

03

수동태

[01-12] Choose the one that best completes the sentence.

01   John was satisfied _____ the NCIS investigation relating to the demonstration at the main gate.

① by   ② with

③ on   ④ to

02   _____ believed that he may grow up to become a priest or spiritual leader.

① He is   ② It is

③ They are   ④ There are

03   Tesla Motors _____ in 2003 by a group of engineers in Silicon Valley.

① was founded   ② founds

③ was found   ④ is founded

04   My mother, sister and aunt who attended the discussion were _____ the event.

① surprising by   ② surprising at

③ surprised at   ④ surprised by

05   The lion _____ the king of the jungle because it is the fiercest and largest predator on land.

① is often called as   ② often is called

③ is often called   ④ often is called as

06   He _____ his brother in appearance very much.

① is resembled by   ② resembles

③ is resembled   ④ resembles with

07   Notwithstanding the advances in the medical field, mankind _____ a severe blow to its dignity as its social structures were brought to a halt.

① dealing with   ② has dealt

③ being dealt with   ④ has been dealt

08   On September 30, 2017, chaos and terror _____ when the driver of a car crashed into a roadblock.

① was occurred   ② occurred

③ had been occurred   ④ had occurred

09   Dog ownership was once _____ a bourgeois habit, but China's growing middle class has started to fight the perception.

① looking down as   ② looking down upon

③ looked down upon as   ④ looked down

10   There are several reasons why the Japanese anticancer sector experienced a phenomenal expansion through anticancer drugs that _____ in leading Western markets.

① did not exist them   ② were not existed

③ did not exist   ④ were not existing

11   My heart goes out to all the troopers who _____ died in the battle.

① were wounded and were   ② wounded and were

③ were wounded and   ④ wounded and

12 In 1959, 72 percent of southern whites _____ their child to a school with a few blacks.

① were objected to sending   ② were objected to send

③ objected to sending   ④ objected sending

[13-29] Choose the one that is NOT correct in standard English.

13 ①Odysseus' intelligence ②and exceptional nature ③admired by ④his followers.

14 A doctor told ①the multitude that Juanita ②was pregnant and a few men ③protested her innocence, but she was ④hung.

15 He was ①known to be a good administrator and was ②well spoken of his ③superiors. He always ④maintained an extremely low profile.

16 Species ①whose populations are kept ②in check by disease ③may flourish when ④placing into environments absent of such disease.

17 I had two teeth ①removed with minimal pain and was made ②feel very ③comfortable! I ④recommend Dr. Cimino for any dental needs.

18 The whodunit is not solved ①by nobody; it is solved ②by accident. Anyone who ③watches this film will not ④fall asleep in all likelihood.

19 ①When excellent students ②were given a lesson in code-breaking, they ③introduced to the original machine ④used during World War Two.

20 Many historians believe ①that Genghis Khan wasn't buried ②alone: his successors are thought ③to be entombed with him ④in a vast necropolis.

21 In May 1940, Verne Baker ①married his wife Joan and they ②started their long loving journey together. He loved ③to work and ④employed by Texaco Oil for 31 years.

22 After the wall was ①built in 1947, advertisements ②were not appeared on the wall ③until 1999, when the All-Star Game at Fenway ④was being promoted.

23 A pregnant woman faces an ①agonizing wait to ②see if her infant son ③has contracted measles after the pair ④were exposed by the measles virus at Waikato Hospital.

24 Women are severely ①affecting by cellulite. Women, in fact, ②tend to accumulate fat on their thighs and buttocks. Also, cellulite becomes more ③common with ④aging.

25 Women in polygamous marriages experience more abuse than ①those in monogamous marriages and ②are forced, in most cases, ③stay home ④as full-time housewives.

26 The dome of the tomb ①was painted green and bulldozers were ②seen clear the area, as they sought ③to transform the biblical Joseph's ④resting place into a Moslem holy site.

27 The former cable news host ①graduated from Marist in 1971 with a degree in history and ②awarded an honorary degree from the college in 2001 ③when he ④gave its commencement address.

28 A young boy's dream ①came true when he wore a pilot's uniform and ②seated in the airplane's cockpit with the captain. Air Arabia ③granted the wish of Zayed who ④wanted to be a pilot.

29 Tom Seaver, the Mets' most accomplished pitcher in the history, ①breathed his last at the age of 75. Seaver, ②whose exploits on the pitching mound ③earned him the moniker "Tom Terrific," ④was died from complications of Lewy Body dementia.

[30] Choose the sentence that is NOT grammatically correct.

30 ① Both the baby and the mummy were taken care of.
② The incident began when a woman was found dead.
③ Five thousand dollars was cost by the beautiful dress.
④ Don Elder was offended at her question's implication.

03

수동태 | TEST 02

▶▶▶ ANSWERS P.231

[01-12] Choose the one that best completes the sentence.

01 The lake was covered _____ ice but unsafe for fishing.

① in   ② by
③ with   ④ at

02 _____ said to have the right to live her life even though she is a celebrity.

① It   ② It is
③ She   ④ She is

03 A lot of serious traffic accidents _____ in most places in our country.

① are happened   ② happened
③ were happened   ④ happening

04 The new system is urgently _____ in our school.

① need   ② needing
③ needs   ④ needed

05 A: If someone falls into deep water and can't swim, what will become of him?
B: He will probably _____.

① drowning   ② be drown
③ be drowned   ④ the drowning

06   _____ that she is in stable condition as surgeons wait to see the outcomes of their efforts.

① She is said   ② It said

③ She said   ④ It is said

07   Right now, day care is not provided at the factory, but a new day care center _____.

① is considering   ② has constructed

③ is being built   ④ building

08   One variety of wild rose, the sweetbrier, _____ to the United States by the Pilgrims.

① brought   ② bringing

③ was brought   ④ that was brought

09   Tai Chi is _____ one of the most popular forms of Eastern exercise in the West these days.

① referred   ② referring

③ referred to   ④ referred to as

10   Black holes are _____ the most interesting and mysterious phenomena in outer space.

① referred to   ② regarded

③ thought of   ④ considered

11   Whenever I asked a serious question, I _____ every one and called an idiot.

① laughed at   ② was laughed at

③ laughed by   ④ was laughed at by

12   _____ as presents by my mother and they became my prized possessions.

① Books were given for me   ② I was given to books

③ Books given to me   ④ I was given books

[13-29] Choose the one that is NOT correct in standard English.

13   The engineer ①thought that the machine ②needed to ③repair as soon as ④possible.

14   ①Thanks to the newly ②invented vaccine, the liver ③disease has now ④been disappeared.

15   The steak was ①cooked perfectly and ②tasted delicious, but the generous portions ③were defeated me and I was unable ④to finish it.

16   The Korean government's ①anti-corruption drive ②has inspired the people who ③are fed up by bureaucratic red tape and various ④irregularities.

17   ①To tell the truth, the solutions were ②let to ③stand for six weeks at room temperature, and during this period ④did not alter their appearance.

18   Developers in the Gulf region should look ①to the bargaining table ②to head off defaults by investors who ③have been grown skeptical ④of project completions.

19   Winston Churchill, ①Prime Minister of England during the World War II, ②roused the nation with BBC broadcasts that were ③listened to two out of every three ④adults.

20   When Citigroup CEO ①questioned about any possibilities ②of acquiring domestic financial firm, the CEO replied, "We have no plan ③for the acquisition ④yet."

21 Female workers choose family ①over career when conflict ②is arisen between the ③two, which is one of the main ④reasons for lack of a talent pool of female executives.

22 ①Enforcing criminal law is the function of the criminal justice system. ②At each step in the system, however, ③the accused person is ④presumed innocently until ⑤proven guilty.

23 A triangle is a musical instrument which ①can make by ②bending a steel rod into the shape of a triangle. Each of the angles of the triangle ③used in the school orchestra ④measures 60°.

24 If atoms are ①pushing together by high pressure or ②subjected to high temperature, they can rearrange ③themselves within minerals without ④changing their overall composition.

25 Stonehenge — a ring of mammoth, multi-ton monoliths — is thought ①to have begun in 3100 B.C. by ancient workers ②digging primarily ③with sharpened antlers ④taken from slaughtered animals.

26 When I ①got to the airport, I discovered that the plane from Chicago, which my brother was traveling ②on, ③had been delayed in Denver because of engine trouble and ④was expecting to be ⑤about an hour late.

27 ①In addition to enraging Beijing, Chen has also created ②an ill-timed headache for Taiwan's biggest ally: the U.S., ③which obligates under its Taiwan Relations Act ④to come to the island's defense in case of an attack.

28   Mitochondrial DNA ①was used, for example, to identify the two crew members of Bomber 31 who ②have identified and, more famously, to help identify Czar Nicholas II of Russia who ③was killed along with his ④immediate family in 1918.

29   The Netherlands now ①becomes the only country in the world to allow the mercy killing of patients, though there are some strict conditions. ②Those who want medical assistance to die ③must be undergone unbearable suffering. Doctor and patient must also agree there is no hope of remission. And ④a second physician must be consulted.

[30] Choose the sentence that is NOT grammatically correct.

30   ① Mr. Smith commutes to London every second week for work.
② He announced that the courses would be taught in English.
③ They were praised for turning in a huge sum of money left.
④ Rose West was gone on trial in the glare of media frenzy.

22만 6천 편입합격생의 선택

김영편입 영어
문법

워크북 **1**단계

04

조동사

04 조동사 | TEST 01

[01-12] Choose the one that best completes the sentence.

01 Today we have indeed lost a great leader. _____ her soul rest in peace.

① Can   ② May

③ Will   ④ Must

02 A: No one was prepared for Dr. Grey's questions in class.

B: We _____ have read the lesson last night.

① could   ② can

③ would   ④ should

03 When you have not done those assignments yet, I request that you _____ do them.

① may not   ② can't

③ must not   ④ not

04 It is necessary that the government _____ long-term measures to ensure the safety of children.

① take   ② took

③ takes   ④ can take

05 A: He hardly has anything nowadays, _____?

B: No, I don't think so!

① has he   ② does he

③ doesn't he   ④ hasn't he

06   The term "money" _____ to any medium that is generally accepted in exchange for goods and services.

① referring   ② can refer
③ to refer   ④ it refers

07   As soon as Kim heard that they were coming, she began to plan what she _____ with her aunt and uncle.

① does   ② did
③ will do   ④ would do

08   We didn't study French last night, but we _____.

① had studied   ② has studied
③ could have   ④ should

09   Since the wine is poisoned, he ought _____ it; if he does, he will die.

① to not drink   ② not to drink
③ not drink   ④ do not drink

10   In that case, you may _____ attempt anything because it will end in failure.

① not well as   ② well as not
③ as well not   ④ as not well

11   Looking at the current situation in Middle Eastern countries, I cannot _____ blessed to live in the United States of America.

① but feel   ② help but feeling
③ choose but feeling   ④ help feel

12 While we have provided for the physical needs of our families, we had _____ their spiritual needs.

① better not forgotten   ② not better forget

③ forgotten not better   ④ better not forget

[13-29] Choose the one that is NOT correct in standard English.

13 ①Born and brought ②up in Delhi, I used to ③visiting the stadium ④regularly.

14 ①Can God ②bless you and keep you in perfect peace ③as you ④fulfill your purpose!

15 The soldier said ①firmly that he would ②rather kill himself ③than ④surrendering to enemy.

16 Charlie ①assured his wife ②that there was ③no danger, but she could not ④help worry.

17 We'd better, ①since we're not sure, ②to ask one of the students ③what the assignment ④is.

18 Jane ①should have arrived by now, but she ②hasn't. Therefore, we ③may conclude that she ④must miss the bus.

19 It is important that the helper ①is instructed ②not to do anything unless ③told to, ④including giving comfort to the client.

20 You ①shouldn't help him; ②ever since you offered him help, he has started ③to depend on others ④for his homework.

21 Her father ①suggested that Mary ②would ask her professor ③to change her grade since she ④was sick on the day of the exam.

22 The powers of the IAEA must ①be strengthened, and ②it is imperative that all countries ③working in this area ④are included in the system.

23 Victims may ①well be angry, and the anger about the event still ②need to ③be expressed so that victims ④can resume more normal lives.

24 It is inevitable ①that the opening of the new shopping center, ②scheduled ③for this Friday night, ④would be delayed because of flood damage.

25 Just as a planet ①circling the sun cannot help ②following Kepler's laws, so a program ③obeying an invariant cannot help but ④behaving in a predictable way.

26 Currently, the negotiations launched ①are reaching a final stage, but the prospect for the deal is bleak, ②for it ③don't give ④much benefit to poor people.

27 Many students assume ①that textbook writers restrict ②themselves to facts. Although that ③may being true for some science texts, it's ④not true for general textbooks.

28   Philosophy is ①to be studied, not for any definite answers ②to its questions since no definite answers can, as a rule, ③being known to be true, but for the questions ④themselves.

29   China is believed to be able to ①playing an important role in ②influencing North Korea to compromise ③on its insistence for bilateral dialogue with the United States without ④including the other interested parties, South Korea and Japan.

[30] Choose the sentence that is NOT grammatically correct.

30   ① If the weather should be favourable, I will be in town again.
①② She must go to hospital for treatment for dehydration yesterday.
③ Let's take a walk from the office to your home, shall we?
④ The man need not pay any interest if bills are paid on time.

05

가정법

05

가정법 | TEST 01

[01-12] Choose the one that best completes the sentence.

01   _____ the delegation watch the performance, there will be an outcry from conservatives.

① Could   ② Might

③ Would   ④ Should

02   I wish I _____ more experienced at interpreting my dreams at that time.

① were   ② have been

③ was   ④ had been

03   If the price of bananas _____ to $2 next year, the country's GDP per capita will be over $4,000.

① jump   ② jumps

③ will jump   ④ would jump

04   They recommended that she _____ a lawyer, but she could not afford one.

① bring   ② brought

③ would bring   ④ brings

05   _____ enough time to sit back and think over my decision, I would have realized the mistake.

① Had I   ② Should I

③ Had I had   ④ Should I have

06 If I had known that taking out the garbage _____ sexy for my wife, I would have been taking out the garbage twice a day.

① had been   ② was

③ is   ④ has been

07 If a Montana farmer had a voice in determining the number of subways needed in New York City, it _____ as absurd.

① will see   ② will be seen

③ would see   ④ would be seen

08 Drew Brees missed five games with a thumb injury in 2019; otherwise he _____ a strong MVP candidate.

① would be   ② had been

③ would have been   ④ was

09 If you think about the calories of the cake, you _____ the cake.

① will regret to eat   ② regret eating

③ will regret eating   ④ regret to eat

10 If we had defined our production target early, many customers _____ time and money now.

① will have saved   ② would save

③ will save   ④ would have saved

11 He did not help me when I needed him. A true friend _____ differently.

① acted   ② would have acted

③ would act   ④ had acted

12　If he were to have a chance of success, he _____ to London.

① will need move　　　　　② will need to move

③ would need move　　　　④ would need to move

[13-29] Choose the one that is NOT correct in standard English.

13　Chiquita is ①the sweetest person ②alive — ③I wish she ④is my mother.

14　If you kiss someone ①on the cheek, you ②tie the knot ③with him or her ④someday.

15　If they ①signed a ②contract at ③the beginning, they might have avoided ④the court battle.

16　①No steps would ②have been taken to ③deal with him if he contented ④himself with doing it.

17　The judge ①assented to the suggestion ②that the prisoner ③could be sentenced ④to death.

18　If Mary ①studied harder ②for the test last year, she ③would be working for me now ④as a competent doctor.

19　Your speakers will make ①distorted sound if you ②will play music ③too loudly, and may even ④become damaged.

20   We wished the board ①have given the public the chance ②to provide input ③prior to the decision ④being made.

21   The ①final recommendation was ②that the employee ③on probation ④attended a special night class for one semester.

22   ①Were it not for the ②emergency baby-sitter, they would not have been able to ③go to the ④rock concert last night.

23   ①Had the interests been lower, he ②would have accepted the bank's proposal ③even though he ④disagrees with some of the other conditions.

24   Picasso's ①distorted and stylized faces ②have lacked their ③authority had ④he not been able to produce the serene masterpieces of his Blue Period.

25   We won't change our routine because ①it's important that each of us ②understands the role and ③what is expected ④of him in every situation.

26   My parents were ①lucky enough ②to find good people that ③gave them a hand. If my parents hadn't found these people, I ④wouldn't be born at all.

27   ①Should the social network choose the country as the site of its data center, it ②will must adhere ③to the country's rules ④regarding private information.

28 My ex-boyfriend was ①in the financial news again. He ②made another $40 million in the stock market. If I had ③married him, I ④could have been enjoying a life of pleasure now.

29 If they had only admitted their ignorance, the Communist Party of the United States would ①have been intact today. But ②instead they insisted that the Soviet-German nonaggression pact ③was the greatest contribution ④to peace.

[30] Choose the sentence that is NOT grammatically correct.

30 ① It is necessary that the man have more than one wig.
　　　② I wish I had some great words of wisdom for them.
　　　③ You speak as if you were a contemporary of his.
　　　④ It is time the public stops funding this antiquated science.

06

부정사

[01-12] Choose the one that best completes the sentence.

01 _____ a state to survive more than a fleeting historical moment, it must have the loyalty of its residents.

① If   ② For

③ Then   ④ Of

02 It was wise _____ to include Jahmyr Gibbs into this consideration as he was a phenomenal force on the football field.

① for their   ② of their

③ for them   ④ of them

03 I need you _____ care of your sister because she is too young to look after herself.

① take   ② taking

③ to take   ④ to be taken

04 She wore her red dress to her job interview even though her sister urged _____.

① not   ② to not

③ her not   ④ her not to

05 South Korea remains a predominantly male-centric society in which working women _____ difficult to strike a work-life balance.

① find often   ② often find

③ find often it   ④ often find it

06 Larissa Martinez made a firm resolution _____ the audience, most of whom had no idea, that she was an immigrant living in the US without permission.

① of revealing   ② to reveal

③ to reveal to   ④ of revealing to

07 The clothing of infants should be soft in texture, _____ irritate their tender skin.

① so as not to   ② not so as to

③ so not as to   ④ not to as so

08 Phonograph records, tape recordings and computers made _____ to store data conveniently and accurately.

① easier   ② easier than

③ it is easier   ④ it easier

09 _____ bricks, workers press clay into blocks and bake them to the requisite hardness in a kiln.

① Made   ② To make

③ Being made   ④ The making of

10 It was very polite _____ to me before you drove to your own residence.

① of you coming   ② for you to come

③ of you to come   ④ for you coming

11 It is selfish _____ happiness from another person.

① of anyone to take   ② anyone to take

③ anyone taking   ④ for anyone to take

12 She said that it's sometimes difficult _____.

① for her to be on time   ② being on time for her

③ on time for her   ④ her to being on time

[13-29] Choose the one that is NOT correct in standard English.

13 It was ①considerable of ②you to send me ③the information so ④promptly.

14 I ①hurried to the hall ②only found that the ③opening ceremony ④had already started.

15 ①One evening I came home too ②exhausted to do ③nothing except ④collapse on the couch.

16 The issue ①mattered greatly ②to him and he told his friends ③to not complain ④about his absence.

17 Youtube ①seems to be the main medium ②of the young to share ③their modern poetry with ④one another.

18 The magicians, ①having discovered Aniello's great wealth, concretely ②laid a plan ③of robbing him ④of his good fortune.

19 The incinerators that Mr. Steisel ①proposes to ②build at the Brooklyn Navy Yard will be hot enough, ③he says, ④destroying dioxin.

20 Most European countries failed ①to welcome Jewish refugees ②after the war, which caused ③many Jewish people ④immigrate elsewhere.

21 As artists, ①what drives us is the desire to make our lives ②to run more ③smoothly, with less angst, ④fewer voids and a minimum of bother.

22 Part of the plant ①was still operational, ②while some electrical equipment needed ③being repaired to get production ④back to full capacity.

23 Allan Pinkerton organized ①groups of armed citizens ②whose services were available ③to employers for a daily fee to ④breaking labor strikes.

24 ①No matter what happened between him and his wife, I feel it is cruel ②for her to keep him ③away from his young children, whom he obviously ④adored.

25 England's King John had no choice but ①sue for peace with the rebels; the peace treaty, ②sealed at Runnymede on ③the Thames on June 15th, ④was called the Magna Carta.

26 ①Convinced that each generation ②passes the legacy of its experience on to the next, Gay Talese felt he needed ③understand the world of his ancestors in order to ④understand himself.

27 ①Almost everyone ②has been sent to prison. But the government has recently decided ③putting an end to this tragedy ④by permitting conscientious objectors to undertake alternative services.

28   He was the first Pope ①visit a mosque, or launch a website, or commemorate the Holocaust at Auschwitz or ②find in a ③broken world so many saints of the church — more saints, in fact, than all his predecessors ④combined.

29   We urge concerned parties ①to make thorough preparations ②to ensure that the project will ③prove to being the most successful urban development program in the world, ④beating out Roppongi Hills of Japan and Canary Wharf of Britain.

[30] Choose the sentence that is NOT grammatically correct.

30   ① The banks were forbidden to make any more subprime loans.
   ② He was reported to die right after being beaten by police officers.
   ③ He was expected to make sure she had everything she needed.
   ④ The players were made to look foolish in the eyes of spectators.

동명사

[01-12] Choose the one that best completes the sentence.

01 Playing golf and playing bridge _____ his ways of relaxing.

① is   ② are
③ was   ④ being

02 Traditional parents spent most of their lives _____ their children's happiness.

① sought   ② to seek
③ seeking   ④ seek

03 _____ one's work properly may be worse than not doing it at all.

① Not do   ② Not doing
③ Doing   ④ Do

04 It is no good _____ me about your lost money.

① tell   ② to tell
③ telling   ④ having told

05 I told the boy to stop _____.

① crying   ② to cry
③ for crying   ④ in crying

06 Mark, scolded by his teacher, finally confessed to _____ the book.

① have stolen   ② steal
③ stealing   ④ having stolen

07 I wasn't a little girl anymore and somewhat resented _____ me as one.

① to treat her   ② treating her

③ her treating   ④ to her treat

08 She didn't seem to mind their _____ TV while she was trying to study.

① watching   ② to watching

③ to watch   ④ that they watch

09 Those with full time jobs have trouble _____ enough extra hours for a part time job.

① being found   ② found

③ finding   ④ in being found

10 All of us will never be able to comprehend _____ back to us.

① not his coming   ② his not coming

③ him not coming   ④ his coming not

11 Parking on the grass outside the church can lead to the _____ and fined.

① car's being towed   ② car towing

③ car being towed   ④ car's towing

12 My mother advised me _____ because of my health.

① to quit to smoke   ② quitting smoking

③ to quit smoking   ④ do not to smoke

[13-29] Choose the one that is NOT correct in standard English.

13 It's high time that lawmakers ①recognized the ②need to proceed ③carefully in ④use their power.

14 The oil minister ①that was sacked, Kazem Vaziri, ②is known to be ③highly opposed to ④restructure the industry.

15 ①Having a competitive spirit is ②perceived to be quite ③beneficial, even essential to ④become successful in life.

16 Jane's father approved of ①her to stay in ②the United States ③for another year in order to work ④toward her M.A.

17 Make your speech ①brief and practice ②it repeatedly until you are ③familiar enough to deliver it without ④refer to your notes.

18 You like ①to call a certain feeling ②love but it is no use ③to try to convey this feeling by simply describing this feeling ④as love.

19 His devotion ①to save money has made me ②think twice when ③making an impulsive purchase and this has helped me ④save quite a bit.

20 Stopping these and other threatening phenomena ①require ②concerted efforts by the whole world ③to solve the problems that ④beset mankind.

21 Most of us have no problem ①coming to the conclusion ②that the shooter is wrong, deserves ③being punished and sent to jail, which indeed ④he was.

22 The executive board looks forward ①to continue to ②work with the managing director ③to address the difficult challenges ④facing the global economy.

23 Initially ①shy about sharing photos, I was used to ②connecting instantly with friends around the globe and I got used to ③everyone's referring to me ④as young.

24 Stanley Hall ①became the first president of Clark University, ②remained a scholar and prolific writer, and ③was instrumental in ④develop educational psychology.

25 He ①likens the challenge ②to walk on a balance beam while trying to ③juggle an egg, a crystal glass, a knife, and ④any number of other fragile or hazardous objects.

26 Although some club members ①objected to the ②proposal's being discussed in the absence of the club president, other members agreed ③to meet with the person to ④discuss it.

27 New Yorkers, ①intent on preserving the current deduction for local taxes that the federal government desires ②to abolish, cannot be ③too careful when it comes ④to line up support.

28 Dr. Mayers ①adapted brilliant ideas and processes from other types of businesses ②to the running and operation of his clinic, ③none of which even came close to ④be against the law.

29   ①As the group members offer help ②to the individual with the problem, they are also helping ③themselves. Each group member can make associations to a similar concern. This is one of the important ways in which ④give help in a mutual aid group is a form of self-help.

[30] Choose the sentence that is NOT grammatically correct.

30   ① He was open to do business with disagreeable persons.
② He was scheduled to return home from Iraq the next day.
③ He was eager to go with her on her next voyage.
④ He was taught to stand by his convictions in any circumstances.

08

분사

08

분사 | TEST 01

[01-12] Choose the one that best completes the sentence.

01   The most desperate among them attempted to sneak aboard trucks _____ the English Channel.

① cross   ② crossing

③ crossed   ④ crosses

02   _____ a rainy day, we moved to the parking lot next to our usual place in the park.

① It being   ② being

③ It was   ④ We being

03   _____ in New York, you can experience quality and authentic foods from all over the world.

① Being stayed   ② Having stayed

③ While staying   ④ To staying

04   _____ in French, the play was translated by Christopher Hampton in 2008.

① Writing   ② Was written

③ Having written   ④ Written

05   In the movie, a teenager _____ to pursue a singing career meets resistance from his strong-willed father.

① wanted   ② wanting

③ wants   ④ who want

78   김영편입 영어 문법 워크북 1단계

06 Almost all the gas _____ in the United States is natural gas.

① is burned   ② has burned

③ that burning   ④ burned

07 We had the thrill of seeing three national records _____ by our own athletes.

① break   ② to break

③ be broken   ④ broken

08 Pure naphtha is highly explosive if _____ to an open flame.

① it exposed   ② exposed

③ expose it   ④ is it exposed

09 Jupiter is primarily composed of hydrogen with a quarter of _____ helium.

① its mass is   ② it is mass

③ its mass being   ④ it is mass being

10 _____ a museum display case in Arlington, Elizabeth looks in wonderment at the artifacts spread out before her.

① Peered into   ② Being peered into

③ Having peered into   ④ Peering into

11 White light could be separated by a prism into a spectrum of different colors, _____ by a unique refractivity.

① each character   ② every character

③ each characterized   ④ every characterized

12 Returning to the room, _____ on the bedside table near Amanda's head and cradled them slowly in my hand to minimize any sound.

① there were keys found   ② my finding the keys

③ I found the keys   ④ the keys were found

[13-29] Choose the one that is NOT correct in standard English.

13 ①Not too many years ago, it was an ②excited experience ③to travel 25 or 50 miles ④from home.

14 The candidate, ①whom friends tirelessly describe ②as "squeaky clean," said he had ③no hidden skeletons ④lurked in his past.

15 The study suggested that elephants ①born in zoos ②had significantly shorter lives than elephants ③lived in ④their native habitats.

16 ①Situating on the Equator and on ②the continent's west coast, Gabon is ③roughly the size of Colorado with ④a third of the people.

17 The numbat, a ①bushy-tailed relative of the extinct Tasmanian tiger, ②is so rare that there are ③less than 1,000 of them ④remained in the wild.

18 ①Writing in everyday language ②to explain classical music history, this book is a companion for ③those who enjoy ④listening to classical music.

19   ①Elderly people without a family to ②fall back on, such as the ③homeless, hoping for a state pension ④worth a fraction of the minimum wage.

20   Drivers don't care what kind of gasoline they use, ①which is why there is ②so little brand loyalty; but ③the car brand ④inspiring fierce loyalty.

21   ①One can imagine a future Republican administration, ②let alone a Democratic ③one, play a more carefully calibrated role ④on the international stage.

22   The battle may ①provoke a debate in the United States ②filled with patriotic fervor ③over a company ④ingraining in the American consciousness.

23   ①Leaned into the microphone, the ②white-haired judge ③read from notes that carefully detailed his experiment, ④held on Dec. 18, the previous day.

24   Celltrion's financial situation ①worsened in 2004 when clinical trials for AIDS vaccines, which ②it was supposed to ③produce for VaxGen, ④failing in the US.

25   ①Communist China's metamorphosis ②into a capitalist dynamo, uplifting hundreds of ③millions out of poverty in a few decades, ④being unprecedented in modern history.

26   The goal ①of inviting controversial guests ②to speak at academic institutions was to facilitate passionate and ③thought-provoked debate. And Iranian President's ④appearance at Columbia University was a smash hit.

27 This unscrupulous market — which ①is composed of 27 million victims ②worldwide, according to the Trafficking in Persons Report — ③generating up to $32 billion annually, ④an amount rivaling that of the trafficking of arms and drugs.

28 As the "factory of the world," China provides cheap and dependable ①goods for consumers. The general quality of Chinese ②imports has improved and a growing number of high-tech and precision ③items make in China are becoming very ④competitive.

29 A U2 Spy plane ①flying over Cuba took pictures in October 1962 that revealed ②without doubt that Soviet missile bases were being built on Cuban soil. ③What followed was a standoff over the fate of these missiles, with the world ④wonders if either of the two big Cold War players might fire a nuclear weapon.

[30] Choose the sentence that is NOT grammatically correct.

30 ① His story is a good story of how the hard work pays off.
② It's no surprise that the U.S. workforce loves its coffee.
③ What's really at stake is our ability to keep Americans safe.
④ Written in German, both scholars and critics praised the book.

08

분사 | TEST 02

▶▶▶ ANSWERS P.252

[01-12] Choose the one that best completes the sentence.

01 The meeting was postponed because the typists weren't able to get the work _____ in time.

① do
② done
③ did
④ does

02 An expensive book _____ to this library is lost.

① belong
② belongs
③ belonging
④ belonged

03 When I was walking down the street yesterday, I saw the detective _____ a criminal.

① chasing
② to chase
③ chased
④ has chased

04 A wrist _____, Baldwin stared hard at the fat man lying on an Army stretcher.

① bandaged
② bandage
③ bandaging
④ having bandaged

05 _____ in all parts of the country, pines are the most common tree in Korea.

① Found
② Finding them
③ To find them
④ They are found

06 The football game was _____.

① very bored   ② very boring

③ much boring   ④ much bored

07 Many forest fires are caused by cigarettes _____ out of cars.

① are throwing   ② have thrown

③ thrown   ④ throw

08 _____ his book on the desk, Brown left his room.

① Having placed   ② Placed

③ He placed   ④ Has placed

09 _____ considered a ruthless predator, the grizzly bear eats mainly grass, berries, and roots.

① It can be   ② Though

③ It is   ④ For which

10 Fires _____ across 100 acres or more are common in Africa.

① which reaches   ② reached

③ reaching   ④ that is reached

11 T. S. Eliot's most famous poem is *The Waste Land*, _____ the futility he felt in the world after World War Ⅰ.

① it expresses   ② it expressing

③ expressing   ④ he expressed

12   _____ to be a manager, my uncle decided to leave office.

① Appointing not   ② Appointed not

③ Not appointing   ④ Not appointed

[13-29] Choose the one that is NOT correct in standard English.

13   ①Some mobile phone connections, ②cutting as part of the king's ③well executed coup, ④were restored.

14   Only when something ①includes light gets ②within a certain distance ③from the black hole, ④will it not be able to escape.

15   ①Having read the novel ②from cover to cover, ③the book struck me as a loose imitation of ④previous best sellers.

16   ①But for the driver's strike, we ②would have been there on time. ③As being no bus service, we ④had to walk all the way to the inn.

17   The tournament, ①which will be ②broadcast on FOX SPORTS, ③kicks off next week with the top 12 Rugby nations ④face off in Italy.

18   ①In his book *Roots*, Alex Haley ②combines fact and ③fiction as he describes his family's history ④begins in the mid-1700's in Africa.

19   Inmates ①return to the outside world contend ②with the stigma of ③being ex-convicts, an ④obstacle to successful integration into ⑤the larger society.

20 She ①noted a recent TV commercial for detergent that depicts a man ②does the wash — something ③once virtually unthinkable in ④male-dominated Japan.

21 Children ①are pressured to study obsessively ②from an early age, often ③spent evenings and weekends in cram schools ④in preparation for entrance exams.

22 Mosquitoes' eggs, ①depend on the species, are ②laid either on the surface of water or ③are deposited on moist soil or ④other objects that will often be flooded.

23 The recent spate of incidents ①involved the by-now infamous religious cult in Japan ②has shed new light ③on the real damage that it can cause and the extent of its determination ④to carry out its prophecies.

24 The number of foreign nationals ①applying for the Korean Language Proficiency Test(KLPT) more than ②doubled this year, ③being reflected a surging interest in Korea, especially ④among Asian countries.

25 ①On this day at the super concert ②staged in the gymnasium, Beyonce ③rose up to the stage and sang her hits such as 'Crazy in Love' and 'Deja vu', ④being mesmerized the audience into a scene of wild excitement.

26 Huge differences in national goals and tensions in economic policy ①have prevented the BRICs, ②which account ③for about 20 percent of global economic output, ④reaching a concrete agreement in most areas.

27 "Employers in any ①country, including Japan, ②do not give anything voluntarily," Miller, an MLB Players Association representative ③lived in Japan for more than a quarter-century, ④wrote in an e-mail from New York.

28 ①As thousands of buses ②carried black men converged on the United States' capital, supporters and critics of the Million Man March ③agreed that it would sharpen racial feelings — for better or for worse — ④across the country.

29 Critics denounce video games ①for promoting violence and destruction, ②despite the lack of solid evidence ③to support such claims. The evidence for gaming's curative and therapeutic benefits, by contrast, is ④rather more convinced.

[30] Choose the sentence that is NOT grammatically correct.

30 ① The phrase, "glass cliffs", describes the tendency for women to be preferred over men for precarious jobs.
② People tout vitamin C as a cure-all for a wide range of diseases.
③ My life was leaving me as I, gasped for breath, sank deeper into a sea of darkness.
④ In short, win or lose, the referendum has put an end to the idea of a United States of Europe.

09

접속사

09

접속사 | **TEST 01**

[01-12] Choose the one that best completes the sentence.

01 During the whole journey neither my brother _____ I spoke a word.

① or
② and
③ nor
④ but

02 One of the reasons why poetry can help children develop empathy and express creativity is _____ there's room for personal interpretation.

① because
② that
③ which
④ why

03 Angelina is trying to buy the same necklace _____ she lost two months ago.

① as
② that
③ which
④ whose

04 I am not an expert on environmental issues but the question is not _____ changes will happen but when the changes will come.

① so that
② whether
③ as
④ unless

05 At first we agreed _____ later our ideas became divergent.

① but
② and
③ nonetheless
④ for

06 _____ Japan eliminates those unfair tariffs, the U.S. will impose sanctions

① Because
② Unless
③ Now that
④ Since

07 _____ all behavior is learned behavior is a basic assumption of social sciences.

① Nearly
② It is nearly
③ When nearly
④ That nearly

08 _____ is sweet or not is not certain because of our incomplete knowledge about our world.

① Life
② If life
③ That life
④ Whether life

09 One of the major benefits of a society _____ helps its citizens in the time of crisis.

① that
② is that it
③ is that
④ it is that

10 _____ Chinese calendar is based on the lunar cycle, the Chinese New Year falls on a different date in the Western calendar each year.

① For the reason
② Due to
③ Consequently
④ Because

11 _____ a fuel cell shows more efficiency in energy transformation, the government has shown keen interest in tapping its commercial potential.

① Because of
② Since
③ On account of
④ During

12 Despite the fact _____ cactus spines, this member of the milkweed family is not a cactus.

① its leaves resembling   ② its leaves to resemble

③ that its leaves resemble   ④ that its leaves are resembling

[13-29] Choose the one that is NOT correct in standard English.

13 Volcanic mountains ①differ from others in ②which they grow ③visibly during ④eruptions.

14 Not only you but ①also I ②am very confused because either they ③or she ④are responsible for the accident.

15 Mr. Brown ①wished to attend the hardware seminar ②in Seoul ③because his company would not let him ④go.

16 While they have the ability ①to test 40 patient ②specimens per day, ③but they have tested, ④on average, only nine per day.

17 Every school district ①was required to follow a rigid salary schedule ②which mandated ③which every teacher ④be paid the exact same amount.

18 With the ①bank giving him a "hard time," he ②withdrew all of the money, lest he ③should not be ④subject to any difficulties with the bank again.

19 Scarcely had the boy ①returned home from school and ②gone out to play with his friends when he ③had been brought home ④all injured and bleeding.

20 The ①threat to Israel's survival was ②very great that she ③reportedly prepared a doomsday scenario: she ordered the country's nuclear arsenal ④to be made ready.

21 The mountains ①on either side are so sheer, ②ranging from 175 to more than 300 meters in height, ③which they are impossible to climb ④except in a few places.

22 Euthanasia, a practice of ①assisting the death of a person ②suffering from an incurable disease, is ③so a controversial issue that it is illegal ④in most countries.

23 He worries about ①if the new government's economic plan will be ②extensive enough and competently ③executed. If all ④goes well, the recession could end within a year.

24 Mary ①married Tom and had a daughter, Lorinda, who has given ②her two grandchildren and ③they will be the center of her life now that ④her retirement from her job.

25 They can ①start out as good friends and ②remain good friends until they are ③sure whether they can share a common ideology that will bind ④them to one another permanently.

26 I asked ①where could I hear some good acoustic music, and he pointed to the elevated stage ②which was between the ceiling and the kitchen and ③told me that ④there are shows every night after 9 pm.

27 ①The grown Moses later appeared ②before the Pharaoh, he asked for permission to take the people on ③a three-day journey into the wilderness so that they ④might bring offerings to God.

28   The expo will not only highlight the importance of the oceans ①<u>to</u> mankind, ②<u>and</u> will also provide a chance ③<u>for the world</u> to come together and develop practical support projects ④<u>for the developing world</u>.

29   ①<u>To this day</u>, the e-mails have not been ②<u>made public</u>. ③<u>There remains</u> the question ④<u>if</u> their e-mail communications were related to the appalling lack of security before the attack or the cover-up after the attack.

[30] Choose the sentence that is NOT grammatically correct.

30   ① Her parents as well as she are illiterate in science.

       ② Either they or I am going to meet you at the gate.

       ③ Not only the boys but also the girl enjoy swimming.

       ④ Both the men and I have pushed the limits of gravity.

09

▶▶▶ ANSWERS P.260

[01-12] Choose the one that best completes the sentence.

01   We heard _____ long lecture that we were falling asleep.

① such a ② too

③ so ④ such

02   Don't waste a moment, _____ you will not lose the opportunity of a lifetime.

① and ② or

③ but ④ yet

03   _____ or not this market rally continues really lies in foreign investors' hands.

① That ② Whether

③ If ④ Because

04   As you treat me, _____ will I treat you.

① as ② so

③ like ④ and

05   _____ some mammals came to live in the sea is not known.

① Since ② Although

③ How ④ Despite

06 With X-ray microscopes scientists can see through live insects _____ even through solid pieces of metal.

① however   ② nevertheless

③ or   ④ yet

07 The old mother could not see her son until _____ to do so.

① he allowed   ② they allowed

③ allowed   ④ was allowed

08 A spokeswoman for the foundation said: "I don't know if the entire document of his last _____ read, but certainly it will be summarised."

① were will   ② will were

③ will will be   ④ were were

09 This herb reduces the length of flu, if _____ within 48 hours of first symptoms.

① taking   ② taken

③ you take   ④ you are taken

10 I could not finish the homework _____.

① by he had come   ② until he come

③ when he comes   ④ before he came

11 He worked hard with weights so that he _____ in the bodybuilding contest again.

① may participate   ② may be participated

③ might participate   ④ might be participated

12   _____ by the hard training of his youth, his one object was to avoid fighting.

       ① The warrior as was he   ② Warrior as was he

       ③ The warrior as he was   ④ Warrior as he was

[13-29] Choose the one that is NOT correct in standard English.

13   They ran ①as fast as possible ②so as that they ③might catch ④the first bus.

14   It's natural ①to have some problems ②because of no one can get used ③to living in a new culture ④immediately.

15   Since infection ①can cause both a high fever ②as well as a sharp pain, ③it is a good idea ④to check his temperature.

16   I finally ①had to stop my brother ②due to his paraphrases of ③what I said became ④more and more outrageous and inaccurate.

17   ①Despite Henry H. Ford built ②his first handmade car in 1896, he made no real progress in ③developing the automobile ④until 1903.

18   America is so productive enough ①that can shelter, ②feed, educate, and even provide health care ③for its entire population with just a fraction of ④us working.

19   Even when fingerprints ①are hidden at the scene of a crime, ②they can be dusted with aluminum powder ③in order to they can be seen ④and photographed.

20 ①Most recently, a research from Western Illinois University has suggested, ②like other studies before ③it, which Facebook ④appeals to our most narcissistic tendencies.

21 Keep ①your cool. No matter how ②a policyholder may be obnoxious, remain ③congenial at all times. However, do not allow ④the insured to confuse congeniality with acquiescence.

22 I purchased the gadget in the city. The dealer tried ①to convince me I could not ②afford to live another day without it and, ③while listening, the temptation ④to purchase was irresistible.

23 It is ①quite disturbing ②because when some experts and analysts ③comment on national affairs, certain classic theories are dogmatically prescribed ④as panacea for any difficult situation.

24 There is now so ①much debris in orbit ②where the space environment is close to a cascade of collisions that would make space extremely ③hazardous, a major international meeting has ④concluded.

25 "We do not even know ①where are our relief parties, or whether they have reached the ②worst-hit areas," ③said a police official in Dehreadun, about 130 kilometers ④from the epicenter of the earthquake.

26 The number of illegal technology leakages ①has continued to surge. The leakages ②have become more ③widespread, targeting ④not information technologies but also carmaking, shipbuilding and steelmaking technologies.

27 New York's Christmas is featured in many movies ①while this time of year, ②which means that this holiday is the most romantic and special in the Big Apple. ③The colder it gets, the brighter the city becomes ④with colorful lights and decorations.

28 Unlike her male counterpart who ①can and does abandon his family and seek better opportunities, a rural woman is ②tied to the home. It is a bitter irony ③where employers justify higher wages for men because ④they are the supporters of families.

29 All eyes are now on Mr Powell, who ①is due to speak tomorrow at an annual gathering. Financial markets currently ②suggest the Fed has a 98% chance of raising its benchmark rate by at least 50 basis points. ③If the rise in the rate of interest will be enough for Mr Powell to placate his critics ④remains to be seen.

[30] Choose the sentence that is NOT grammatically correct.

30 ① It makes no difference whether an act was accidental or intentional.
② When a man has more money than he needs, he's a slave to his money.
③ I am thankful that he has allowed me to keep filing my columns.
④ We do not want the unity of grief nor we want the unity of fear.

10

관계사

10 관계사 | TEST 01

[01-12] Choose the one that best completes the sentence.

01 Whiskeytown was the place _____ Scott Lyon got his first teaching job.

① where
② what
③ when
④ who

02 I got a huge bagful of crackers, _____ I'm happy to share with all of you.

① that
② as
③ what
④ which

03 According to her lawyer, Ms Harstorff was satisfied with the way _____ her legal matter was resolved.

① how
② that
③ what
④ which

04 Remember what Gen. Douglas MacArthur _____ Congress in his farewell speech: Old soldiers just fade away.

① said
② said to
③ said it
④ said it to

05 This is a reminder of the danger in having a government _____ by rumors and hysteria.

① guides
② is guided
③ which guides
④ that is guided

06 The subject _____ I am most interested is Spanish.

① in which   ② on that

③ of which   ④ on which

07 In my prepared testimony, I focus on two aspects of this legislation _____ very important.

① which I think do   ② what I think do

③ which I think are   ④ what I think are

08 When the Moon passes through the outer part of Earth's shadow, the Moon dims only slightly in _____ a penumbral eclipse.

① what is called as   ② which is called

③ which is called as   ④ what is called

09 If you have further questions about immigration issues, we will do _____ to help you.

① that we can do   ② what we can

③ that we can it   ④ what we can do it

10 Marilyn Monroe was a girl _____ to be happy even when she was sad.

① which knew   ② who knew how

③ which knew how   ④ who knew

11 The necklace, _____ is unknown, glows in the dark.

① whose the price   ② the price whose

③ price of which   ④ of which the price

12   We often lend a hand _____ to make art, and attempt to do this in ways that are multicultural and inclusive.

① whomever want   ② to whomever wants

③ to whoever wants   ④ whoever want

[13-29] Choose the one that is NOT correct in standard English.

13   ①Although the doctor has diagnosed her problem ②perfectly, he ③still has not found a drug to ④that she will respond.

14   My mother ①plays in the symphony, ②that means she knows ③how to prevent a sneeze when she feels ④one coming on.

15   Neither rain nor snow ①keeps the postman ②from delivering our letters ③which we so much look forward to ④receive.

16   When the angry man started beating the girl, she ①rushed to the kitchen and ②emerged with a knife ③in which she ④injured him.

17   ①What was conveyed ②to Yeltsin in October 1993 ③reveals a central challenge which ④faces the United States since World War Two.

18   Being active at night lowers their risk ①of encountering a species ②which they are ③naturally afraid while ④hunting in an urban territory.

19   I find ①what others are interested in ②quite fascinating because ③that people are interested in ④reveals something about his/her personality.

20   The corpse of a woman ①had been stuffed in a suitcase and ②left in a locker ③at one of the world's busiest train stations went ④undiscovered for a month.

21   The naked mole rat lives about 10 ①times longer than mice and ②unlike mice, 95 percent of ③who die of cancer, the mole rat is ④impervious to the disease.

22   In the ①attempt to control inflation ②by eliminating social programs, there are ethical limits ③beyond where many economists and politicians ④are reluctant to go.

23   The high price the company ①paid it to buy the construction firm ②later triggered a group-wide liquidity shortage ③that forced ④it to sell a lot of its assets.

24   The success of the Greens, who briefly ①topped polls earlier this year, ②forcing that party ③to field endless questions over which of its two leaders ④will stand as chancellor.

25   One of the valuable things sociology teaches is ①that those issues and concerns which we think ②of personal and individual, ③for the most part, are ④much more common.

26   ①Telltale signs of his handiwork emerged during the painful debriefings of his hapless victims, ②many of those failed ③to grasp the ④extent to which he had orchestrated their predicament.

27 Dwight D. Eisenhower, ①who popular name was Ike, ②directed the Allies, ③planned for D-day as the Supreme Commander of the Allied Forces and ④served as the 34th President of the U.S.

28 South Korea, ①which sleek Hyundai cars are cruising Seoul's boulevards and ②top-flight corporations like Samsung Electronics Co. ③seize global market share, ④has a nearly $ 900 billion economy.

29 Northeast Asian nations ①have experienced diplomatic strains and mutual distrust ②because of Tokyo's reluctance to sever its ties with its imperialistic past at a time ③which closer cooperation has been needed to wage a global ④war on terror.

[30] Choose the sentence that is NOT grammatically correct.

30 ① When there is an absence of reliable information about drugs, the risks involved in using them are greatly increased.

② That's something that I feel particularly comfortable with.

③ He was said to be the youngest player that could get the title.

④ That is the shop which I have recently purchased something that does not work well.

[01-12] Choose the one that best completes the sentence.

01   He said there was a fight happening between two men, _____ was a lie.

① who   ② that

③ which   ④ where

02   This is the actress _____ his father claims has seduced his son!

① who   ② whom

③ whose   ④ which

03   For applicants to have successful job interviews, they must know questions _____ they are going to be asked.

① whether   ② what

③ why   ④ that

04   The camel is to the desert _____ the ship is to the sea.

① which   ② that

③ where   ④ what

05   All history confirms the doctrine that _____ rely upon the sword shall perish by it.

① those who   ② if we

③ however we   ④ during we

06 A covered bridge is built of wooden timbers _____ supporting trusses and a floor and is protected from weather by a roof.

① when form   ② so form

③ form   ④ that form

07 Billie Holiday, _____ unique singing style made her famous, was also known as Lady Day.

① who has   ② she is a

③ who   ④ whose

08 In 1868 George Pullman introduced a dining car _____ its own kitchen.

① it had   ② that had

③ that it had   ④ which having

09 As you may know, that is _____ the elephant lives more than a hundred years.

① which   ② in which

③ the reason   ④ the way how

10 Since there were no witnesses, no one was aware _____ he had said.

① which that   ② of that

③ of what   ④ that which

11 Seismology, _____ science of earthquakes, has contributed to our understanding of how the Earth is continuously changing.

① it is the   ② the

③ which the   ④ is the

12   When she laughed, _____, you could see big, yellow, uneven teeth.

① which she often did   ② that she often did

③ when she often did   ④ the time she often did

[13-29] Choose the one that is NOT correct in standard English.

13   O'Neill is worried ①about ②other debts ③what ④a friend of his has been ⑤accumulating.

14   Teamwork ①requires that a player ②pass the ball to ③whomever is in the ④best position to make the goal.

15   The 17th century was one ①in that ②many significant advances ③were made ④in both science and philosophy.

16   The conference agreed ①to hold a new series of meetings, ②which the human rights ③and other violations will be ④further handled.

17   He ①lay on his bed watching the sun ②sinking behind the bars on the window and wondered miserably ③what it was going to ④happen to him.

18   Rainwater carries ①unused chemicals from fields ②into streams or lakes, ③which various compounds promote the ④rate of growth of weeds.

19   ①All which ②was needed to boost ③the shares of a high-tech company on Wednesday ④was a fake news story on a web page message board.

20 ①Because microbes are invisible, their existence was not confirmed ②until the invention of microscopes, which ③it could magnify them ④considerably.

21 The United States national debt was relatively small ①until the Second World War, during ②when it grew ③from $43 billion to $259 billion ④in just five years.

22 I felt ①the affection of the family I ②had lost in my childhood and the warmth of ③my connection to the family roots ④in which I had long searched in vain.

23 ①The New World in which Columbus came at the end of ②the fifteenth century was not, ③as we are tempted to believe, ④a wholly savage and untamed place.

24 A recent survey shows that a household ①which both the wife and the husband are pursuing careers ②stands a better chance of ③surviving intact ④than one in which only the husband works.

25 After the team of geologists ①had drawn diagrams in their sketchbooks and written explanations of the formations ②what they had observed, ③they returned to their campsite ④to compare notes.

26 This ①has to do with national pride, persistent anger ②over past ③wrongs done, and, from a historical perspective, the kind of raw hatred ④has long proved fertile ground for centuries of political conflict.

27 Mark Twain ①who was an American writer ②whose best work is characterized by humor and satire, but ③is also known for its realism of place and language, ④fascinating characters, and strong hatred of hypocrisy.

28 Bananas contain resistant starch which research ①shows ②block conversion of some carbohydrates into fuel, ③boosting fat burning by ④forcing your body to rely on fat stores instead — a sure aid to sustainable weight loss.

29 ①Suppose that one is on an airplane, or at a picnic, and is presented with a plastic knife ②which to cut one's food. As most of us have discovered ③to our frustration, cutting is a task that is often difficult ④to perform with a plastic knife.

[30] Choose the sentence that is NOT grammatically correct.

30 ① There is no one but does not know the fact.
② You can give it to whoever you think is honest.
③ This is what I have been looking for.
④ What one likes one will do well.

10

관계사 | **TEST 03**

[01-12] Choose the one that best completes the sentence.

01 After putting their signatures on the charter, Ms Bhutto and Mr Sharif exchanged the pens _____ which they had finalized the agreement.

① with   ② on

③ for   ④ in

02 We did not want to leave the land _____ we had lived for more than 30 years.

① which   ② when

③ what   ④ where

03 The National Hall of Fame was established as a means to show the country's appreciation to those contributors to sports _____ exploits may have gone unnoticed in the past.

① who   ② that

③ whom   ④ whose

04 _____ is important is not the outcome of the game but the participation.

① That   ② How

③ What   ④ Which

05 In 1863 American President Abraham Lincoln made Thanksgiving an official annual holiday, _____ is now celebrated on the 4th Thursday of November each year.

① that   ② what

③ when   ④ which

112 김영편입 영어 문법 워크북 1단계

06 For Korea to rise to the level of an advanced economy with a per capita annual income of $40,000, _____ is needed is a couple more Samsungs.

① that
② what
③ where
④ which

07 In the rain I met a gentleman _____ I believed to be a professor.

① who
② whom
③ of whom
④ whose

08 The sales industry is one _____ constant interaction is required, so good social skills are a must.

① but which
② in which
③ those which
④ which

09 Sony has revealed its hotly anticipated PlayStation 4, _____ will give Microsoft "a bloody nose" in the battle over their latest gaming consoles.

① where it hopes
② which hopes
③ which it hopes
④ where hopes

10 Brad told me about his new job, _____ very much.

① that he's enjoying
② he's enjoying
③ which he's enjoying
④ he's enjoying it

11 Maslow studied _____ exemplary people such as Albert Einstein rather than mentally ill people.

① which he called
② what he called as
③ that he called to be
④ what he called

12   The Chinese constructed the Great Wall _____ a marvel even today.

① it is considered   ② which is considered

③ is considered   ④ which considered

[13-29] Choose the one that is NOT correct in standard English.

13   This food ①crisis is ②one reason ③where the poor ④are poor.

14   I will ①employ the woman ②who they say ③speaking English ④fluently.

15   Dry cleaning is a ①wet process in which ②the first step ③involving soaking a garment in a ④cleaning solution.

16   A dieter ①might eschew a chocolate sundae, ②not because he doesn't like ③it, but because he's afraid ④of which it will do to his waistline.

17   The candidates expressed ①their opinions of the day's events at the party convention ②was held ③in honor of the ④outgoing state representative.

18   With a new flu season ①fast approaching, health officials are reminding people ②of the toll last year's season ③took residents, ④and encouraging everyone to get a flu shot.

19   The decoder must be ①aware that not only the spoken words ②but the tone and pitch of the voice and the speed ③at which the words are spoken ④carrying meaning.

20 Learning ①minority languages ②means getting to know the people of specific groups and their traditions and culture, ③that can be a great help ④in building a peaceful world.

21 Pygmalion ①first appeared in Greek mythology as a king of Cyprus ②who carved and then fell ③in love with a statue of a woman, which Aphrodite ④brought life as Galatea.

22 They argue she will attract votes from ①independent voters and ②moderate Democrats who ③enthusiastic about the possibility ④of electing the nation's first female vice president.

23 I ①first came to China in 1995 as a peace corps volunteer and decided to stay ②after because I wanted to experience a different way of life from ③which I ④had known in America.

24 This study looks at the short-term impact ①what the media coverage of children ②in need of protection had ③on the number of cases reported to ④child protection agencies.

25 ①Suffering from acute stomach pains ②exacerbated by the food shortages of World War I, Albert Einstein was being nursed by a first cousin, Elsa Einstein, ③with whom he ④would eventually marry.

26 Then Dr. Marshall performed a famous self-experiment ①which he swallowed ②a culture of H. pylori, got sick, and documented that he developed ③an inflamed stomach and ④was cured of the gastritis with an antibiotic.

27 There is a broad recognition ①that financial instability ②is deeply rooted in the present operation of markets, ③which was brought consensus on the need to examine the issue in depth, in order to urgently find better solutions ④for crises prevention and crises management.

28 The remarkable career of Henri Matisse, one of the most influential ①artists of the twentieth century, ②whose stylistic innovations fundamentally altered the course of modern art and ③affected the art of several generations of younger painters, ④spanning almost six and a half decades.

29 Lavoisier's great accomplishments in chemistry ①stem largely from his changing the science from ②a qualitative to a quantitative one. Lavoisier is most noted for his discovery of the ③role oxygen plays combustion. In 1778, he identified air as containing two principal elements, one of ④which he named "oxygen".

[30] Choose the sentence that is NOT grammatically correct.

30 ① The sermon was based on what he claimed was a known fact.
② Private rented housing is always open to whomever can pay for it.
③ We live in a world, especially today, that is becoming segregated.
④ No one is interested, which proves that my class is filled with idiots.

11

명사

[01-10] Choose the one that best completes the sentence.

01   I won't have a bald head because my family all _____ full heads of hair.

① has   ② having

③ have   ④ to have

02   He had _____ relatives but did not wish to live with them.

① a few   ② a little

③ little   ④ much

03   Every human being is _____ regardless of his or her religion, nationality, or gender.

① value   ② of value

③ valuables   ④ of valuable

04   On Thursday, the department countered this, saying: "A great deal of _____ been done to refurbish the existing infrastructure for this purpose."

① works have   ② work have

③ work has   ④ works has

05   Although the number of cars in circulation and the number of miles driven have both doubled since 1970, the number of road deaths has fallen by _____ during the same period.

① four-fifths   ② fours-fifth

③ four-fifth   ④ fours-fifths

06   At the beginning of the conflict the sick boy stayed with _____.

① a his friend   ② his a friend

③ a friend of him   ④ a friend of his

07   Margaret Thatcher wasn't just the first female prime minister — she was _____ as a first female prime minister.

① a successful   ② success

③ a successive   ④ a success

08   I'm going to the _____ this afternoon.

① shoe store   ② shoes store

③ shoe's store   ④ shoes' store

09   Light carries _____. By analyzing the light, astronomers can learn about its distance, motion, and chemical composition.

① many informations   ② few information

③ a lot of information   ④ much informations

10   More than one _____ my face lights up when I talk about my children.

① guys have said me   ② guy has told me that

③ guy has said me   ④ guys have told me that

[11-19] Choose the one that is NOT correct in standard English.

11   He had been cutting ①people's ②hairs for two years ③before he ④came to New York.

12   Both she ①and her family thought ②that she was ③failure in school, in her career, in her relationships, ④and in life.

13   ①In short, nuclear physics ②are well known to the public ③at large but the same is not ④true of elementary particle physics.

14   In the western city, the ①authority has banned construction work ②at night during the exam period ③so that students can sleep ④undisturbed.

15   Grenier freely ①confessed to having been a werewolf, and it was apparent that he walked ②on all fours with ③much greater easy than he could ④walk erect.

16   ①Commander Sir John and Lady Maitland gave me an opportunity to inspect their Harrington Hall and ②its grounds, showed me many ③kindness, and answered many ④questions.

17   The rapid spread of information technology ①has led to the publication of ②a large amount of books, ③both authored and edited, on the social questions that this technology ④has raised.

18   In 1895, after studying the distribution of wealth in Italy, Vilfredo Pareto, ①<u>an</u> Italian economist, ②<u>concluded</u> that eighty percent of Italy's wealth ③<u>were</u> controlled by twenty percent of ④<u>the</u> people.

19   A fetid smell is bedevilling one of Canada's most ①<u>recognizable</u> seaside communities ②<u>at the high of</u> tourism season, ③<u>with residents saying</u> they're often forced to roll up their windows and ④<u>abandon their balconies</u>.

[20] Choose the sentence that is NOT grammatically correct.

20   ① They are distressed and need a great deal of care and attention.
② A number of residents complained of their ill treatment.
③ They purchased two pieces of furniture from the antique shop.
④ The number of obese adults in Wales have increased sharply.

22만 6천 편입합격생의 선택

김영편입 영어
문법

워크북 **1**단계

관사

[01-10] Choose the one that best completes the sentence.

01   Before Hicks left, he looked her _____ the eye and smiled.

① on   ② in

③ at   ④ by

02   He is not _____ I used to know.

① Jack   ② the Jack

③ Jack who   ④ this Jack

03   This type of _____ helps its reader to understand the world culture.

① a book   ② book

③ the book   ④ books

04   _____ the most economically vulnerable people in any Scottish community.

① Poor had   ② Poor was

③ The poor were   ④ The poor was

05   Albert Einstein enjoyed _____ violin with other physicists and mathematicians in small groups.

① to play   ② playing

③ to play the   ④ playing the

06 I am sure that Mary is _____ girl to tell a lie.

① too an honest   ② too honest a

③ a too honest   ④ so an honest

07 While "Mach 1.0" is the speed of sound, "Mach 2.0" is _____ of sound.

① the twice speed   ② twice speed

③ the speed twice   ④ twice the speed

08 Frost concluded, sometime between 1912 and 1925, that natural selection was not impregnable law but _____ metaphor.

① a quite brilliant   ② quite brilliant a

③ a brilliant quite   ④ quite a brilliant

09 She was _____ that she impressed all the teachers in the school.

① girl a such smart   ② such a smart girl

③ girl smart such a   ④ such smart a girl

10 *The Grapes of Wrath*, a novel about the Depression years of the 1930's, is one of John Steinbeck's _____ books.

① and most famous   ② are most famous

③ most famous   ④ the most famous

[11-19] Choose the one that is NOT correct in standard English.

11   ①All of a sudden, the young man ②rose to his feet and ③took her ④by shoulder.

12   Translators ①are usually paid by the word in ②the United States but in ③some situations they are paid ④by hour.

13   The ①lovely mother is ②much afraid of dying; therefore she wants to go to ③a ideal country where there is ④no death.

14   When John ①got home yesterday, he wasn't able to get into his house because ②he'd apparently lost ③a key ④somewhere.

15   The chimpanzee possesses ①hand tool, the sticky termite stick, ②with which ③it digs termites ④out of logs and stumps.

16   When Roger ①was given questions about ②his dream by many people, he replied ③that he wanted to be ④Einstein.

17   Residents will endure a ①partly cloudy morning before ②a sun shines in ③the afternoon with a maximum of 25℃ on ④Tuesday.

18   We ①fell asleep and woke up at five. We ②had a breakfast and we ③went for a walk through the Kalpa bazaar. The sky was clear but ④it was misty in the bazaar.

19   ①This weekend the festival returns to Union Station. Organizers are celebrating ②a 150th Anniversary with events ③spanning May 9-11. Union Station will be full of ④exhibits.

[20] Choose the sentence that is NOT grammatically correct.

20   ① The elderly is far less likely to get a proper diagnosis.
② Ten million dollars is needed to take care of the matter.
③ Corn is grass, as are wheat, barley, rye, and all our grains.
④ It was not until that time that I knew how honest he was.

22만 6천 편입합격생의 선택

김영편입 영어
문법

워크북 **1**단계

13

대명사

[01-12] Choose the one that best completes the sentence.

01   Eric has a story that can't be compared in politics, because _____ is a story of self-sacrifice.

① he   ② him
③ himself   ④ his

02   _____ should give his suggestion about solution of the problem.

① Every   ② All
③ Each   ④ Some

03   How far is _____ from here to Long Lake, and what's the best way to get there?

① this   ② it
③ that   ④ itself

04   The life guard could not see _____ in the swimming pool.

① who   ② nobody
③ anybody   ④ somebody

05   Leonardo da Vinci could write with one hand and draw with _____ at the same time.

① other   ② the other
③ one   ④ another

06 Donny's hut consisted of three rooms. One was a workshop; _____ was a feed room; and the third was his living quarters.

① the other   ② another

③ other   ④ it

07 As a result of the many computer problems on campus, _____ students choose to bring their own laptops, which can easily be connected to the wireless network.

① almost   ② all of

③ almost all   ④ most of

08 _____ the three finalists was worthy of the Pulitzer Prize for feature writing.

① None   ② None of

③ Neither   ④ Neither of

09 A: Mary and I have a lot in common.

B: Yes, your ideas, _____ somewhat unusual to me.

① like she, is   ② like her, is

③ like she, are   ④ like hers, are

10 A new report claims the economy of China will _____ the US by 2032.

① surpass   ② surpass of

③ surpass that of   ④ surpass those of

11 I don't have a nice bookcase, and so I am going to _____.

① have it made   ② have one made

③ have that to be made   ④ get it to make

12 Let us recognize that _____ a part to play in ensuring America's foster children achieve their full potential.

① each of us has   ② every of us has
③ each of us have   ④ every of us have

[13-29] Choose the one that is NOT correct in standard English.

13 ①Some will ②die, but ③every must do ④his or her best to save lives.

14 Let you and ①I promise that we shall ②always dare ③to do what ④is right.

15 Never ①use a drug ②prescribed for someone else just because ③its symptoms ④appear similar.

16 ①That is still dark ②in the morning and the meteorologist on the TV ③is saying something about ④another storm.

17 He ①married me because his parents were old and ②they wanted their unmarried child ③to fulfill ④their duty as a son.

18 Leadership should be a goal for ①them who want to get a job ②done, ③not for the power, glory or money the position ④brings.

19 The ①priceless mask of Tutankhamen ②has been damaged at the Cairo museum, ③causing curators ④to glue them with whitish glue.

20 More than 140 Syrian intellectuals ①have signed a public statement ②defying ③their government by opposing ④their occupation of Lebanon.

21 While she was looking ①him in the face, she understood that climbing was the only thing ②that did ③him good and made him proud of ④him.

22 Most human cases of H5N1 ①have so far been limited ②to them in ③close contact with ④infected domestic fowl such as chickens and ducks.

23 His ability ①to jump into action ②at a moment's notice, barking orders to the soldiers around him, convinced ③themselves that he was ④the very man for the job.

24 The man decided that the best way ①to dry out his sweaty shoes ②was to stick a hair dryer ③in the each of them ④while he took his after-workout shower.

25 It is necessary ①for Georgia not only to maintain trade relations with Türkiye, but also to develop ②it with Iran, because its ③exports to Iran ④amount to only 1 percent.

26 To prevent ①me from developing ②diabetes, I now eat fewer carbs. I used to have two ③spoonfuls of sugar in my coffee, and I drank about five ④cups of coffee each day.

27 The THAAD system, designed to ①intercept ballistic missiles, ②has radar that can track objects 2,000 kilometers ③away, a range that would include ④many of the Chinese mainland.

28   E-commerce competitors serve the consumer in a ①<u>way that</u> many retailers ②<u>cannot</u>, but retailers can still ③<u>compete by</u> differentiating ④<u>them from</u> their e-commerce competitors.

29   We wanted to be the ones who ①<u>first told</u> our children about 9/11 and we ②<u>waited for</u> the right time to ③<u>bring up it</u> in a comfortable setting where we could discuss ④<u>it with</u> them.

[30] Choose the sentence that is NOT grammatically correct.

30   ① The man handled high-profile trials, including that of Simpson.
② The decentralized market effect is very insignificant in itself.
③ Let's divide money between you and I.
④ The trip to Jacksonville is easier than the one to Athens.

14

형용사

14

형용사 | TEST 01

[01-12] Choose the one that best completes the sentence.

01 Schools across the country battled with the question: Is _____ good for you?

① a milk   ② much milk
③ few milk   ④ many milk

02 It is prohibited by law to mail through parcel post any merchandise that might prove _____ in transport.

① dangerous   ② with danger
③ dangerously   ④ to the danger

03 A: How about the walls?
B: The walls are _____ thick.

① third inches   ② three inches
③ third inch   ④ three inch

04 Because the first pair of shoes did not fit properly, she asked for _____.

① another shoes   ② other shoe
③ every shoes   ④ another pair

05 When he finished digging the hole, it was _____.

① over six feet deep   ② over deep six feet
③ six over feet deep   ④ six feet deep over

136 **김영편입 영어** 문법 워크북 1단계

06   Everyone, including Tatianna and her _____ surprised at the inexplicable noise.

① sleepy baby, were   ② asleep baby, were

③ sleepy baby, was   ④ asleep baby, was

07   Providing equipment to help _____ to wellness is high on our list of priorities.

① the wounded return   ② wounded returning

③ the wounded returning   ④ wounded return

08   Throughout their married life, the minivan was the _____.

① car imaginable worst   ② imaginable worst car

③ worst car imaginable   ④ imaginable car worst

09   _____ useful in developing countries because of the lack of the modern farming equipment.

① Much ox are usually   ② Many oxes usually are

③ Much oxen usually are   ④ Many oxen are usually

10   Your _____ inspired us very strongly in the battlefield.

① much generosities has   ② many generosity has

③ much generosity have   ④ many generosities have

11   When I returned to the sleeping area, _____.

① the both girls were awake   ② both the girls were awaken

③ the both girls were awaken   ④ both the girls were awake

12 It is certain _____.

    ① for him to win the election   ② of him to win the election

    ③ that he will win the election   ④ that it will win the election

[13-29] Choose the one that is NOT correct in standard English.

13 Steve Jobs, the ①lately co-founder ②who died ③in 2011, ④revealed the reason.

14 We're seeing ①less people ②sentenced to death; people really ③do question ④capital punishment.

15 ①Almost every job ②that pays a ③significance salary requires computer skills ④at this point.

16 ①Many new furniture ②is made of composite woods ③like particleboard and ④medium-density fiberboard.

17 ①Even when he is ②obviously wrong, Johnson sounds so ③confidently that it is difficult ④not to believe him.

18 The degree of ①physical fitness ②that anyone can develop is governed ③by age, sex, physique, and other natural ④factor.

19 ①The 1999 world almanac sold ②more than ③80 millions copies, keeping North Americans informed of many ④interesting facts.

20   When Misha was ①an ashamed boy, ②embarrassed to show his feelings ③in public, his father understood; he just patted Misha ④on the shoulder with a smile.

21   We have been working with ①all the parties to ensure ②the success of this election and we expect ③every politician to work together for ④the success election.

22   ①Asked about the upcoming new song, PSY hinted that his dance for the new song would be ②new something for ③overseas fans — ④recognizable to Koreans.

23   Our ①failure to take dramatic steps now to protect our judiciary and all of the other ②present people in a courtroom ③strikes at ④the very heart of our democracy.

24   It might be surprising ①to hear that Antarctica is considered ②a desert, which means it's a place that gets very ③few moisture. But there are no sand dunes, ④cacti or rattlesnakes.

25   *African Voices*, a weekend magazine wholly ①dedicated to Africans from different walks of life ②whose stories are ③worth of telling, ④had the entrepreneur as a special guest.

26   ①Alike most of us who have willingly ②inhabited the world's war zones, Tyler is ③motivated by a powerful impulse to tell the stories of those who ④suffer under the appalling circumstances.

27   A section of a bridge ①under construction in southern Vietnam ②collapsed on Wednesday. The exact number of the ③missing was unknown, but officials said at least 200 people were working on the ④328-feet-long section.

28 The deputies ①looked over the fence, where they discovered two young children ②tied up in the backyard. One of the children was tied up by the wrists and ③the other by the ankles. The deputies set ④each children free.

29 Back in 1961 an ①enterprise young ice cream maker ②named Reuben Mattus invented an exotic ③Danish-sounding name, putting a map of Scandinavia on the carton, and America's ④first commercial "super-premium ice-cream", Häagen-Dazs, was born.

[30] Choose the sentence that is NOT grammatically correct.

30 ① They opened up — not because they wanted to, but because they had to.
② Had he been allowed to run in the next election, he would have won hands down.
③ Some toxins are produced by alive bacteria.
④ This situation is not going away and it is going to get a lot worse in coming days.

15

부사

15

부사 | TEST 01

▶▶▶ ANSWERS P.286

[01-12] Choose the one that best completes the sentence.

01 Kiev has become quite a popular vacation destination among tourists _____ for numerous reasons.

① lately   ② lateness

③ late   ④ of lately

02 The flight of budding entrepreneurs from large, heavily capitalized corporation is wounding _____ U.S. companies.

① very   ② the very

③ much   ④ the much

03 When Jimmy opened his birthday present, he could _____ believe his eyes because that's what he wanted.

① not hardly   ② hard

③ not hard   ④ hardly

04 New evidence suggests that the links between handwriting and broader educational development _____.

① runs deeply   ② run deep

③ run deeply   ④ runs deep

05 I know he has usually worked well but _____ I must punish him on this occasion.

① all the more   ② still less

③ nonetheless   ④ much more

06 One of the conditions of the immigration process _____ finished.

① were not already   ② were not yet

③ was not yet   ④ was not already

07 Further, the discounting of trade bills _____ important for commercial banks.

① has never been   ② has been never

③ have never been   ④ have been never

08 War is the favourite method employed by governments _____ home and eager to shelve their domestic responsibilities.

① hard pressed at   ② hard pressing

③ hardly pressed at   ④ hardly pressing

09 Every year, 10 million girls under the age of 18 are married off, often without their consent and sometimes _____.

① very older men   ② much older men

③ to very older men   ④ to much older men

10 High blood pressure may damage small blood vessels in the brain, _____.

① particular women   ② particularly women

③ particular for women   ④ particularly for women

11 Mrs. Gonzales _____ one of the best workers we have.

① always had considered been   ② has been always considered

③ has been considered always   ④ has always been considered

12   After adequate deliberation, the council _____ reviewing the request.

① could not hardly see any valid reason for its

② could scarcely see any valid reason for its

③ could not scarcely see any valid reason for it's

④ could hardly see any valid reason for it's

[13-29] Choose the one that is NOT correct in standard English.

13   We need an ①unusual gifted chemist ②to solve this ③sensitive problem without ④creating any hazards.

14   The procedures ①described above should be followed as ②careful as ③possible to obtain ④reasonable results.

15   At every ①meeting, one of the students arrived ②lately and the teacher solved this problem ③by waiting ④until everyone arrived.

16   Social dances are generally ①intended for participation ②rather than performance and ③can be led and followed ④with easily.

17   Except for an occasional ①cold, Rick Murdock had not been ②enough sick to see a doctor ③for all the years that he ④had lived in Seattle.

18   Jeremy Bentham points out, quite ①correct, that animals are just as capable of feeling pain ②as we are, and hence ③should be treated ④similarly.

19 ①Like Jim and Louise, he ②was frequently absent, failed to do his homework, and ③studied rarely for tests, frequently ④turning in blank exams.

20 He told her ①to go to home and turn the radio ②to a classical station ③instead of the usual hard rock she was accustomed to ④listening to.

21 The fear about ①how instability in ②emerging markets might spread some kind of ③deadly contagion throughout the world had been expressed ④continuous.

22 The weather is a safe topic, ①one ②on which people usually agree and for which neither speaker ③nor listener can ④hardly be blamed if it is unpleasant.

23 ①Upset that the management didn't want him ②to sing alive because of his ③vocal cracks from puberty, AJ decided ④to sing into his mike during a dress rehearsal.

24 ①Not long ago, cremation was a ②fairly uncommon practice in Korea. Today, demand ③is so high that ④there is daily lines outside crematoriums in the Seoul area.

25 Up to now, world capital markets have worked well and interest ①rates have fallen enough to balance ②savings and investment ③without hardly ④generating a depression.

26 ①Lord Bainbridge gave Sebastian a manly pat ②on the back, thanked him for his concern and told him it was ③too much cold for him to be standing out ④on deck without a coat.

27 ①No matter how ②diligent some students work, they are susceptible ③to making careless spelling and punctuation errors so they should have someone ④proofread their papers.

28 He ①predicts that British Petroleum Company's ②effort to improve its refinery operations and ③bring up them to the level of its peers will help ④drive higher earnings in the future.

29 The girls are sold so that the rest of the family ①can eat, but in ②almost cases, the parents believe they're doing ③what's best for their daughter, or they simply follow local ④custom.

[30] Choose the sentence that is NOT grammatically correct.

30 ① Rachel Russell and Linda Chapman have two books every.
② There are many kinds of pies and I think I like them all.
③ Both the children were in a state of shock and petrified.
④ A few of us students are taking part in the football match.

16

전치사

16

전치사 | **TEST 01**

▶▶▶ ANSWERS P.289

[01-12] Choose the one that best completes the sentence.

01 The think tank needs a man _____ talent to calm the country in economic crisis.

① to   ② of

③ on   ④ in

02 Mr. Brown received the money _____ January 10th.

① in   ② on

③ at   ④ of

03 He is known _____ his friends as Rambo because of his toughness.

① for   ② by

③ as   ④ to

04 John has brown hair; it's quite similar in shape _____ mine.

① with   ② to

③ like   ④ as

05 I want to stop them _____ watching television.

① on   ② to

③ away   ④ from

06   _____ the 1960s, the environment took a back seat to economics.

① On   ② At

③ Since   ④ In

07   The doctor explained _____ that we should have a complete physical examination once a year.

① us   ② for us

③ to us   ④ at us

08   _____ that of most other vertebrates, the human eye is remarkable for the functions it serves in relation to vision.

① Similar   ② As similar

③ It is like   ④ Like

09   After I took on a job at a small publishing house, the first books I was assigned to edit _____ the topic of dieting.

① all being   ② were all

③ all being on   ④ were all on

10   I should like to thank you, _____ my colleagues, for the welcome you have given us.

① in spite of   ② because of

③ on account of   ④ on behalf of

11   A: How many more days will the work last?

B: It is supposed to _____ sometime this week.

① be finished until   ② be finished by

③ finish until   ④ finish by

12   Music and dance, _____, belong to the same family.

① brother and sister alike   ② are like brother and sister

③ they are brother and sister   ④ like brother and sister

[13-29] Choose the one that is NOT correct in standard English.

13   He stood ①for freedom ②of speech for everyone regardless ③to color, race, ④and religion.

14   ①According to sources ②familiar to the negotiations, the tentative agreement ③requires pay increases ④totaling 9 percent.

15   After the old man held me ①with the hand and sighed his final breath, ②the late man's spirit was ③in heaven and his body was ④at rest.

16   ①Unable to sleep, the woman ②looked at the prince and kissed him ③by the cheek, squeezing her face just to be sure ④that she wasn't dreaming.

17   ①Glued to the side of the mountain and ②clinging to every rock I touched, I was ③encapsulated in my own world, ④oblivious the beauty around me.

18   Chemistry is ①concerned with the nature of substances, from ②a simple water molecule ③and complex genes ④that influence the growth of living matter.

19   When Mary arrived ①at school, she wrapped the lamb in a blanket ②that she placed at her feet until it made a noise, ③informing the teacher ④with its presence.

20 When it comes ①to personal issues such as marriage and the family, Catholics are usually conservative, but ②on issues ③concerned social justice they are ④sometimes liberal.

21 ①Anyone that might have doubted ②whether the baseball team had ③the goods to be the front-runner, a ready answer was provided in Thursday ④afternoon's game.

22 He finally found the well at the end of the grassy track but instead ①getting water and ②hurrying back, he stood there for a while ③pondering the wonder of ④it in the forest.

23 Our strategic cars, ①reflecting Chinese consumers' tastes, ②gained huge popularity so we were able to achieve ③record sales there ④even though the difficult market environment.

24 In a twist to ①this year's Earth Hour, the astronaut will observe ②from the International Space Station countries ③turn off the lights ④during 60 minutes and post photos.

25 Asia's ①powerhouse economies will ②grow strongly in the next two years ③despite of the Western ④world's comparative weakness, but labor shortage could pose problems.

26 French president, Emmanuel Macron, has ①called for external borders with the passport-free Schengen zone, ②of which Britain is not a part, ③to remain closed ④by September.

27 The comment sounds ①odd to modern ears, not because we are ②surprised to find a politician favoring his friends, ③but because the openness with which this favoritism is ④expressed.

28   We developed ①a set of principles to emphasize Stanford's ②continuing interest and commitment ③to providing access to equal opportunities to all ④faculty independent of gender or ethnicity.

29   The queen suddenly pulled me ①with the sleeve, and led me into a yard through two apartments, the doors ②of which were so low that we were obliged ③to creep on our hands and ④feet.

[30] Choose the sentence that is NOT grammatically correct.

30   ① The number of cars in the world has more than doubled since 1980.
② Since he was her father, he wanted to protect her from harm and evil.
③ More than 5,500 servicemen have deserted since the war started in Iraq.
④ Since the beginning to the end of that war, the Germans always prevailed.

17

비교

[01-12] Choose the one that best completes the sentence.

01   The history of war _____ the history of man.

① as old as   ② that as old as
③ is old, but old is   ④ is as old as

02   The photographs of Mars taken by satellite are _____ than those taken from the Earth.

① the clearest   ② lots of cleaner
③ much clearer   ④ as clean

03   A: What do you think about Edward?
B: He's smarter than _____ in his class.

① anyone else   ② any other ones
③ any else ones   ④ else any one

04   We admire him _____ because he is honest.

① no longer   ② the sooner
③ all the more   ④ none the less

05   Some African countries are poorer forty years after independence _____ in independence.

① where they are   ② than they are
③ where they were   ④ than they were

06   This smartphone costs _____ the iPhone X, making it the most expensive phone I've ever used.

① more twice than   ② as twice much as

③ twice more than   ④ twice as much as

07   Felix Mendelssohn was 2nd of 4 children, the eldest being Fanny Mendelssohn, _____ pianist as her brother.

① as good a   ② was as a good

③ as a good   ④ was as good a

08   Helium is _____ all gases to liquefy and is impossible to solidify at normal air pressure.

① most difficult   ② more difficult of

③ the most difficult of   ④ more than difficult

09   Research shows that older siblings are more likely to _____ their younger counterparts.

① outshine those of   ② outshine than

③ outshine   ④ outshine than those of

10   The higher a person's total cholesterol, _____ of developing cancer, diabetes, high blood pressure, and other serious chronic health issues.

① the chance the greater   ② chance greater

③ the greater the chance   ④ greater chance

11   The current crisis is not _____ would spur us to give up our life.

① such a great disaster   ② so a great disaster

③ such great a disaster as   ④ so great a disaster as

12 Automobile accidents are far more frequent than _____.

① having an accident in an airplane

② airplanes have accidents

③ airplane accidents

④ when there are airplane accidents

[13-29] Choose the one that is NOT correct in standard English.

13 Because Brown ①ran ②faster than ③me, he ④was able to win the race.

14 Venus ①approaches the Earth ②more closely ③than any other ④planet is.

15 ①Waiting for a plane ②to take off from an airport can often take ③so long as the trip ④itself.

16 We ①shall have to agree ②with you when you say that Dick is ③taller than ④any boy in our class.

17 ①Sweden's most perfect ②contribution to international society ③was ④its social insurance programs.

18 In recent years, my mom's hearing ①has started to fade and her mind isn't ②as sharp as ③she ④used to be.

19 The sailors finally ①came to know that the lake was ②the deepest at the spot ③where they were trying ④to anchor the ship.

20   Lejeune would be surprised ①to learn from Kinsley that a ②week-old embryo has ③less physical human qualities than ④a mosquito.

21   If ①one is a ②brand-name drug and costs twice ③as much as the other on the market, we will naturally want to purchase ④the cheapest version.

22   Many professions, ①such as engineering, architecture, and university teaching, ②employed a ③considerably ④high percentage of women in Poland than in the West.

23   The works of Stephen King ①are similar ②to Peter Straub, a fact ③that is not surprising since the two men are friends and ④have even collaborated on a novel.

24   Imaginative medical programmes ①designed to keep the disease ②at bay called for ③very great financial resources than ④were available at a time of economic depression.

25   Millennials, ①being both more numerous and less cynical ②to their Generation X predecessors, seemed ③likely to ④usher in a new era for democrats among young voters.

26   ①Most of the telephone ②systems in Vietnam were installed in ③the 50's and 60's and are inherently ④inferior than the modern systems already in use in Malaysia and Thailand.

27   ①Bizarre as it may seem, ②leaving your car outdoors on a windy expanse of tarmac can cost ③as much, if not ④more than, the flight to your dream holiday destination.

28   I still remember that I ①was beaten badly by my father because I refused ②to accompany my sister to school. My sister, who was eight years ③senior than me, ④was my father's favorite.

29   The government ①has been racing to inject timely stimulus measures ②to prop up the economy, amid ③heightening fears that Asia's ④largest fourth economy may be headed toward a deep recession.

[30] Choose the sentence that is NOT grammatically correct.

30   ① A great life doesn't happen by accident.
   ② It's never too late to discover your real dream.
   ③ I am academically smart in class, ain't I?
   ④ The manager is six years junior than me.

17

▶▶▶ ANSWERS P.295

[01-12] Choose the one that best completes the sentence.

01   While the system of Canada in many respects is superior _____ of the US, both systems suffer from bureaucratic red tape.

① than that   ② to that
③ than those   ④ to those

02   A: I think he is very wise.
B: No, he is _____ than wise.

① kinder   ② more kind
③ more kindly   ④ so kind

03   Joe is _____ of the twins.

① taller   ② the taller
③ tallest   ④ the tallest

04   The legs of a giant rhino are longer than _____ all reported land mammals.

① that   ② those of
③ those   ④ that of

05   Recently there have been many changes in the city's scene, but _____ the most dramatic change has been the arrival of skyscrapers.

① by far   ② in so far as
③ so far as   ④ as far as

06 The mass of the sun is about 750 times _____ that of all the planets combined.

① the greatly   ② greater
③ as great as   ④ the greatest

07 Medicinal practices in the ancient world were as related to religion and philosophy _____ science.

① being to   ② they were to
③ as they were to   ④ as related

08 The more we looked at the abstract painting, _____.

① the more we liked it   ② we liked it more
③ better we liked it   ④ it looked better

09 She offered to give up her job as his career was more important to him than _____.

① she was to her   ② she was to hers
③ hers was to her   ④ hers was to hers

10 Of the two candidates, for this government position, Jason Harald is _____ his experience in the field.

① the most qualified due to   ② the more qualified because of
③ more qualified because of   ④ most qualified despite

11 The annual worth of Utah's manufacturing is greater than _____.

① that of its mining and farming combined
② mining and farming combination
③ that mining and farming combined
④ of its combination mining and farming

12 After stocking his room up with sweeties, videos, and cheap wine, _____ showing up at the office.

① Jack preferred lying all day on the sofa to

② lying all day on the sofa was preferable to

③ it seems preferable to lie all day on the sofa to

④ lying on the sofa all day seemed preferable than

[13-29] Choose the one that is NOT correct in standard English.

13 ①Discriminating listeners have refused ②to trade in their ③old vinyl LPs for ④compact disk.

14 ①There are many different ways ②of comparing the economy of one nation with ③those of ④another.

15 Elizabeth ①wore a dress ②to the party that was ③far more attractive than ④the other girls.

16 ①Of all the written sources from which history ②can be reconstructed, diaries ③are undoubtedly ④the more entertaining.

17 The man, however, who was ①cleverer of the two, and ②was frequently obliged to prompt his companion, ③told us that he could translate ④the original.

18 ①Most of us need to eat twice ②more vegetables than we ③do. But all vegetables are not ④created equal. Different colored vegetables provide different nutrients.

19 He once told me that of all the cases he ①had won in his career as a lawyer, ②it was our suit ③against that environmental group that he enjoyed ④the less.

20 In short, I think that the better the photographer ①the fewer equipment matters, but for those of us ②who are not so ③highly accomplished ④it matters quite a bit.

21 Weather predictions are usually accurate up to a few days; the ①farther ahead the prediction, the ②greatest the likelihood that ③unforeseen events render the prediction ④inaccurate.

22 Although I ①worked hard, my rate of promotion was slower than ②other people because I ③had graduated from a local university, so I left the company after I got an offer ④from another.

23 ①Like Jane Austen, the Brontës' novels were interpreted ②in relation to their lives — but there were notable differences in the ③ways each of the three sisters and her novels ④were perceived.

24 Their influence upon the mental attitudes of ①those coming in contact with ②them was of even greater ③valuable to mankind than the direct contributions which they ④made to horticultural science.

25 Although the number of sovereign states ①has increased almost as ②dramatic as the world's population ③over the past half-century, the number of wars between states has fallen fairly ④during the period.

26   As we read ①these ageless words today, we find that the rules of ②conduct set forth
      by the ancient ③scribes are as fresh and meaningful to this generation as ④they were
      the people of Jesus' time.

27   The rampage school shootings that took most parents ①into the abyss were as ②mysterious
      to them as they ③were the communities who didn't see the evidence that ④something
      terrible was about to happen.

28   ①To the United States, the contest between ②its political system and ③China's is between
      a democracy, where the people freely choose their government and enjoy freedom of
      speech and religion, ④an autocracy, where the people have no such freedoms.

29   In fact, some of them with land ①close to the route of the railway expressed the opinion
      that the line ought ②not to be built. The solution of the question, ③however, so far as
      the railway is concerned, depends not so much on the opinions of the residents ④rather
      on the facts revealed by a study of the agricultural statistics.

[30] Choose the sentence that is NOT grammatically correct.

30   ① This is the widest around here.
      ② He is seven years senior to me.
      ③ You seem as interested in music as I am.
      ④ The more money you try to earn, the less leisure you will have.

18

일치

[01-12] Choose the one that best completes the sentence.

01 The abrupt announcement of a reduction in government subsidies to the rural areas
_____ angered all farmer associations.

① has   ② have

③ is   ④ are

02 Did you say that five days _____ required to complete that work?

① are   ② were

③ was   ④ remain

03 He made a cake last night; some of it _____ still on the table.

① is   ② are

③ had been   ④ were

04 A number of students _____ going to the picnic.

① is   ② are

③ plans   ④ plans of

05 _____ test equipment subsidized by the government must bear a property removal slip
when being removed from the laboratory.

① Any   ② In that

③ An   ④ There is

06 Other possible contributors to the increased suicide _____ economic hardship and isolation.

① is risk ② risk is

③ being risk ④ risk are

07 When I was young, my father quoted John Heywood, "None are so blind _____ who will not see."

① as them ② than those

③ than them ④ as those

08 Politics _____ to be the art of the impossible.

① were told ② are told

③ is said ④ are said

09 The failure of Exxon Oil Company in the 1980s _____ to high salaries paid to executives.

① was due with ② was due

③ was ④ had been

10 In fact, many _____ around a dark room in search of a pen and a flashlight.

① a student sneak ② student sneaks

③ a student sneaks ④ student sneak

11 In 1867 Russia sold Alaska to the United States, and in 1958 _____ the forty-ninth state.

① Alaska's becoming ② Alaska became

③ when Alaska became ④ Alaska to become

12 When you eat hot spicy food, _____ yummy with soup and good for most people.

① bread or butter are   ② a bread or a butter is

③ bread and butter is   ④ a bread and butter are

[13-29] Choose the one that is NOT correct in standard English.

13 ①Tom's and Mary's car ②broke down again, but ③luckily they knew ④how to fix it.

14 A ray of light passing ①through ②the center of a thin lens ③keep its ④original direction.

15 When you ①listen to a political speech, it ②being like ③shooting at a target: you must ④allow for the wind.

16 There ①is usually ways ②to reduce your dog's barking ③to an acceptable level without ④taking drastic measures.

17 Scientific statements such as "Two ①plus two ②equals four" and "Water ③boils at one hundred degrees Celsius" ④is true.

18 One way ①in which novelists ②and playwrights can provide information about their characters ③are by directly describing ④them.

19 The system allowed the rich ①to acquire and retain ②much land while the poor ③was ignored or ④treated poorly by the system.

20   ①For one thing, ②high-tech transportation means that the world, though ethnically diverse, now really ③consist of ④a single, huge population.

21   The situation in Myanmar, ①sparked by popular protests and ②followed by a brutal military clampdown, ③are going from bad ④to worse.

22   A mysterious and potentially ①grisly find by two young boys in a ②wooded area ③have the police and residents of Quincy, Mass., ④baffled.

23   ①Despite having discovered ②nearly 2,000 alien worlds beyond our solar system, the ③profound search for exoplanets ④are still in its infancy.

24   Restaurant chains ①have taken steps to remove GMO ②produce from their menus, and soft drink makers like Pepsi ③has swapped high fructose corn syrup ④for sugar.

25   Although the primary function of speed cameras ①are to detect speeding drivers, the devices ②will soon be used ③to catch motorists ④illegally using their mobile phones.

26   Komodo National Park ①consists of a group of islands. The two largest ②ones, Komodo and Rinca, ③is home to Komodo dragon populations and ④are open to visits by tourists.

27   Statistics ①are the science of collecting, analysing, and ②interpreting data. It provides the framework ③which enables the objective evaluation of research questions ④of interest.

28   A story involving a ①<u>disfigured</u> 3-year-old girl whose family said they ②<u>were asked to leave</u> a KFC restaurant because her appearance ③<u>was scaring</u> customers ④<u>have been found</u> to be a hoax.

29   Though the Congress and the Central Committee ①<u>delegates have</u> some influence over leadership decisions, most of the lineup ②<u>are decided</u> among a core group of ③<u>the most</u> powerful party members and ④<u>elders</u>.

[30] Choose the sentence that is NOT grammatically correct.

30   ① Men differ from brutes in that they can think and speak.

① We cannot be too careful about the words we use.

③ It goes without saying that 30 years were too long for us.

④ What do you say to going to the ruins with us?

[01-12] Choose the one that best completes the sentence.

01 The deal, _____, would allow the joint venture to emerge from bankruptcy after three
years.

① approving   ② if approved

③ approved it   ④ if approving

02 The success of the personal computer _____ spelled the end of the typewriter.

① has effectively   ② has effected

③ have effected   ④ effective

03 This restaurant is famous for its lasagna and more than 1 million plates _____ so far.

① were served   ② have served

③ served   ④ have been served

04 Although the hurricane swept through this town, _____ was done.

① a little damage   ② a few damages

③ few damages   ④ little damage

05 Carnivorous plants _____ insects to obtain nitrogen.

① are generally trapped   ② trapping generally

③ are trapped generally   ④ generally trap

06   _____ on water depends on the density of both the object and the water.

① An object floats   ② Whether an object floats
③ Does an object float   ④ So an object floats

07   San Diego's new fifteen-mile trolley line _____ with the Mexican border city of Acapulco.

① will link San Diego   ② to link up San Diego
③ will San Diego link   ④ San Diego linking

08   The police _____ to investigate the death of a remote village chairman when the members of the Philippine Marxist New People's Army attacked, killing eight policemen and two civilians.

① was on his way   ② was on its way
③ were on their way   ④ were on its way

09   _____ allows the skin and thus the body to be cooled.

① Sweat evaporates   ② When sweat evaporates
③ Sweat, the evaporation of which   ④ The evaporation of sweat

10   Several prominent figures involved in the scandal _____ before the investigating committee.

① will be appear   ② are suppose to appear
③ supposed to make an appearance   ④ are to appear

11   Most of the current international problems we are facing _____.

① misunderstandings   ② are the result of misunderstandings
③ has not been solved   ④ lacks understanding each other

12   He lay on a straw mat with his _____.

① closed eyes and his mouth open   ② eyes closed and his open mouth

③ closed eyes and open his mouth   ④ eyes closed and his mouth open

[13-29] Choose the one that is NOT correct in standard English.

13   Around 40 ①percent ②of the price ③of a bottle of whisky ④are tax.

14   A great ①deal of workers ②were opposed ③to the ④company's actions.

15   ①Over the weekend, ②all employee are ③required to attend the ④annual meeting on employment benefits.

16   The building ①across the square is one of the finest ②example of colonial ③architecture I have ④ever seen.

17   ①Approximately ②one-fourth of a worker's income ③are paid ④in taxes and social security ⑤to the government.

18   News from abroad ①is that each country is supporting ②its own policy despite the fact that ③ours ④are superior to theirs.

19   ①Most of the English people ②is descended from invaders who began settling in ③the British Isles more than ④2,500 years ago.

20 The scientific ①principle that ②some substances are acids ③whereas others are bases ④are almost ⑤as old as chemistry itself.

21 Public ①defender programs, established in ②most American counties, ③to provide free legal services to ④needy defendants.

22 ①The good news ②are that researchers are beginning ③the enormous task of making sense of the flood of ④new genetic information.

23 ①When Edison returned ②to his hometown, ③at the age of twenty one, people ④beginning to take an interest in his scientific experiments.

24 The blend of simple words, rhymes, ①and vivid illustrations in his books ②have inspired a love ③of reading in ④generations of children.

25 After the incident ①was over, neither the passengers ②nor the bus driver ③were able to identify the youngster who ④had created the disturbance.

26 Supper should ①be taken two hours before ②going to sleep, so that the stomach as well as the other parts of the body ③have rest while we are ④asleep.

27 The memorial meeting, ①held on 27 June and ②organized by the Anna Freud Center, ③well attended by 400 participants on one of ④the hottest days of this summer.

28 ①Parasitic plants, attaching ②themselves to other plants and ③drawing nourishment from them, thereby ④sapping the strength of the host plant, ⑤usually killing it.

29 The remarkable thing about the two ideologies ①were not their differences, which ②were many, but the number of ways ③in which they ④collaborated towards the same ends.

[30] Choose the sentence that is NOT grammatically correct.

30 ① The better news is that he has an angel of a wife, Mara.
② My family are well aware of my relationship with my girlfriend.
③ Two-thirds of the information are not about saving money.
④ Dolphins are usually considered lucky by many peoples.

[01-12] Choose the one that best completes the sentence.

01   A tenth of the automobiles in this district alone _____ stolen last year.

① was   ② had been
③ were   ④ have been

02   Every fuel has its own particular temperature at which it _____ to burn.

① begins   ② begin
③ have begun   ④ beginning

03   _____ a great debate about the relative value of conversation versus legitimate commercial interests on TV tonight.

① It is   ② As it is
③ There is   ④ There are

04   Some of our wedding vows had been taken from the traditional ceremony, and _____ were written by my wife and me.

① which   ② which some
③ some of them   ④ some of which

05   Her test scores were _____ because she did _____ on her tests.

① good — good   ② good — well
③ well — well   ④ well — good

06 The discovery that electricity could produce magnetism _____ in 1820 by the Danish physicist, Hans Christian Oersted.

① was made by accident   ② an accident

③ by accident   ④ accidentally

07 _____ are a form of carbon has been known since the late 18th century.

① Diamonds   ② Because diamonds

③ That diamonds   ④ Diamond

08 _____ serves as a collection and distribution center.

① The city that   ② Though the city

③ There is the city   ④ The city

09 The term brain-machine interface _____ science fiction characters that plug a computer into the back of their heads and upload and download information to their brains.

① makes us think of   ② make us think

③ make us think of   ④ makes us thinking

10 The abundant supply of commercial fertilizers _____ the production of large crops on land.

① has made it possible

② has been made it possible

③ has been made possible

④ has made possible

11 _____ on television can be very damaging to children who watch the programs.

① Too much sex and violence

② The sex and violence too much

③ The great numbers of sex and violence

④ Too great sex and violence

12 In order to learn how to swim, first of all, _____.

① you need to enter the water

② it is entering the water with necessity

③ the water must, as is necessary, be entered

④ necessarily must be entered in the water

[13-29] Choose the one that is NOT correct in standard English.

13 ①Each and every member ②of the group believed ③they were better than ④the rest.

14 The mayor ①expressed concern about the large ②amount of ③people injured ④at crossings.

15 The condition, ①which some ②believe is over-diagnosed, ③are ④characterized by short attention spans.

16 The ①sixth vice-president ②to become president ③at the death of the Chief Executive ④were Calvin Coolidge.

17 The number of ①wild horses on Assateague ②are increasing lately, ③resulting in ④overgrazed marsh and dune grasses.

18 The statistics ①referred to in the ②following report on inflation ③is the result of a government study on ④rising prices.

19 The impression ①that women ②talk too freely and too much in private situations ③are summed up ④in a word: gossip.

20 Neither of the two girls who had ①succeeded in the ②qualifying examination ③were allowed to teach Greek in ④high school.

21 A married man ①with two children ②may take two exemptions on ③their income tax: one for ④himself and one for his wife.

22 One of ①the most important ②considerations affecting the President's decision ③were based on his desire to decrease the ④rising rate of unemployment.

23 ①A large proportion of the stars visible with the naked eye ②is within ③250 light years. This map shows this tiny section of our galaxy that ④surrounds our Sun.

24 Vanessa managed to have ①her own horse at age eight, and ②by the time she was 12 she ③had managed to nag her parents enough to allow ④them to attend pony club.

25 Gutzon Borglum, ①whose first work ②was a statue of Abraham Lincoln, is famous for the figures ③he carved on mountainsides, especially ④that on Mount Rushmore.

26 According to a report ①released today, more than half of the terror suspects ②being held at Guantanamo Bay ③has not been accused of committing hostile acts against the United States ④or its allies.

27 Shanghai, Macau, and Beijing are aggressively seeking to fortify ①their exhibition industry, while regional neighbors Japan and Korea ②are poised to beef up ③theirs industry. Global competition in this industry is ④growing in intensity.

28 ①Against a backdrop of political stability and growing prosperity, the development of new technologies, ②such as the printing press and a new system of astronomy, ③were accompanied ④by a flowering of philosophy, literature and especially art.

29 Since the country's automotive market ①was opened in 1988 and foreign automakers began to establish sales networks in Korea, imported cars ②has been known for being overly expensive. This ③has baffled some consumers who say such high costs ④can not be easily explained.

[30] Choose the sentence that is NOT grammatically correct.

30 ① Good and bad butter are things quite different to our taste.
② Trial and error is a fundamental method of problem solving.
③ All work and no play makes Jack a dull boy.
④ Christmas and Easter is the most important church festivals.

19

병치

[01-12] Choose the one that best completes the sentence.

01 Marmots spend their time foraging among meadow plants and flowers or _____ on rocky cliffs.

① gets sun   ② sunning
③ the sun   ④ sunny

02 I'm so tired. I'd rather stay at home _____ to the movies.

① to go   ② than go
③ to going   ④ than going

03 The worldwide race to develop a synthetic fuel has so far consumed billions of dollars and _____ few results.

① yielded   ② yielding
③ to yielding   ④ have a yield of

04 She calls her customers "really friendly, lovely _____."

① and sweet   ② being sweetly
③ and sweetly   ④ to be sweetly

05 Starting something new while continuing our newspaper work is better than _____.

① depressed   ② being depressed
③ depressing   ④ being depressing

06 My sales woman was showing me items I had no interest _____ that I try them.

① and insisted   ② in insisting
③ and insisting   ④ in and insisting

07 Many linguists believe that how people talk is often more important than _____.

① they can say   ② what they say
③ is saying that   ④ they are saying

08 A grain elevator is a tall building equipped with machinery for loading, unloading, cleaning, _____ and storing grain.

① being mixed   ② mixing
③ having been mixed   ④ mixture

09 Astronomers gather data by accurately and _____ the heavens.

① carefully observe   ② careful observing
③ carefully observing   ④ carefully observed

10 In the alpine tundra, the summer is intense, winds are prevalent _____ highly variable.

① and the precipitation is ② precipitation being
③ that the precipitation is ④ with precipitation

11 I have enjoyed the study of the Spanish language not only because of its beauty but also _____.

① to make use of it in business   ② because of its use in business
③ on account it is useful in business ④ one needs it in business

12 I screamed, waking up in a panic and _____ other than my head.

① was not able to move nothing ② to be unable to move anything

③ was not able to move something ④ unable to move anything

[13-29] Choose the one that is NOT correct in standard English.

13 ①According to the syllabus, you can ②either write ③a paper or ④you can take an exam.

14 ①Accurate meteorological ②predictions can be formulated using techniques ③derived from ④chemicals, physics, and mathematics.

15 ①Highly educated children of immigrants to the United States are uprooting ②themselves and ③moved to ④their ancestral countries.

16 ①Numerous changes in the format and ②distribute of newspapers were made ③possible by technological ④advances in the early 1800's.

17 ①Identical twins are always ②of the same sex, ③resemblance one another very ④closely, and have similar fingerprints and blood groups.

18 The Halloween party was ①a great success: the children ②enjoyed bobbing for apples, ③playing party games, and ④to put costumes on.

19 ①Owing to health concerns ②among consumers, farmers have improved their ③methods for breeding, feeding, and ④management cattle.

20   Self-knowledge is ①so powerful a force that it has the capacity to change every ②aspect of ③one's thinking and ④transmuting any deleterious karma.

21   There's ①nothing you can ②do about the experience because neither you nor he ③has a time machine to go back to the past and ④erasing the experience.

22   ①Despite warnings to stay out of the sun, ②using sunscreen and shun tanning beds, rates of ③the deadliest form of skin cancer ④have risen steadily since 2010.

23   It is required ①of any company ②to keep accurate records of all accounts, to have its accounts ③audited, and ④submitting annual audited accounts to the registrar.

24   ①A child doesn't learn about food only by reading, but can learn by seeing and ②eating balanced meals, ③explore new foods, and ④observing others at mealtime.

25   Schizophrenia, a behavioral disorder ①typified by a fundamental break ②with reality, may ③be triggered by genetic predisposition, ④stressful, drugs, or infections.

26   ①On the Pacific coast of Panama, scientists discovered a new pistol shrimp that ②uses its large claw to create a noise ③so loud it can stun, or ④even kills, small fish.

27   We are considering ①granting membership ②to foreign firms and allowing ③them to challenge our markets, ④expanding their products, and to compete openly with us.

28　　It discusses ways of ①preventing deforestation, which is ②linked to global warming, and ③to provide financing for poorer nations to help them ④adapt to warmer temperatures.

29　　After the ①devastating attack yesterday on the Pentagon, the huge building ②was quickly evacuated with help from the defense secretary in a fashion ③that witnesses said was extraordinarily ④orderly and calmly.

[30] Choose the sentence that is NOT grammatically correct.

30　　① It's never too early or too late to start planning for retirement.

　　② Spam costs the company both timely and resources.

　　③ Many people have spent most of their lives on antidepressants.

　　④ Those who toy with the people's values must be taught a lesson.

19

병치 | **TEST 02**

[01-12] Choose the one that best completes the sentence.

01 Over-exploitation, _____ and climate change have devastated many of the world's commercial fish stocks.

① pollute   ② polluted

③ is polluting   ④ pollution

02 The young man crossed arms over his chest, and with a grin of indifference _____ the woman in the face.

① looked   ② looked at

③ looking at   ④ looking

03 People spend a lot of time reading novels or _____ TV.

① watching   ② being watched

③ to watch   ④ watched

04 The effort to come up with a pollution-free fuel has so far _____ billions of dollars and produced few results.

① consuming   ② consumed

③ consume   ④ consumption

05 The wood of elm trees is used in shipbuilding and in _____ barrels, furniture, flooring, and sporting goods.

① to make   ② as made

③ making   ④ to have made

06 The government is trying to damage me by mobilizing the intelligence agency, the tax agency and now _____.

① to prosecute
② prosecuted
③ the prosecution
④ prosecutory

07 This operating system has become popular because it gives the user the ability to multitask and _____ the computer in a more intuitive way.

① operating
② to the operation of
③ the operation of
④ to operate

08 _____ a unicycle usually requires more practice than learning to swim.

① Learning to ride
② When you learn to ride
③ To learn riding
④ That riding

09 Dr. Robert Bell went to New York, bought some books, and _____.

① visited his daughter
② to visit his daughter
③ visiting his daughter
④ visit his daughter

10 Mr. Smith was young, enthusiastic, and _____.

① had interested in many activities
② interesting in many activities
③ interest in many activities
④ interested in many activities

11 Lizards' tails may teach us how cells learn to specialize, how heart muscles grow, and even _____.

① the cancer growth is arrested
② to be arresting cancer growth
③ how cancer growth is arrested
④ where is cancer growth arrested

12   Symphonies, string quartets, and _____ often have a sonata form.

① long works for instrumental solos

② for instrumental solos long works

③ works are long for instrumental solos

④ instrumental solos have long works

[13-29] Choose the one that is NOT correct in standard English.

13   Jogging, walking, and ①go swimming are ②all excellent ③ways to improve ④one's health.

14   Most domestic dogs are generally ①adaptable, ②loyal, ③courageous, and ④intelligence.

15   The Indians ①appear ②friendly and peacefully, but they are ③deeply suspicious of ④other tribes.

16   Most ①country music songs are ②deeply personal and ③deal with themes of love, ④lonely, and separation.

17   Everybody thought the man ①would do better to wait on the customers ②rather than ③asking them for spare ④change.

18   It's ①long been a part of folk wisdom ②that birth order ③strongly affects personality, ④intelligent, and achievement.

19 The point ①is not that we should avoid ②comparing our culture with others, ③but because we should not despise ④other cultures.

20 ①An extended family ②consists not only of parents and children ③but also other relatives, such as grandparents and ④unmarried aunts and uncles.

21 The main ①purpose of this Dental Study Association is ②to solve dental problems and ③for the promotion of the science and ④art of dentistry.

22 The family moved often ①during the childhood ②because his father, a ③chemistry and mathematician, ④had various jobs in the US defense industry.

23 His ①foremost concern is with getting ②a graduate degree in Business Administration and ③find a job that will support him ④in these uncertain times.

24 Socrates' method of ①teaching was to ask questions and, by ②pretending not to know the answers, ③pressing his students into thinking ④for themselves.

25 The real point of the spinning was ①to teach ②appreciation for manual labor, restore self-respect ③lost to colonial subjugation and ④cultivates inner strength.

26 The adult mosquito usually lives, ①for about thirty days, ②although the life span varies ③widely with temperature, ④humid and other factors of the environment.

27 Clean Water Program is designed to reduce damage in fish caused by ①water pollution in Finland and ②evaluating most chemical treatments that ③are applied to ④drinking water.

28 ①By using only ②carry-on bags, air travelers can not only skip long lines at the airport ③check-in counter, but also ④eliminating the worry, hassle, and expense of lost luggage.

29 Under a new Australian law, an adult patient can ①request death ②to put an end to suffering. However, the patient ③must be diagnosed as terminally ill and ④waiting for seven days before signing a certificate of request.

[30] Choose the sentence that is NOT grammatically correct.

30 ① Technological advancement is perceived by some as a license to attack other cultures.
② National leaders will no doubt use political and technology to protect their cultures against various info-assaults.
③ Without human intervention, technology will increase the gap between rich and poor nations.
④ Electronic proximity will inundate us with info-junk, creating a need for human intermediaries.

20

도치

[01-12] Choose the one that best completes the sentence.

01   Never in my wildest dreams _____ he would do something like this.

① I thought   ② I think

③ thought I   ④ did I think

02   Only then _____ that he couldn't come back to Nigeria again.

① did he know   ② he knew

③ knew he   ④ he had known

03   Not until an infant hedgehog open its eyes _____ its nest to follow its mother.

① it leaves   ② and leaves

③ leaving   ④ does it leave

04   On no account _____ your colleagues spend money that may not be available.

① you should let   ② should you let

③ let you should   ④ should let you

05   She is studying in a prestigious private school in Madras, and so _____.

① does her brother   ② is her brother

③ her brother is   ④ her brother does

06   Beneath the deep oceans that cover two-thirds of the earth _____ some of the most tantalizing secrets of our planet.

① is concealing   ② is concealed

③ are concealing   ④ are concealed

07   _____ for your recommendation, I would never have been hired.

① If had not been   ② Had it not been

③ If you have not been   ④ Had you not been

08   These contradictions don't happen by chance, nor _____ ordinary hypocrisy.

① they do result   ② do they result

③ they do result from   ④ do they result from

09   Not only _____ the body healthy, but also it makes the mind healthy.

① exercise making   ② exercise makes

③ does exercise make   ④ there is exercise that makes

10   _____ data portals managed by national statistical offices (NSOs) that perform a range of critical functions.

① With great importance is   ② Of great importance is

③ With great importance are   ④ Of great importance are

11   Only _____ to keep economies from returning to the "patrimonial capitalism" that worried Karl Marx.

① can intervention be relied on   ② intervention can be relied

③ intervention can be relied on   ④ can intervention be relied

12 Under no circumstances _____ on or below the walking bridge.

① any person should be unauthorized

② should be any person unauthorized

③ should any unauthorized person be

④ any unauthorized person should be

[13-29] Choose the one that is NOT correct in standard English.

13 Only when ①its moisture begins ②to condense, ③steam becomes ④visible.

14 Rarely ①modern history has seen ②such a powerful ③grass-roots effort ④to pull out of a crisis.

15 ①Lying low in the tall jungle grass ②was a lion and his mate, ③both waiting for the opportunity ④to catch some food.

16 ①Have the copyright notices been ②put up on the articles ③earlier, we might have been able to prevent them ④from reproduction.

17 ①Between his house and the village, ②there lies a strait green lane, and ③above the house ④stands a great number of tall stones.

18 So ①complicated ②international trade today is that consumers who use a product are ③seldom aware of ④where all its components come from.

19 In fact, ①so common ②were reports of secondary events become ③that they are now simply ④too numerous ⑤for all of them to be accurate.

20 ①Little did I dream that ②these canyons and primeval forests I should discover a fair bud ③growing wild within the ④confines of the rugged peaks.

21 All over the world, ①arguing Francis Fukuyama, ②today's political turmoil has a common ③theme: the failure of governments ④to meet the rising expectations.

22 Hardly ①had he approached the counter ②when a baldheaded clerk, ③clad in a pin-striped green suit with a rainbow hued tie of many colors, ④had appeared.

23 ①Unaffected by both rising inflation and high interest rates ②was enterprising Americans ③who were able to create products ④adaptable to shifting public tastes.

24 In these chapters, which constitute ①two thirds of the work, ②are seen a striking instance of the aid ③which physical science ④is giving to all branches of research.

25 I ①awoke at dawn and looked at the egg ②that lay on the table, when I wondered why eggs had ③to be laid and why from the egg came the hen which again ④lay the egg.

26 Adding to the unease ①is picturesque streets in the ②historic center ③littered with trash as well as warnings ④from locals not to go out at night when purse snatchers and gang members reign.

27   Also ①<u>presenting to</u> the city council this morning ②<u>are</u> the mayor's city budget for next year and plans to renovate the ③<u>existing</u> music theater, so the session ④<u>will focus on</u> financial matters.

28   On the summit ①<u>did the temple stand</u>, where ②<u>all the</u> Latin tribes, with the Romans ③<u>at their head</u>, used to ④<u>assemble once</u> a year, ⑤<u>and offer</u> common sacrifice to the tutelary deity of the nation.

29   The invention of the car ①<u>had a major impact on</u> daily life. It made a whole new pattern of living ②<u>possible</u>. No longer ③<u>people had to</u> live in the cities or spend their holidays at crowded resorts ④<u>nearby</u>.

[30] Choose the sentence that is NOT grammatically correct.

30   ① Pororo, whose dream is to fly, has taken off since then.
② It is an obstacle to achieving universal education.
③ I know the boy and his dog that are running over there.
④ Not long ago did the companies become successful.

문의 구성

[01-12] Choose the one that best completes the sentence.

01 He continues to teach private music lessons, as he _____ for many years.

① has   ② is

③ had   ④ was

02 It is on that balcony _____ the new pope will be introduced to the world.

① which   ② where

③ that   ④ what

03 From March or April in 1945, there were more and more air raids. It was _____ enemy planes dropped flyers.

① May that   ② in May which

③ in May that   ④ May which

04 I worked and studied with two teachers, both men in their eighties. They became family to me, and _____.

① I to them   ② they my

③ they to I   ④ I they

05 In practical terms, the subject is complex and, in approaching the problem of apoptosis as a predictive factor in cancer therapy we should _____ mind three points.

① keep   ② keep our

③ keep in   ④ keeping

06   Across the world, teachers and their students engage in the study of the sciences as they
_____ generations.

① have been   ② are

③ have for   ④ do

07   Monica Lewinsky, the former White House intern whose affair with President Bill Clinton
led to his impeachment, _____ out.

① speaking   ② is speaking

③ spoken   ④ is spoken

08   Mr. Andrews has not yet given me the receipts, but when _____ I'll mail them to you.

① he does   ② he is

③ they do   ④ they are

09   From these premises, the conclusion is _____ the material collocation is all that counts
in the organization.

① drawn that   ② drawing in which

③ drawing in that   ④ drawn what

10   The wicked witch _____ fear was the only thing that would protect me.

① was convinced of   ② convinced me of that

③ convinced that   ④ convinced me that

11   I don't like _____ our official investigation into the recent crimes.

① they interfering   ② their interfering with

③ they interference   ④ their interfering

12 We were all prepared for bad weather, but I never thought that _____.

① its heavy snow   ② it would snow heavy

③ its heavily snowed   ④ it would snow heavily

[13-29] Choose the one that is NOT correct in standard English.

13 ①Reading his success story makes us ②convince that if we hold on to our dreams, ③they can become ④a reality.

14 ①Most important is China's assertive push ②to reclaim the ③Japanese-controlled Senkaku islands, which Beijing ④refers to Diaoyu.

15 Vienna has so much ①to be offered, with ②so many attractive and ③fascinating sights in a city ④which is both old and new.

16 ①Looked at from a slightly different perspective, the problem is that ②today's parents work ③too hard to keep their children ④happily.

17 Declining an offer of work at ①nearby Santa Marta, he ②next made his way, once again ③by airplane, ④the historic old city of Cartagena.

18 However, none of the preparations that ①have developed and tested ②to date have ③become a commercial reality for one reason or ④another.

19 The Drama League has announced ①its award nominations for the season and ②they are, as usual, ③legion, with 11 shows ④vying the top play title.

20 ①Born in Canada, Leone has faced calls for her ②to be deported for ③corrupting the nation's morals since she ④has arrived in India in 2011.

21 In 1961, the two countries ①signed a Treaty of Friendship, Cooperation and Mutual Assistance, which ②calls for either to aid ③another if ④attacked.

22 ①Inspiring a Quranic verse, the rescue workers ②have rescued more than 60,000 people — a feat ③that earned ④them the Right Livelihood Award.

23 The student ①had stayed up for two nights ②in preparation for his final exam ③feared to be very difficult, but he accidentally ④has overslept on the day of the test.

24 Indian ①authorities braced for the religious gatherings with more than 10 million ②Hindus expected to ③enter into the Ganges River to ④cleanse their sins in a festival.

25 As Adam Smith ①contended, it makes sense to focus attention ②on how prices are determined in the market, since this ③is the key to understanding how the market ④functions itself.

26 In the business world there ①has also been much hype around something ②called "Enterprise 2.0", a term ③has been coined to describe efforts ④to bring technologies into the workplace.

27 If China ①were to sever the drip-feed, North Korea would ②implode, sending ③millions of refugees into its neighbour and depriving Beijing ④from its vital buffer state against American influence.

28   When the Korean War ①had broken out in June 1950, ②using nuclear ③weapons was one of the first military options and it ④was considered by President Harry Truman and his advisers.

29   A common argument ①is that we've ②become accustomed, and built up ③tolerance to, naturally-occurring toxic compounds, whereas we haven't had time ④to do so with more recent synthetic compounds.

[30] Choose the sentence that is NOT grammatically correct.

30   ① He is a second-rate writer at best.
① He is none the happier for all his wealth.
③ We were asked to pay twice the amount to renew the contract.
④ The price of wheat is getting higher and highest.

해설편

01 동사와 문형

01 ①	02 ④	03 ①	04 ②	05 ③	06 ①	07 ③	08 ④	09 ②	10 ①
11 ①	12 ②	13 ②	14 ①	15 ②	16 ①	17 ④	18 ①	19 ③	20 ④
21 ③	22 ③	23 ②	24 ③	25 ①	26 ④	27 ④	28 ②	29 ②	30 ③

01 ①

목적어 the rent가 있으므로 빈칸에는 타동사가 필요하다. raise는 타동사로 목적어를 취할 수 있으며 또한 'a number of+복수명사' 다음에는 복수동사가 필요하므로 ①이 정답이다.

많은 집주인들이 매년 임대계약 갱신을 할 때 집세를 올리고 있어서, 많은 세입자들은 부당한 집세 인상에 대해 불평한다.

02 ④

부정문에서 조동사 did 다음에는 본동사로 원형동사가 와야 한다. 따라서 ①과 ③은 빈칸에 적절하지 않으며, matter는 목적어를 받지 못하는 완전자동사이므로, ② 또한 빈칸에 부적절하다. ④ matter는 '중요하다'는 뜻의 완전자동사로 쓰여, 부사구인 to travelling fans(원정 팬들에게)와 자연스럽게 호응이 되므로, ④가 정답이다.

그 시합은 2대 0이라는 패배로 끝났지만, 그 결과는 원정 팬들에게는 중요하지 않았다.

03 ①

사역동사로 쓰인 had의 용법을 묻고 있다. 시계는 스스로 '고치는 주체'가 아니라 '고쳐지는 객체'이므로, 능동의 표현이 온 ②와 ③은 빈칸에 적절하지 않다. ④ repair는 타동사이므로, 자동사로 온 ④ 역시 빈칸에 부적절하다. 따라서 ①의 repaired가 정답이며, had my watch repaired(had+목적어+과거분사)가 되어, '시계가 수선되게 하다(시계 수선을 맡기다)'는 표현이 되므로, 문맥상 적절하다.

나는 그 마을에 있는 한 시계 수리점에서 내 시계의 수선을 맡겼고, 그런 다음 다른 여행자들과 함께 저녁을 맛있게 먹었다.

04 ②

빈칸 앞에 조동사 should가 왔으므로 빈칸에는 동사원형이 적절하다. 따라서 ③, ④는 빈칸에 들어가지 못하며, participate는 자동사로 뒤에 명사를 수반할 경우 반드시 전치사 in과 함께 쓰인다. 따라서 ②가 정답이다.

그 나라는 지구온난화를 제한하기 위한 국제협정에 참여해야 한다.

05 ③

여기서 remain은 '계속 어떠한 상태에 있다'는 뜻의 2형식동사이므로 빈칸에는 보어로 상태를 나타내는 형용사 ③이 적절하다.

평생 학습은 오늘날의 고용시장에서 계속 경쟁력을 유지할 수 있는 유일한 방법이다.

06 ①

see동사 다음에 목적어로 sentiment까지가 왔으므로 빈칸에는 목적보어로 현재분사 ①이 적절하다.

우리는 잔인한 반일 감정 폭발이 중국 전역에서 몰아치고 있는 것을 보고 어리둥절했다.

07 ③

특정 언어를 '말하다'는 speak를 쓰며, 이때 speak는 타동사이다.

그 지역 인구의 절반이 조금 넘는 사람들이 영어와 스페인어를 둘 다 사용한다.

08 ④

문맥상 경찰봉과 총알이 폭도들을 쓰러뜨린 것이 경찰이 폭도를 마주친 것보다 먼저 일어났다고 볼 수 없으므로 주절이 부사절보다 시제가 앞설 수 없다. 따라서 과거완료시제가 쓰인 ①과 ③은 빈칸에 들어갈 수 없다. batons and bullets이하는 이 문장의 주절로 본동사가 없으므로 ④가 빈칸에 적절한데, 이때 fell은 '쓰러뜨리다'라는 뜻의 타동사 fell의 과거시제가 쓰였다.

일단의 경찰이 대규모 폭도무리와 마주쳤을 때, 경찰봉과 총알이 폭도들을 수십 명씩 쓰러뜨렸다.

09 ②

bought는 buy의 과거형으로, buy는 4형식과 3형식에 모두 쓰일 수 있다. 4형식으로 쓰일 경우, 간접목적어(her) 다음에 직접목적어(a scarf)가 와야 하며, 3형식으로 쓰일 경우, 직접목적어(a scarf) 다음에 'for 직접목적어(her)'가 와야 한다. 따라서 올바르게 4형식으로 쓰인 ②의 her a scarf가 빈칸에 적절하다.

어느 흐린 날, 그 남자는 그녀의 17번째 생일을 축하하기 위해 그녀에게 스카프를 사주었다.

10 ①

주어가 복수명사인 the problems이므로 동사는 끝에 s가 없는 seem이 적절하며, 2형식 동사 seem은 주격보어가 필요한 불완전 자동사이다. 따라서 보어로 형용사 resistant가 적절하므로 정답은 ①이다.

우리 사회는 도덕적으로 결핍돼 있으며 여러 문제들이 정부의 해결책에 저항하는(내성이 있는) 것 같다.

11 ①

in the past는 명확한 '과거시점'을 나타내는 부사어이므로, 현재완료시제가 온 ②와 ④는 빈칸에 들어갈 수 없으며, inhabited는 '자동사로 착각하기 쉬운 타동사'로 전치사 in이 있는 ③이 아니라, ①의 inhabited가 빈칸에 적절하다.

과거에 곰들은 사르디니아(Sardinia), 코르시카(Corsica), 아일랜드(Ireland), 그리고 아이슬란드(Iceland) 섬을 제외한 유럽대륙 전역에 걸쳐 서식했다.

12 ②

notice는 '~을 알아차리다, 눈치 채다'라는 의미의 지각동사이다. the young man이 take the jewel and run away하는 행위의 주체이므로 능동 관계이며, 따라서 원형 부정사로 병치한 ②가 정답이다.

그 젊은이가 보석을 가지고 달아나는 걸 눈치 챘니?

13 ②

feel은 2형식 동사로 형용사를 보어로 받는다. 따라서 ②를 strange로 고쳐야 한다.

그렇게 아름다운 여성이 그렇게 못생긴 남자를 선택할 때 모든 남자들은 이상한 기분이 든다.

14 ①

avoid는 자동사로 오인하기 쉬운 타동사이므로, 목적어를 받기 위해서는 ①에서 from을 삭제해야 한다.

똑같은 실수를 피하기 위해, 관할구청 직원과 (예산) 위원회는 예산을 이미 검토하기 시작했다.

15 ②

afford는 to 부정사를 목적어로 취하므로 ②는 to allow가 되어야 한다. 참고로 allow는 '목적어+to 부정사'를 취하므로 ④ to determine은 올바른 표현이다.

우리는 석탄, 석유, 그리고 가스를 생산하는 기업의 탐욕이 인류의 미래를 결정하도록 절대 용납할 수 없다.

16 ①

동사 finish는 목적어로 동명사만 가능한 동사이므로 ①을 singing으로 고쳐야 한다.

그 아기의 가족들이 생일 축하노래를 다 불렀을 때, 그 아기는 들뜬 마음으로 촛불을 불어서 끄려했으나, 촛불을 끄는 데 어려움을 겪었다.

17 ④

watch는 지각동사로 '지각동사+목적어+동사원형'의 어순을 취한다. 따라서 ④를 restart로 고쳐야 한다.

그 고속버스가 한 나무에 의해 가로막혔을 때, 숲에 사는 주민들이 친절하게 나무를 톱질해주었고 그 버스가 여행을 다시 시작하는 것을 지켜봤다.

18 ①

'통지'의 뜻을 나타내는 동사 inform은 'inform+사람+of+사물'의 어순을 취하므로 ①을 of로 고친다.

그들이 스승에게 그의 모친이 아프다고 알렸을 때, 스승은 그의 집으로 황급히 가서 아픈 어머니를 밤낮으로 시중들었다.

19 ③

call은 5형식으로 쓰일 때 call A B로 쓰여 'A를 B로 부르다'는 뜻으로 쓰이므로 ③을 show로 고쳐야 한다.

우리는 그 쇼를 '애틀랜타의 가정주부'라고 부르는 편이 나은데, 왜냐하면 그 쇼는 우리에게 초콜릿 칩 쿠키 조리법을 제공해주기 때문이다.

20 ④

discuss는 타동사이므로 전치사 about 없이 목적어가 바로 와야 한다. 따라서 ④를 discuss the matter로 고친다.

그 고위 당국자는 익명을 전제로 이야기 했는데 그 문제를 공개적으로 논할 권한이 없었기 때문이었다.

21 ③

mention은 4형식동사가 아니라 3형식동사이므로 ③의 me를 to me로 고쳐야 한다. 그다음의 that 절만이 목적어이다.

내가 사촌과 레이건에 대해 이야기를 나누고 있었을 때, 그는 나에게 레이건의 이름의 첫 단어와 가운데 단어, 그리고 성의 단어 모두가 각각 여섯 개의 철자를 포함하고 있다고 말했다.

22 ③

4형식 동사 lend가 3형식으로 쓰일 때는 간접목적어 앞에 전치사 for가 아니라 to가 붙는다. 따라서 ③의 for me 대신에 to me로 고쳐야 한다.

내가 처음 방콕으로 이사를 갔을 때, 친구들은 자립할 수 있을 만큼 돈을 벌 때까지 그늘의 소파에서 질 수 있도록 해주었으며, 나에게 옷을 빌려주곤 했다

23 ②

문맥상 이사회가 행정관료 5명과 현지대표 2명으로 '구성되어 있다'는 뜻으로 쓰였으므로, ②를 consists of(~로 구성되다)로 고쳐야 한다. consist in은 '~에 있다'는 뜻이다.

이사회는 주지사의 행정관료 5명과 프로젝트가 제안된 그 지역의 현지 대표 2명으로 구성되어 있다.

24 ③

get은 make와 같이 5형식 동사로 쓰일 수 있지만, 사역동사인 make와는 달리 get은 5형식으로 쓰일 때 'get+목적어+to V'의 어순을 취한다. 따라서 ③에서 start를 to start로 고쳐야 한다.

글쓰기에 대한 그의 관심은 모두 그의 옛 영어선생님이었던 데이브 노벨 덕분이었는데, 그 당시 노벨 선생님은 그의 학생들에게 그들의 독서에 관해 생각하고 말해보도록 했다.

25 ①

'assure[convince] A of B(A에게 B를 확신시키다)' 구문에서 B가 that 절이어서 that절 앞의 of가 삭제된 것이다. A에 해당하는 것은 목적어 me여야 하므로 to를 삭제하여 ①을 me fervently that으로 고쳐주어야 한다.

나의 남편은 그가 서재에서 나올 의도가 전혀 없다고 열심히 나에게 확신시켜 주었으며, 내가 해야 하는 것이라고는 테이블에 저녁식사를 차리는 것이라고 (남편이) 엄중하게 말하는 것을 나는 들었다.

26 ④

enter는 '자동사로 오인하기 쉬운 타동사'이므로 ④ entering으로 고쳐야 한다.

테헤란에서 종교적 박해를 피해 달아난 이란 국적의 한 남자가 그 국가에서 망명을 신청했을 때, 그 나라의 정부는 위조여권으로 그 국가에 들어온 혐의로 그 남자를 추방하려 했다.

27 ④

동사 coexist는 exist와 같이 자동사로 목적어를 바로 받을 수 없다. 따라서 전치사가 목적어를 받도록 ④를 coexisting with로 고쳐야 한다.

현재 DNA를 연구하는 유전학자들은 그와 반대로 네안데르탈인과 비슷한 인류가 아마도 25,000년 전까지는 아프리카에 잔존해서, 현대 인류와 공존했을지도 모른다고 주장한다.

28 ②

동사 envy는 4형식에서 3형식으로 전환할 수 없는 동사이다. 따라서 ②를 4형식 형태인 him his fame으로 고쳐주어야 한다.

알렉산더 폰 훔볼트는 슈퍼스타였다. 그의 일생은 모험으로 가득했다. (심지어) 나폴레옹이 그의 명성을 질투했다. 알렉산더 폰 훔볼트의 일대기를 읽어 보아라. 그러면 당신도 그에게 깊은 감동을 받게 될 것이다.

29 ②

②의 lain은 '눕다, 놓여있다'는 뜻의 자동사 lie의 과거분사형태인데, lain out 다음에 목적어가 왔으므로 틀렸다. 문맥상 '~을 놓다'라는 뜻의 lay의 과거분사형태인 laid가 와야 적절하며, 참고로 lay out은 '~을 제시하다'라는 뜻으로 쓰인다.

지난해 파리에서 벌어진 치명적인 테러공격을 조사한 국회의원들은 프랑스 정부당국이 저지른 엄청난 실수 목록들을 제시하였으며, 프랑스에서 미래에 있을 수 있는 테러공격을 예방하기 위해 수십 개의 개혁안들을 제안했다.

30 ③

'rob A(사람) of B(사물)'가 'A에게서 B를(A의 B를) 강탈하다'이므로 ③에서 사람과 사물의 순서를 바꾸어 to rob him of his money로 고쳐야 한다.

① 당신은 다른 사람들이 당신의 자료를 수정하지 못하게 금지해서는 안 된다.
② 당신은 저 미용실에서 머리를 말지 않는 것이 낫다.
③ 강도는 그 남자에게서 돈을 빼앗으려고 공격했다.
④ 그는 종종 집을 나가서 무일푼으로 돌아오곤 했다.

01 동사와 문형

01 ④	02 ③	03 ②	04 ②	05 ④	06 ④	07 ①	08 ③	09 ①	10 ③
11 ④	12 ②	13 ④	14 ③	15 ①	16 ②	17 ②	18 ④	19 ②	20 ③
21 ③	22 ①	23 ②	24 ③	25 ③	26 ③	27 ④	28 ④	29 ②	30 ③

01 ④

1형식동사 depend는 목적어를 취할 때 전치사 on이 있어야 하고 동사를 수식하는 것은 부사이므로 빈칸에는 ④가 적절하다.

아동의 일생에 걸친 성공은 그가 어디에서 사느냐에 크게 달려있다.

02 ③

accuse는 목적어 뒤에 '전치사 of+동(명사)'를 수반하는 타동사이다. accuse 다음에 목적어 Iran이 왔으므로 'of+동명사' 형태를 갖춘 ③이 빈칸에 적절하다.

서구 국가들은 핵무기를 개발할 수 있는 능력을 갖추려 한다고 이란을 비난한다.

03 ②

let은 사역동사로 쓰이며, 이때 '동사+목적어+동사원형'을 취한다. 따라서 ②가 빈칸에 적절하다. ①과 ③은 동사원형이 아니므로 빈칸에 들어갈 수 없으며, ④는 빈칸에 들어갈 말이 his plans를 목적어로 받아야 하므로 과거분사는 빈칸에 적절치 않다.

그는 나쁜 소식이 콘서트를 가려는 자신의 계획을 변경하게 내버려 두지 않았다.

04 ②

manage는 부정사만을 목적어로 취하는 동사이므로, ②의 to raise가 빈칸에 들어가야 한다.

날씨가 너무 추워서, 그들은 실내 온도를 간신히 몇 도 올렸다.

05 ④

1형식 동사 do가 will과 함께 쓰인 will do는 '충분하다(be enough)'의 뜻이므로 ④가 빈칸에 적절하다.

어미개가 젖이 충분치 않거나 어미가 없는 강아지를 당신이 데리고 있다면, 모유대체분유로 충분할 것이다.

06 ④

동사 avoid는 목적어로 동명사만 가능한 동사이므로 ④의 getting이 빈칸에 들어가야 적절하다.

다음과 같이 좋은 습관을 길러서 아프지 않겠다고 결심해라. 건강에 좋은 음식을 먹고, 물을 많이 마시고, 운동을 하며, 충분히 숙면을 취해라.

07 ①

miss는 명사만을 목적어로 취하는 동사이므로 ①의 catching이 들어가야 한다. ③의 경우 뒤에 the train to Shanghai를 목적어로 받을 수 없으므로 빈칸에 적절하지 않다.

나는 상하이행 열차를 놓쳐서 다른 열차를 타야 했다.

08 ③

동사 delay는 동명사만을 목적어로 취하므로, to부정사가 온 ②와 ④는 빈칸에 부적절하다. 또한 빈칸 다음에 these difficult questions가 왔으므로, 목적어를 받을 수 없는 수동형 동명사인 ① 역시 빈칸에 부적절하다. ③의 answering은 delay의 목적어로 올 수 있으며, 다시 answering이 these difficult questions를 목적어로 받으므로, ③이 정답이다.

그 후보들이 이런 어려운 질문들에 대한 답변을 미룰 수는 있지만, 이 질문들을 피할 수는 없다.

09 ①

discourage는 '금지·억제' 동사로 discourage 뒤에 사람이 올 경우, 'discourage+사람+from ~ing'의 어순을 취한다. 따라서 ①의 from seeking이 빈칸에 들어가야 적절하다.

한국, 일본, 그리고 중국에는 사람들이 심리적인 문제에 대해 도움을 구하는 것을 삼가도록 하는 문화가 있다고 Maliangkay 박사는 주장한다.

10 ③

listen은 목적어를 받을 때 반드시 전치시 to와 함께 쓰이는 자동사이드로 ②와 ④는 빈칸에 들어갈 수 없다. 동사 listen이 지각동사로 쓰일 경우, 목적어 다음에 오는 목적격 보어는 능동관계의 경우 동사원형이나 현재분사가 올 수 있다. 따라서 동사원형이 온 ③의 to an old man sing 이 빈칸에 적절하다.

나는 어떤 마을 공동체를 방문해서 노인이 노래 부르며 아코디언을 연주하는 것을 들었다.

---

11 ④

판단의 동사인 appear는 복문인 'It appears that 주어+동사'나 단문인 '주어+appear(s)+to 동사원형'의 어순을 취한다. 따라서 빈칸 다음에 동사원형이 아니라 일반동사 형태가 왔으므로, ④의 It appears that they 가 빈칸에 적절하다.

심지어 우리가 도움을 필요할 때조차 그들은 돕는 것을 원치 않는 것처럼 보인다.

---

12 ②

동사 forgive는 3형식으로 전환할 수 없는 4형식 동사이다. 따라서 '간접목적어+직접목적어'순으로 와야 한다. 따라서 ②의 me my mistakes 가 빈칸에 적절하다.

나의 공로를 인정해주고 나의 실수를 용서해줬던 위대한 스승들이 나한테 있다니 나는 매우 운이 좋은 사람이었다.

---

13 ④

2형식 동사 seem과 prove 다음에는 보어로 부사가 아닌 형용사가 와야 한다. ③은 형용사이지만 ④는 부사이다. 따라서 effectively를 effective로 고친다. ① 주어 역할을 하고 있는 동명사다. ② be grateful for는 '~에 대해 감사하다'라는 의미이며, 주어진 문장에서 for의 목적어는 things 뒤에 생략되어 있는 목적격 관계대명사다. ③ 불완전자동사 seem의 보어다.

네가 고마워하는 일들의 목록을 작성하는 것은 어리석어 보일 수도 있겠지만, 그것은 효과적인 것으로 판명되었다.

---

14 ③

fail은 목적어로 동명사가 아니라 to부정사를 취하는 동사이므로 ③을 to attract로 고쳐야 한다.

그는 그 프로그램에 대해 국민투표를 실시했으나, 그 국민투표는 법적으로 인정받기 위한 충분한 유권자를 끌어 모으지는 못했다.

---

15 ①

hear가 5형식 지각동사로 쓰였다. ①은 목적격 보어가 되어야 하는데, 소녀는 노래를 부르는 '주체'가 되므로, 목적격 보어 자리에는 동사원형

이니 현재분사가 와야 한다. 따라서 ①을 sing이나 singing으로 고쳐야 한다.

나는 그 소녀가 노래하는 것을 들었다. 나는 음악에 대해서는 잘 모르지만 그녀가 훌륭한 목소리를 갖고 있다고 생각한다.

---

16 ②

pay는 '간접목적어+직접목적어'의 4형식 구문으로 쓰일 수 있지만, 간접목적어가 뒤로 가면 전치사 for가 아니라 to를 앞에 붙여야 한다. 따라서 ②를 to로 고친다.

그 수상은 지난주에 자신의 오토바이를 타는 동안 헬멧을 쓰지 않아서 교통경찰관에게 벌금을 냈다.

---

17 ②

apologize는 타동사로 오인하기 쉬운 자동사로 목적어를 받기 위해서는 반드시 전치사 to와 함께 쓰여야 하므로, ②를 apologized to로 고쳐야 한다.

우리는 그 행동들에 책임을 졌으며, 간판들을 제거했고, 부셰(Boucher)씨에게 사과했으나, 부셰씨의 생각에 그것은 충분한 것이 아니었다.

---

18 ④

'~와 이야기하다'는 talk to ~이므로 ④를 to their children으로 고쳐야 한다. ① 1주일 안에 168시간이 들어있는 것이다. ② time은 불가산명사이므로 many가 아닌 much이다. ③ 'devote 목적어 to 명사/동명사' 구문으로 to는 전치사이다.

1주일은 168시간이고 10,080분이다. 평균적인 부모는 그 시간 중 얼마나 많은 시간을 자녀와 대화하는 데 쏟는가?

---

19 ②

owe 다음에 him과 20 dollars라는 두 개의 목적어가 오는데, 간접목적어인 him앞에 전치사가 올 수 없다. 따라서 owed him 20 dollars로 고쳐야 하므로 ②는 owed가 되어야 한다.

18살인 나의 형이 죽기 전에, 나는 형에게 20달러를 빚졌다. 그 당시 나는 15살이었고, 그의 갑작스러운 병이 치명적일지는 예상하지 못했다.

---

20 ③

수여동사로 쓰인 ask가 3형식으로 쓰일 때는 'ask+직접목적어+of+간접목적어'의 어순을 취하므로 ③을 of로 고쳐야 한다.

수십 명의 학생들이 약 한 시간 정도 걸린 토론에 참여했으며, 몇몇 학생들은 나중에 재판관들과 변호사들에게 많은 질문들을 하였다.

21 ③

refuse는 'to부정사'를 목적어로 하는 동사이므로 ③을 to accept로 고쳐야 한다.

왕이 자기 후보를 선출하려고 했을 때, 대주교는 그 후보를 인정하기를 거부했고, 대신 리처드를 선출했다.

22 ①

work가 완전자동사로 쓰였으므로, 형용사가 아니라 부사의 수식을 받아야 한다. 따라서 ① good을 well로 고쳐야 한다.

서양 의학은 외상과 급성 질병에 효과가 좋지만, 침술은 만성 질병과 통증을 치료하는 데 더 효과가 있다.

23 ②

동사 prevent는 'prevent+목적어+from ~ing'의 형태로, 목적어가 '~하지 못하도록 막다'는 뜻으로 쓰인다. ②에서 from 다음에 동명사가 맞게 왔지만, visit이 my family를 목적어로 받는 타동사로 쓰였으므로 ②를 visiting으로 고쳐야 한다.

그 질병에 걸린다는 스트레스로 인해 나는 나의 가족을 방문하지 못했다. 그래서 나는 집에 머물러야 했다. 인생이 갑자기 바뀌었다.

24 ③

appear는 2형식 동사로 뒤에 보어로 형용사가 와야 한다. 따라서 ③을 appeared sad로 고쳐야 한다.

브렌든 프레이저는 동영상이 입소문을 탄 후에 언론에 대서특필되었다. 그 배우는 동영상이 재생되는 동안 슬퍼 보였고, 거의 속삭이는 목소리로 말했다.

25 ③

have와 같은 사역동사가 쓰인 5형식에서는 목적어와 목적격 보어의 관계에 따라 능동관계이면 동사원형을, 수동관계이면 과거분사를 쓰는데, 치아는 뽑는 주체가 아니라 '뽑히는 객체'가 되므로, ③을 과거분사인 pulled로 고쳐야 한다.

과거에 치아 속이 병든(충치가 있는) 사람들은 그냥 그 치아를 뺐다. 발치(拔齒)는 치통을 더 이상 참을 수 없었던 사람들이 할 수 있었던 유일한 선택이었다.

26 ③

arrive는 자동사로만 쓰이는 동사로, 뒤에 온 the office를 목적어로 받기 위해서는 ③의 arrive 다음에 at이 와야 한다.

일부 직원들은 오전 7시에 출근해서 오후 3시에 퇴근하지만, 대부분의 직원들은 오전 9~10시에 출근해서 오후 7시 무렵에 퇴근한다.

27 ④

know와 같이 사고나 인식을 의미하는 동사는 to부정사가 아니라 'how to+부정사'를 목적어로 받으므로 ④를 how to become으로 고쳐야 한다.

1,000명의 마케팅 전문가들 중 40%는 디지털 시대에 자신을 변화시키기를 원했으나, 그 40% 중 14%만이 디지털 마케터가 되는 법을 알고 있었다.

28 ④

remain은 자동사로 목적어를 받을 수 없다. 따라서 sophisticated weaponry를 목적어로 받을 수 있는 타동사 maintain으로 ④를 고쳐야 한다.

공군은 왕을 몰아냈던 혁명에 의해 조종사들을 대부분 빼앗겼고, 예비부품이 부족해졌으며, 첨단무기를 유지할 수 없었다.

29 ②

동사 graduate는 자동사로 목적어를 받기 위해서는 전치사 from과 함께 쓰인다. 따라서 ②를 graduated from으로 고쳐야 한다.

존 아우구스투스는 2020년 1월 17일 금요일 평화롭게 생을 마감했다. 그는 1949년에 보스턴 대학교를 졸업했고, 버로스 코퍼레이션에서 재직했다. 그는 1990년에 은퇴했고, 플로리다 주 베니스에서 겨울을 보냈다.

30 ③

③ supply는 목적어가 '사람'이고 그 다음 명사가 '사물'일 때 명사 앞에 전치사 with가 필요한 동사이므로, supplied patients prescription drugs를 supplied patients with prescription drugs로 고쳐야 한다.

① 그 생각은 유용해서 고려할 만한 가치가 있다.
② 나는 서비스센터에서 나의 면도기를 고쳤다.
③ 그 약사는 환자들에게 처방약을 제공했다.
④ 나는 그녀의 재치를 부러워하지만 그녀의 가난을 결코 부러워하지는 않는다.

01 ①	**02** ④	**03** ④	**04** ②	**05** ③	**06** ④	**07** ④	**08** ②	**09** ④	**10** ④
11 ④	**12** ③	**13** ①	**14** ③	**15** ④	**16** ③	**17** ③	**18** ①	**19** ③	**20** ③
21 ①	**22** ③	**23** ④	**24** ②	**25** ④	**26** ②	**27** ②	**28** ②	**29** ③	**30** ③

01 ①

made 다음에 목적어 him이 왔고, 빈칸 다음에 wood가 나온 것을 통해 made가 5형식의 사역동사로 쓰였음을 알 수 있다. 빈칸에는 made의 목적격 보어인 동사원형이 와야 하므로, ①의 saw가 정답이며, 참고로 saw는 여기서 '톱질하다'는 뜻의 동사로 '동사원형'의 형태로 쓰였다.

그의 고용인은 그에게 한 동안 톱질을 하도록 시켰다.

02 ④

become은 수동태 불가동사이므로 ①과 ②는 빈칸에 들어갈 수 없으며, 빈칸의 주어는 our bodies가 아니라 each part이므로 ③ 역시 빈칸에 들어갈 수 없다. 주어 each part가 3인칭 단수이므로 동사도 단수인 ④의 becomes가 빈칸에 적절하다.

우리 신체의 모든 부분이 성형수술의 대상이 되고 있다.

03 ④

빈칸 뒤에 간접목적어인 you와 직접목적어인 many부터 Jerusalem까지가 이어져 있으므로, 빈칸에는 4형식동사인 ④가 적절하다. provide는 many 앞에 with가 있어야 하고, explain은 you 앞에 to가 있어야 하며, introduce는 many 앞에 to가 있어야 한다.

우리는 여러분에게 이스라엘의 많은 국보와 이스라엘의 수도 예루살렘을 보여드리게 되어 기쁩니다.

04 ②

forget은 목적어로 to부정사와 동명사만을 받을 수 있으므로, ①과 ③은 빈칸에 들어갈 수 없다. forget 다음에 to부정사가 올 경우 '미래의 일'을, forget 다음에 동명사가 올 경우 '과거의 일'을 나타내는데, 문맥상 손을 '씻은' 것을 잊었던 것이 아니라, 손을 '씻을' 것을 잊었다고 해야 더러운 손으로 눈을 비볐다는 내용과 자연스럽게 이어지므로, 빈칸에는 ②의 to wash가 빈칸에 적절하다.

그녀의 손은 더러웠으나, 그녀는 바로 자신의 손을 씻을 것을 잊었고, 실수로 그녀의 눈을 그 더러운 손으로 비볐다.

05 ③

인도에서의 식사예절을 묻고 있다. 인도에서 식사할 때는 반드시 오른손만 가지고 '식사를 해야 할 것'을 기억해야 한다고 해야 문맥상 적절하다. 따라서 remember와 함께 쓰여 미래사실을 나타내는 to 부정사를 사용한 ③ to eat이 빈칸에 적절하다. ①의 eating은 동명사로 remember 다음에 올 경우 '과거사실'을 나타내므로 빈칸에 부적절하다.

인도에서는, 오른손으로만 식사를 해야 할 것을 기억해야 한다. 왜냐하면 왼손은 개인의 위생적인 일에만 쓰이기 때문이다.

06 ④

동사 marry는 뒤에 전치사가 오지 않는 3형식 동사이므로, ④의 marrying이 빈칸에 적절하다.

존(John)은 그의 직장에서 일을 잘해 승진했으며, 한 여자와 결혼할 것을 기대하고 있었다.

07 ④

동사 want는 to 부정사를 목적어로 취하므로 ④가 빈칸에 적절하다. 참고로 시간이나 조건의 부사절에는 미래의 뜻도 반드시 현재시제를 사용하므로 부사절의 wants는 맞는 표현이다.

그 전설에 따르면, 새로운 예루살렘을 구세주가 만들길 원할 때 그가 (이 땅에) 찾아올 것이라고 한다.

08 ②

expect는 to부정사를 목적어로 취하는 3형식 동사이며 feel은 2형식 동사이므로 보어로 형용사인 safe가 적절하다. 따라서 ②가 정답이다.

사람들은 일반적으로 자기 집과 (자기가 살고 있는) 지역에서 안전하다고 느껴질 것으로 기대한다.

09 ④

연결사 없이 한 문장에 두 개의 동사가 올 수 없다. 따라서 시제를 가진 동사가 온 ①, ②, ③은 모두 빈칸에 부적절하다. 반면 빈칸에 동사원형인 scream은 올 수 있는데, 이때 scream은 지각동사의 '목적격 보어'로 동사원형이 온 것이며, scream이 자동사일 때 목적어를 받기 위해서는 전치사 for가 필요하므로 ④의 scream for가 정답이 된다.

맥스는 지붕 꼭대기에 앉아있었는데, 그때 한 소녀가 살려달라고 비명 지르는 소리를 들었다.

10   ④

주어의 핵심명사는 복수인 Friends이므로 enjoy가 맞고 enjoy는 동명사를 목적어로 취하므로 making이 이어진 ④가 빈칸에 적절하다.

정말로 서로 가까운 친구들은 항상 서로 놀리기를 즐긴다.

11   ④

have의 목적보어로 원형동사 persuade가 들어가면 '그가 설득하는' 능동관계인데 persuade의 적절한 '사람' 목적어가 없어서 ①과 ②는 부적절하다. '그를 설득해서 나와 함께 있게 하다'가 persuade him to stay with me인데 여기서 him을 주어로 한 수동태를 만들고 그 him을 have의 목적어로 삼으면 him 다음에는 목적보어로 '그가 설득되는' 수동관계의 과거분사 persuaded가 오고 그 뒤에 'to 부정사(to stay)'가 이어지는 것이므로, 빈칸에는 ④가 적절하다.

그의 부모님은 그가 나와 함께 있기로 설득되게 하기 위해 그를 나에게 도로 데려왔다.

12   ③

and 앞에 regard A as B(A를 B로 여기다)가 왔으므로, and 뒤에도 regarded the woman as the moon이 되어야 하는데, 이때 regarded는 앞에 이미 한번 쓰였으므로 반복되어 생략할 수 있다. 따라서 ③의 the woman as가 정답이다.

고대인들은 그 남자를 태양으로 여겼고, 그 여자를 달로 여겼다.

13   ①

문제에서 ①의 it이 가리키는 바가 불명확하다. 문맥상 ①의 pay는 pays best의 pay와 같이 '이익이 되다'는 뜻의 완전자동사로 쓰였으므로, ①에서 it을 삭제해야 한다. 참고로 ④의 pay는 '보수, 임금'이라는 뜻의 명사로 쓰였다.

친절은 항상 이익이 된다. 그러나 친절이 보수를 받고 행해지지 않을 때 가장 이익이 된다.

14   ③

comfortably는 5형식 동사로 쓰인 made의 목적보어다. 보어가 될 수 있는 것은 부사가 아닌 형용사이므로, comfortably를 comfortable로

고쳐야 한다. ① The children을 선행사로 하는 관계대명사이며, 자신이 이끄는 절에서 met의 목적어 역할을 하므로 목적격으로 쓰였다. 목적격 관계대명사이므로 당연히 생략이 가능하다. ④ and 이하의 made는 사역동사로 쓰였으며, 이것의 목적보어로는 원형동사가 온다.

우리가 어제 만난 아이들은 우리를 편안하게 해주었고 우리를 웃게 만들었다.

15   ④

2형식 동사인 look 뒤에는 보어로 형용사가 온다. 따라서 ④의 smartly를 smart로 고쳐야 한다.

물론 나는 미술관에 가는 것을 즐기는 척했다. 왜냐하면 미술관에 가는 것이 나를 영리해 보이게 했기 때문이다.

16   ③

'…로 하여금 ~하지 못하게 하다'의 뜻인 'stop 목적어 from ~ing' 형태가 되도록 to get을 from getting으로 고친다. 이러한 문형으로 쓰는 동사에는 stop 외에도 keep, prevent, prohibit, inhibit, hinder, deter, restrain, dissuade, discourage 등이 있다. ① 전치사구이므로 뒤에 명사 상당어구가 위치했다. ④ 선행사를 포함한 관계대명사로, 이것이 이끄는 절은 get의 목적어의 역할을 하고 있다.

당신의 철저한 계획에도 불구하고, 당신으로 하여금 원하는 것을 얻지 못하게 할 수 있는 장애물들이 있을지 모른다.

17   ③

give는 3형식으로 쓰일 때, 간접목적어 앞에 전치사 to를 붙인다. 따라서 ③을 information to you로 고쳐야 한다.

만일 당신이 현미경 사용법이라는 주제에 대해 생소하다면, 이 안내서가 당신에게 기본원리에 관한 일부 정보를 제공해 줄 것이다.

18   ①

explain은 3형식 동사로, 목적어를 두 개 취하는 4형식 수여동사로 쓰일 수 없으므로, 목적어 the situation 다음에 전치사 to가 필요하다. 따라서 ①을 the situation to the family로 고쳐야 한다.

의사들은 상황을 그 가족에게 설명했으며 더 이상의 심각한 출혈을 막기 위해 뇌수술을 하기로 결정했다.

19   ③

taste는 불완전자동사로 형용사를 보어로 받는데, tasted 다음에 부사인 well이 왔다. 따라서 ③을 형용사인 good으로 고쳐야 한다.

현지의 꿀이 현지에서 발생하는 알레르기를 없애는 데 도움을 주며, 그 꿀이 차에 타먹을 때 맛이 좋다는 것을 우리는 나중에 알게 되었다. 그 꿀은 우리가 더 많은 차를 마시게 만들었다.

20 ③

수여동사 buy는 3형식으로 쓰일 때, 'buy+직접목적어+for+간접목적어'의 어순을 취하므로, ③을 for로 고쳐야 한다.

나는 잠자리에서 일어나 기차를 타고 취리히로 가서, 공항에서 어머니에게 드릴 시계를 샀다. 그러고 나서 나는 비행기를 타고 런던으로 갔다.

21 ①

주어인 The history of New York의 동사가 없으므로, ①을 begins로 고쳐야 한다.

뉴욕의 역사는 그 지역에 원래 거주했던 아메리칸 인디언 부족들과의 첫 교류로 시작된다.

22 ③

defeat은 '무찌르다'는 뜻의 타동사로, 전치사 against와 함께 쓰이지 않으므로, ③을 who defeated로 고쳐야 한다.

지지자들이 그녀를 변호하기 위해 모여들었고, 그녀를 잔 다르크에 비유했는데, 잔 다르크는 그녀의 적을 물리쳤지만, (결국) 화형에 처해졌다.

23 ④

동사 keep은 '어떤 상태를 계속 유지하다'라는 뜻으로, 형용사가 목적보어로 와야 한다. 따라서 cleanly를 형용사 clean으로 고쳐야 한다. ① watching은 video camera를 후치 수식하는 역할을 하고 있으며, 카메라가 지켜보는 것이므로 능동 관계. 현재분사를 쓴 것이 맞다. ② '항상'이란 의미의 숙어다.

계산대를 항상 지켜보는 비디오카메라가 있으며, 모니터는 깨끗한 상태가 유지되도록 투명한 플라스틱에 포장되어 있다.

24 ②

enable은 목적보어로 to부정사를 취하므로 journey를 to journey로 고쳐야 한다. 일반적으로 journey는 명사로 쓰므로, 동사로 쓰인 문장을 보면 어색할 수 있다. 그러나 '영어는 한자처럼 한 단어가 여러 품사로 쓰일 수 있다'는 생각을 갖고서 문장에 접근하는 것이 좋다. ① 영화는 스스로 개봉하는 것이 아니라 '개봉되는' 것이므로 수동 개념이다. 따라서 과거분사를 쓰는 것이 옳다. newly는 released를 수식하는 부사다. ③ 부사적 용법으로 쓰인 부정사구다.

새로 개봉한 그 3D 영화는 영화 관람객들이 먼 은하를 여행해 우리가 살고 있는 천체의 웅장함을 체험할 수 있게 해줄 것이다.

25 ④

intervene은 자동사로 목적어를 받기 위해서는 전치사 in과 함께 쓰여야 한다. 따라서 ④를 intervene in으로 고쳐야 한다.

그 나라가 1990년대 초에 민주화된 이후, 그 기관은 수차례 이름을 바꾸었으며, 정치에 관여하지 않겠다고 맹세했다.

26 ②

과거동사 laid는 '눕히다'는 뜻의 타동사로 목적어가 있어야 하는데, 목적어가 없으며, 문맥상 그녀가 병원침대에 '누워있었다'는 말이 되어야 하므로 '눕다'는 뜻의 lie의 과거동사 lay로 ②를 고쳐야 한다.

그녀가 병원 침대에 누워 전에 병원에서 그녀를 치료해 주었던 그 의사를 회상했을 때 밝은 웃음이 그 젊은 여인의 얼굴에 비쳤다.

27 ②

found는 문제에서 5형식으로 썼다. 따라서 목적어인 the big screen 다음에는 보어로 부사가 아닌 형용사가 와야 한다. 따라서 ②의 lifelessly를 lifeless로 고쳐야 한다.

오늘 오전에, 나는 작업실에 가서 큰 스크린의 전원이 꺼진 것을 발견하였고 나는 고양이들이 멀티탭을 밟아서 멀티탭을 꺼버렸다고 생각했다.

28 ②

notice는 지각동사로 현재분사인 seating이 notice의 목적격 보어로 왔으나, seat은 타동사인데 목적어가 없으므로 적절치 않다. 따라서 ②의 seating을 sitting으로 고쳐야 한다.

그 주가 시작될 무렵 그의 방에 걸어 들어가서 노라(Norah) 고모가 창가에 앉아 있는 것을 알아차렸을 때, 나는 고모가 내가 우는 모습을 보기 전에 다시 방에서 나가야 했다.

29 ③

동사 rob은 'rob+사람+of+대상'의 어순을 취하므로 ③을 man of로 고쳐야 한다.

선장의 모자는 엉클어진 백발을 감추어 주었다. 그의 전체적인 몸집은 강인한 체격을 나타냈지만, 그의 나이가 그 남자에게서 활력을 앗아갔다. 그는 의자에 편안히 앉아 있었다.

30 ③

persuade, want, allow와 달리 hope는 5형식동사로 쓰이지 못한다. 따라서 ③을 Johnny hoped that his brother would apply for the job. 으로 고친다.

① 쟈니는 그의 형이 그 직장에 지원하도록 설득했다.
② 쟈니는 그의 형이 그 직장에 지원하기를 원했다.
③ 쟈니는 그의 형이 그 직장에 지원하기를 희망했다.
④ 쟈니는 그의 형이 그 직장에 지원할 것을 허락했다.

01 ①	**02** ④	**03** ②	**04** ②	**05** ②	**06** ④	**07** ①	**08** ③	**09** ②	**10** ④
11 ④	**12** ②	**13** ①	**14** ②	**15** ③	**16** ③	**17** ⑤	**18** ③	**19** ③	**20** ②
21 ③	**22** ①	**23** ③	**24** ②	**25** ③	**26** ②	**27** ④	**28** ③	**29** ④	**30** ②

01 ①

since 다음에 '지난주'라는 과거의 특정시점이 왔으므로, since 앞에는 과거의 특정시점 이래 현재까지 아팠다는 말이 되어야 한다. 따라서 빈 긴에는 현재완료시제인 ①의 has been이 적절하다.

내 사랑스러운 여자 친구가 지난주 이후 매우 아파서 집에 머물러왔다.

02 ④

수하물을 찾는 곳에 도착한 것보다 누군가가 가방을 가져간 것이 먼저 일어난 일이므로 that절에는 과거완료시제가 적절하다. 따라서 ④가 정답이다.

내가 수하물을 찾는 곳에 도착했을 때 누군가가 내 가방을 가져간 것이 분명했다.

03 ②

and 다음에 현재시제가 왔으므로 and 앞의 빈칸에도 현재시제가 적절하며, 태양이 동쪽에서 뜨는 것은 '절대 진리'이므로, 반드시 현재시제를 사용해야 한다.

새벽에 태양은 동쪽에서 뜨며, 태양과 함께 빛이 출현하여 하루의 시작을 가져온다.

04 ②

by Saturday로 미루어 보건대, 조건절의 현재시제는 미래시제를 대신하고 있는 것임을 알 수 있다. 따라서 주절은 미래시제가 되어야 하므로, ②가 정답이다.

네가 토요일까지 그 책을 반납하기만 한다면, 나는 그것을 존에게 기쁜 마음으로 빌려줄 것이다.

05 ②

한국전쟁이 일어났던 것은 명백한 역사적 사실로 항상 과거시제를 쓰며, 이때 과거완료를 쓰지 않는다. 따라서 빈칸에는 ②의 occurred가 들어가야 적절하다.

한국전쟁은 미국과 소련간의 냉전이 한창일 때 일어났다.

06 ④

by the time이 이끄는 절과 같이 시간을 나타내는 부사절은 미래시제를 나타낼 경우에도 현재시제로 한다. 따라서 미래시제가 온 ①과 ③은 빈칸에 들어갈 수 없으며, you 다음에는 동사가 와야 하므로, ④의 decide가 빈칸에 적절하다.

당신이 성장주에 투자하기로 결심할 무렵에는 성장주가 이미 상당히 반등했을 것이다.

07 ①

in the past 1,000 years는 과거부터 현재까지의 계속을 나타내는 어구로 현재완료시제와 함께 쓰인다. 따라서 ①의 have fluctuated가 빈칸에 적절하다.

지구의 기온이 지난 1,000년간 위아래로 오르내려왔다.

08 ③

'be due to V'는 '~할 예정이다'라는 뜻으로 미래 조동사 대용표현으로 쓰인다. 빈칸 다음에는 '미래시점'을 나타내는 부사구가 왔으며, 기술 및 시장 평가가 향후 수개월 안에 마무리 되는 것이므로 수동태가 적절하다. 따라서 ③이 정답이다.

그린어스 에너지는 기술과 시장 평가가 향후 수개월 안에 마무리 될 예정이라고 말한다.

09 ②

10살 때의 일이 13살 때의 일보다 먼저 일어난 것이므로 빈칸에는 과거시제보다 앞선 시제인 대과거가 올 수 없다. 따라서 ①과 ④는 빈칸에 들어갈 수 없으며, '실명했다'는 뜻을 나타날 때는 became blind를 쓰므로 ②가 정답이다.

나는 10살 때 한쪽 눈의 시력을 잃었으며, 내가 13살이 되었을 때, 다른 한쪽 눈도 실명했다.

10 ④

그녀가 기뻤던 시점이 모차르트의 음악이 연주된 시점보다 뒤에 일어난 일이므로, 빈칸에는 과거시제가 적절하다. 따라서 ①과 ③은 빈칸에 들어갈 수 없으며, delight와 같은 동사가 사물을 수식하거나 서술하면 현재분사가, 사람을 수식하거나 서술하면 과거분사가 되므로 ④의 was delighted가 빈칸에 적절하다.

그녀는 모차르트의 음악이 미국에서 연주됐다는 소식을 듣고 기뻤다.

11 ④

in recent weeks가 현재완료 시제에 적합하기 때문에 동사는 현재완료 동사를 써야 하며, escalate는 자동사이므로 수동태가 될 수 없다. 따라서 ④의 has escalated sharply가 정답이다.

선거일까지 앞으로 8개월도 남지 않은 상황에서, 대선 경쟁은 최근 몇 주 동안 급격히 심화되었고, 대선주자들은 서로를 향해 격렬하게 공격해왔다.

12 ②

전체시제가 과거시제이므로, 코페르니쿠스가 무언가를 발견한 시점 역시 과거이다. 그러나 코페르니쿠스가 발견한 것은 지구가 태양 주위를 공전한다는 '불변의 진리'이므로 현재시제를 써야 한다. 따라서 ② found that the earth goes가 빈칸에 적절하다.

그 남자는 니콜라스 코페르니쿠스에 의해 심각하게 타격을 입었는데, 왜냐하면 니콜라스 코페르니쿠스가 지구가 태양 주위를 공전한다는 것을 발견했기 때문이었다.

13 ①

이메일을 한 통 받은 시점이 어제로 '명백한 과거시점'이므로 과거완료가 아닌 '과거시제'를 써야 한다. 따라서 ①을 got으로 고쳐야 한다.

나는 어제 메디나씨로부터 우리가 유급휴가에서 무급휴가로 변경해야 한다고 요청하는 이메일 한통을 받았다.

14 ②

역사적 사실은 '과거시제'로 표현하는 것이 원칙이며, 문두에 과거시점 부사어구 During the 1600's가 쓰였으므로 과거완료가 아닌 과거시제가 적절하다. 따라서 ②를 suggested로 고쳐야 한다.

1600년대에 영국인 생물학자 존 레이는 분류법에 있어서 최초로 종(種)의 개념을 제안했다.

15 ③

주절이 과거시제일 때 종속절에는 과거, 또는 과거완료시제가 올 수 있

다. 주어진 문장의 주절에 told라는 과거동사가 왔고, 여동생이 여행을 마친 것이 먼저 있었던 일이므로 has just completed를 과거완료형 had just completed로 고쳐야 한다. ② 월(月), 계절, 연도 앞에는 전치사 in을 쓴다. ④ '~로의 여행'을 의미할 때 trip 뒤에는 전치사 to를 쓴다.

2007년 5월에 내가 여동생을 만났을 때, 그녀는 뉴욕으로의 세 번째 여행을 막 마쳤다고 이야기했다.

16 ③

전체시제가 과거시제이므로 ③ 역시 과거시제가 되어야 한다. 따라서 ③을 recited로 고쳐야 한다.

관객들 각자 앞으로 나와 성경의 한 구절을 암송함에 따라, 관객들은 크리스마스 축제의 일부가 되었다.

17 ⑤

주절의 시제가 과거이므로, 종속절의 현재시제를 과거시제로 고쳐야 한다. ⑤의 beats를 beat으로 고친다.

로빈슨은 어렸을 때 자신의 작은 키를 비웃던 덩치 크고 나이 많은 아이들에 맞서 그들을 이길 때까지 겨루었다.

18 ③

제안·주장·요구 등을 나타내는 동사가 이끄는 that절속의 동사는 '(should)+동사원형'으로 쓴다. 따라서 ③을 have나 should have로 고쳐야 한다.

환자의 의사는 그의 전반적인 건강이 호전되는 즉시 그의 등에 수술을 받을 것을 강력히 촉구하고 있다.

19 ③

명백한 과거 시점을 나타내는 표현은 현재완료 시제와 함께 쓰지 않는다. ③을 과거시제 erupted로 고친다.

최근 전시를 위해, 그 박물관은 폭발한 지 2천 년이 넘은 화산에서 암석을 획득했다.

20 ②

주장의 동사 insist 뒤에 오는 that절의 동사는 '(should) + 동사원형'이므로 ②를 stand 혹은 should stand로 고쳐야 한다.

그날 밤 어머니가 일을 하고 돌아오셨을 때, 나는 엄마에게 내가 100을 셀 동안 가만히 서서 들으라고 했다.

21 ③

sold(팔았다)의 시점이 had known(알았었다)의 시점보다 먼저 일어났으므로, ③의 sold를 had sold로 고쳐주어야 한다. 참고로 three months before와 같이 before와 숫자가 함께 올 때는 과거완료시제가 쓰인다.

그 용의자가 3개월 전에 그들에게 그 집을 팔았었다는 것을 그 경찰들이 몰랐었기 때문에, 그 지방신문 기자는 놀랐다.

22 ①

주어인 a survey는 1년 전(a year ago)에 실시된 조사이므로 주절의 시제는 현재완료가 아닌 과거시제가 되어야 한다. ①을 showed로 고친다.

1년 전에 그가 실시한 조사는 새롭게 자격을 갖춘 가족들 종 60퍼센트 이상은 아기를 하나 더 갖길 기꺼이 원한다는 것을 보여주었다.

23 ③

주절의 시제는 과거이지만 that 이하에서 카멜레온이 몸의 색을 바꾸는 이유는 일반적인 사실이므로 ③은 현재시제로 사용되어야 한다. 따라서 ③을 change로 고친다.

나는 중학교 선생님에게서 카멜레온이 위협을 전하는 방법이나 짝짓기 행동으로 몸의 색을 변화시킨다고 들었다.

24 ②

belong to는 '~에 속하다'는 뜻의 상태동사로 진행시제가 불가능하다. 따라서 ②의 were belonging to를 belonged to로 고쳐야 한다.

불안감이 소련에 속해 있던 발트해 국가들에서 확산되고 있으며, 바르샤바 조약의 일부였던 폴란드와 헝가리에도 불안감이 확산되고 있다.

25 ③

주어가 단수임에도 read가 단수형 동사(reads)로 쓰이지 않은 것으로 미루어보아, read는 과거시제로 쓰인 것임을 알 수 있다. 한 문장 내에서 같은 주어를 기반으로 같은 때를 설명하는 동사의 시제는 일치해야 하므로, ③은 leave가 아니라 left로 써야한다. leave a person cold는 '실망시키다'라는 뜻을 가지고 있다.

지역 추기경으로 예배를 주관하는 테타만지는 자신의 연설을 낭독했는데, 밀라노 고위성직자의 지지자에 따르면, 군중을 실망시켰다고 한다.

26 ②

3년 후에 은퇴를 한다는 문맥상, ②는 미래완료 시제가 되어야 한다. ②를 will have been working으로 고친다.

3년 후에 내가 은퇴를 할 때면, 나는 45년이 막 넘게 이 회사에서 일을 하고 있는 셈이 될 것이다. 그런 다음에는 나는 캐나다로 날아가 잠시 쉬고자 한다. 나는 지금까지 너무나 열심히 일을 해왔다.

27 ④

전체 시제가 과거시제여도 보편적인 사실을 나타낼 경우 현재시제를 사용한다. 지구가 태양계의 중심이 아니라는 것을 알게 되었다고 했는데, '지구가 태양계의 중심이 아닌 것'은 보편적 사실에 해당하므로, ④의 was를 현재시제인 is로 고쳐야 한다.

사람들은 태양이 지구 주위를 돈다고 생각했다. 사람들은 달, 항성, 그리고 다른 행성들도 지구 주위를 돈다고 생각했다. 그러다가 사람들은 지구가 태양계의 중심이 아니라는 것을 알게 되었다.

28 ③

consist of는 '~로 구성되어 있다'는 뜻으로, consist of와 같이 '소유'나 '포함'을 나타내는 동사는 진행시제를 쓰지 않는다. 따라서 ③의 was consisting of를 consisted of로 고쳐야 한다.

이 의식 동안에 30명이 모여 들었고 30개의 촛불이 켜졌으며, 이 의식은 암과 에이즈를 이겨낸 사람들의 개인적인 이야기들로 구성되었다.

29 ④

앞에서 여섯 살 때부터 스크래블 게임을 해왔다고 하고, 미래의 기준 시점을 나타내는 By the end of this year(올해 말이면 이미)라 했으므로, 주절의 시제는 미래완료가 적절하다. 따라서 ④를 will have played로 고쳐야 한다.

나는 여섯 살 때부터 스크래블 게임을 해왔다. 인터넷으로 행해지는 가운데, 스크래블은 나의 생활리듬의 일부가 되었다. 올 연말이면 이미 나는 이 게임을 인터넷으로 2만 번 이상 한 셈이 될 것이다.

30 ②

when은 특정시점을 묻는 의문사이기 때문에, 현재완료시제와 함께 사용할 수 없고, 과거시제와 써야 한다. 따라서 ②를 When did you see the tide turning in your favor?로 고쳐야 하며, 참고로 see가 5형식 동사로 쓰여, 목적격 보어로 turning이 왔으며, in one's favor는 '~에게 유리하게'라는 뜻으로 쓰였다.

① 지난 몇 년 동안 전기 자동차가 인기를 끌어왔다.
② 형세가 당신에게 유리하게 바뀌는 것을 언제 보았습니까?
③ 나는 아내를 배웅하러 공항에 방금 다녀왔다.
④ 최근에 이곳에서 몇 건의 강도사건이 있었다.

02 시제

01 ②	02 ②	03 ③	04 ②	05 ③	06 ④	07 ①	08 ③	09 ①	10 ①
11 ②	12 ④	13 ④	14 ②	15 ④	16 ①	17 ②	18 ①	19 ③	20 ③
21 ④	22 ②	23 ③	24 ②	25 ②	26 ①	27 ②	28 ③	29 ①	30 ③

01 ②

접속사 after가 있어 선후관계가 명확하며, last night은 명백한 과거시점 부사이다. 따라서 빈칸에는 과거시제가 적절하므로 ②의 fell이 빈칸에 적절하다.

지난밤에 당신이 잠든 이후, 그녀는 덤불에서 어떤 동물의 냄새를 맡았다.

02 ②

that절 안에는 주어와 동사가 있어야 하는데, ①과 ③의 경우 동사가 없으므로, 부적절하다. 기체가 가열될 때(즉, 온도가 올라갈 때) 기체가 팽창한다는 것은 불변의 진리이므로, 현재시제를 사용해야 한다. 따라서 ②의 expands가 정답이다.

기체는 가열될 때 팽창하며, 온도가 내려갈 때 수축한다는 것을 먼저 기억해 두어라.

03 ③

주어가 the country가 아니라 an astonishing six hundred books로 복수이므로, 단수로 쓰인 ①과 ②는 빈칸에 부적절하고, 빈칸 뒤에 현재완료시제와 함께 쓰이는 부사어인 during the past decade가 쓰였으므로, ③의 have been이 빈칸에 적절하다.

지난 10년 동안 그 국가에 관한 놀랄 정도로 많은 600권의 책이 일본에서 출판되었다.

04 ②

Thirty years ago today는 '30년 전 오늘'이라는 뜻으로, 얼핏 보기에 현재 같지만, 30년 전 과거의 오늘 날짜를 의미하므로 동사의 시제는 과거가 되어야 한다. 따라서 ② announced가 빈칸에 들어가야 한다.

30년 전 오늘, 로널드 레이건 대통령은 핵공격으로부터 미국을 보호하는 그의 비전을 발표하였다.

05 ③

the other day는 '요전 날, 며칠 전에'라는 뜻으로 과거시점 부사구이다. 따라서 빈칸에는 과거동사인 ③의 had가 들어가야 한다.

며칠 전에, 나는 한 술집에서 다른 남자와 대화를 나눴다.

06 ④

as soon as와 같이 시간을 나타내는 부사절은 미래를 나타낼 때도 현재시제를 사용하므로, 미래시제가 쓰인 ①과 ③은 빈칸에 들어갈 수 없으며, 부사절의 주어 he는 3인칭 단수이므로, ②의 return이 아니라 ④의 returns가 빈칸에 적절하다.

다음 주말에 그가 가족휴가에서 돌아오자마자, 그는 런던으로 갈 것이다.

07 ①

시간이나 조건의 부사절에서는 미래의 뜻도 반드시 현재시제로 나타내야 한다. 따라서 미래시제를 나타내는 will이 쓰인 ②와 ④는 빈칸에 부적절하며, train이 3인칭 단수명사이므로, train 다음에 arrive가 온 ③ 역시 부적절하다. 반면 ①의 arrives는 3인칭 단수로 쓰인 주어에 맞게 단수동사로 왔으며, arrive가 자동사로 쓰여 in과 함께 쓰이므로, ①의 arrives in이 빈칸에 적절하다.

그 기차가 12시간 뒤에 뉴욕에 도착할 때, 그 기차는 그 시각에 뉴욕을 떠나는 또 다른 기차를 마주하게 될 것이다.

08 ③

전화기가 울렸을 당시 린다가 편지를 '쓰고 있었다'는 내용이 되어야 하므로, 빈칸에는 같은 과거시제가 와야 하며, 편지는 쓰는 주체가 아니라 '쓰이는 대상'이므로, 수동태이며 과거진행시제인 ③의 was being written이 빈칸에 적절하다.

전화벨이 울렸을 때, 그 편지는 린다에 의해 써지고 있었다.

09 ①

by next April은 '내년 4월이면 이미'라는 뜻의 미래표시어로, 'by+미래 표시어' 다음에는 미래완료시제가 와야 한다. 따라서 ①의 will have created가 빈칸에 적절하다.

내년 4월이면 이미, 그는 중증 정신병을 앓고 있는 사람들을 위한 튼튼한 침대를 추가로 거의 500개를 더 만들었을 것이다.

10 ①

lack은 상태동사로 진행시제가 불가하므로 ①의 lacked가 빈칸에 들어가야 한다.

아무도 국제연합(UN)이 국제연맹의 운명을 겪기를 원하지 않는데, 국제연맹은 실질적인 영향력이 부족했기 때문에 실패했다.

11 ②

there 다음에 명사가 왔을 때는 주어와 동사가 도치된다. 따라서 도치가 일어나지 않은 ③과 ④는 빈칸에 들어갈 수 없으며, To date는 '현재까지'라는 뜻의 부사로 현재완료시제와 함께 쓰여야 하므로 ②의 have been no complaints가 빈칸에 적절하다.

그러나 현재까지, 세계무역기구(WTO) 회원국이 데이터 현지화법에 반대해 제기한 어떠한 불만도 존재하지 않았다.

12 ④

yesterday는 과거시점부사이므로 주어인 Chales Schwab의 동사의 시제는 과거가 되어야 한다. 따라서 ①과 ②는 빈칸에 들어갈 수 없다. introduce는 4형식 동사로 혼동하기 쉬운 3형식 동사이므로, 4형식으로 쓰인 ③ 역시 빈칸에 들어갈 수 없다. 따라서 ④의 introduced his servant to가 빈칸에 적절하며, 참고로 따옴표 안에 들어있는 말은 '직접화법'으로 전체시제에 영향을 받지 않는다.

찰스 슈왑은 "왕이시여, 이 사람은 저의 하인입니다"라고 말하면서 어제 그의 하인을 스웨덴 왕에게 소개시켰다.

13 ④

그녀가 깜짝 놀랐던 시점보다 친구가 승진한 시점이 더 이전이므로, 과거시제보다 앞서는 과거완료시제인 had been으로 ④를 고쳐야 한다.

그녀는 그녀의 가까운 친구가 부장으로 승진했다는 소식에 놀랐다.

14 ②

'10년 이상 동안'이라는 기간표시 부사구가 있고 미래시점을 나타내는 부사가 있으므로, 미래시점까지의 계속을 나타내는 미래완료시제가 되

어야 한다. ②를 will have been으로 고친다.

만약 그가 내년 봄에 은퇴한다면, 그는 이 학교에서 10년 이상 정치를 가르치고 있는 게 될 것이다.

15 ④

the day before는 과거완료시제 수반 부사구다. 따라서 lost를 had lost로 고쳐야 한다. ①, ② tell은 3형식 문형으로도 쓸 수 있는 동사다. ③ told의 목적어가 the news이므로 ③ 이하를 설명하기가 어색해서 쉽게 정답으로 골랐을 것이다. that절은 앞의 the news와 동격을 이루며, 길이가 길어서 뒤로 뺀 것이다.

남편은 2년 전 내 생일에 그 전날 실직했다는 소식을 전해주었다.

16 ①

시간이나 조건의 부사절(종속절)에서는 미래의 일을 미래시제가 아니라 현재시제로 나타내므로, ①을 reach로 고쳐야 한다. ② 주절에서는 미래의 일을 미래로 나타낸다.

그 작은 목표를 달성할 때, 당신은 더 큰 목표들을 달성할 능력을 당신이 갖고 있다는 것을 알기 시작할 것이다.

17 ②

접속사 and 앞에 과거시제가 왔으므로, and 다음에도 과거시제가 와야 한다. 따라서 ②를 began으로 고쳐야 한다.

그는 두 개의 사전 중에 더 큰 것을 내린 다음 자신이 철자를 잘못 적은 단어를 찾기 시작했다.

18 ①

희망했으나 이루지 못한 과거의 사실을 나타낼 때는 '주어+had+(희망동사의) p.p.+ 단순 부정사' 혹은 '주어+(희망동사의) 과거동사+ 완료 부정사'의 형태로 쓴다. 따라서 ①을 to learn으로 고쳐야 한다.

나는 파리 여행 전에 프랑스어를 배우고 싶었지만, 수강할 여윳돈이 없었다.

19 ③

for the past five years는 현재완료시제와 함께 쓰이므로, ③의 was를 has been으로 고쳐야 한다.

어떤 로스펠리즈 주민은 코미디를 추구하기 위해 5년 전에 뉴욕을 떠났으며, 지난 5년 동안 공연해 오고 있다.

20 ③

주절의 동사 gave가 과거이므로 시제 일치에 의거하여 종속절의 동사인 ③의 writes를 wrote로 고쳐야 한다.

조지 무어가 글을 쓰기 시작했을 때, 그의 필체는 형편없었다. 그것은 그가 무딘 연필로 포장지 위에 글을 적었다는 인상을 주었다.

21 ④

명확한 과거를 나타내는 표현은 현재완료 시제와 함께 쓰지 않는다. ④를 과거시제 lasted로 고친다.

'소빙하기'는 16세기 중반부터 18세기 초까지 지속된 불안정한 날씨의 시기였다.

22 ②

문장의 동사 reflected와 center의 시제 일치가 되어있지 않다. 문미의 that절 이하의 내용으로 볼 때 과거 시제로 쓰는 것이 적절하므로 ②의 center를 centered로 고쳐야 한다. center를 reflected의 목적어 역할을 하는 명사로 오인할 수 있겠으나, 그렇게 하면 어색한 의미의 문장이 되므로 옳지 않다.

앨빈 에일리의 안무는 자신이 뿌리를 두고 있는 남부를 반영했으며, 포크송과 그가 살던 당시에 혁신적이었던 재즈의 조각들에 초점을 맞추었다.

23 ③

2006년이 과거시점이므로, 그 이전은 과거완료로 표현해야 한다. ③의 have를 had로 고친다.

알래스카는 국가 내 다른 어떤 주(州)들보다 많은 자원을 가지고 있었으나, 2006년 이전에는 이들 자원들 중 어떤 것도 발전용으로 개발되지 않았다.

24 ②

사장이 된 것은 과거이고 그 이전에 미인대회 우승자였으므로, 주절에는 과거완료형이 와야 한다. ②를 had been으로 고친다.

빈틈없고 강한 여성인 프란시스 네이델은 그녀의 남편이 사망하여 회사의 사장이 되기 전에 미인대회 우승자였다.

25 ②

1066년은 1910년보다 더 과거이므로 ②에는 과거완료시제가 와야 한다. has flared를 had flared로 고친다.

노르만족이 잉글랜드를 침략했던 1066년에 나타났던 핼리혜성이 1910년에 다시 지구의 밤하늘을 밝히고 있었다.

26 ①

10 years ago는 명백한 과거시점 부사이므로 현재완료시제 대신 과거시제를 써야 한다. 따라서 ①을 started로 고쳐야 한다.

페이스북은 10년 전에 하버드 대학교 기숙사에서 출발했으며, '친구'라는 단어를 동사로 만들었다. 페이스북은 성공했으나 Friendster와 MySpace와 같은 경쟁자들은 실패했다.

27 ②

since가 '~한 이후'라는 뜻의 시간표시 접속사로 쓰였을 경우, since 앞에는 현재완료시제가, since 뒤에는 과거시제가 각각 와야 한다. 따라서 ②를 was로 고쳐야 한다.

준(June)은 7살 때부터 엘리베이터 타는 것을 피했다. 그녀가 다른 사람과 함께 있을 때는, 계단을 이용하기 위해 핑계를 늘어놓는다. 그녀는 엘리베이터 타는 것을 피할 때 안도감을 느낀다.

28 ③

인도네시아 군대가 로마 가톨릭 학교를 급습한 때보다 청년들이 그곳에 피난해 있던 것이 먼저이므로, ③은 과거완료시제로 나타내는 것이 옳다. 따라서 ③을 had taken refuge there로 고쳐야 한다.

인도네시아의 부대가 East Timor에 있는 로마 가톨릭 학교를 일요일에 급습했고, 거기에 피난해 있던 약 50여명의 독립운동원 청년을 체포했다. 기습이 진행되는 동안 여러 명의 청년들이 총상을 입은 것으로 보도되었다.

29 ①

in early 1848과 같이 명백한 과거시점 부사어가 오면 과거시제를 써야 하므로, ①을 was sparked로 고쳐야 한다.

캘리포니아 골드러시는 1848년 초에 금 덩어리가 발견되어 촉발되었다. 금 덩어리가 발견되었다는 소식이 퍼지자, 수천 명의 예비 금 채굴자들이 해로와 육로를 통해 샌프란시스코로 향했다.

30 ③

③ 내용상 종속절의 시제보다 주절의 시제가 앞서므로, 주절은 과거완료 형태가 되어야 한다. 따라서 ③에서 have not walked를 had not walked로 고친다.

① 그는 다음 주 금요일에 중국으로 떠날 예정이다.
② 날씨가 보름 동안 궂은 상태다.
③ 1마일도 채 걷기 전에 비가 오기 시작했다.
④ 이 책을 한 번 더 읽으면 나는 그것을 네 번 읽는 것이 된다.

02 시제

01 ④	02 ②	03 ①	04 ①	05 ①	06 ③	07 ④	08 ④	09 ③	10 ①
11 ④	12 ④	13 ④	14 ③	15 ③	16 ③	17 ③	18 ③	19 ④	20 ③
21 ④	22 ①	23 ③	24 ③	25 ①	26 ①	27 ④	28 ③	29 ②	30 ③

01 ④

동사 put이 과거형이므로 이어지는 절의 동사로 ④의 과거형 sat이 필요하다. ①도 과거형으로 볼 수 있으나 의미상 부적절하다. * put이 과거형인 이유: Alhert가 3인칭 단수이니 현재라면 puts가 되어야 한다.

앨버트는 테이블에 자신의 책을 놓고 그의 친한 친구 가까이에 있는 의자에 앉았다.

02 ②

called up이 과거시제이므로, 시제 일치의 원칙에 따라 과거에서 본 미래를 나타내는 ②의 would be가 가장 적절하다. ①에 쓰인 were는 she의 수와 일치하지 않는다.

A: 지난 주말에 네 여동생을 방문했니? B: 음, 그러려고 했는데, 다른 데 (나가) 있을 거라고 전화가 와서 대신 시카고에 갔어.

03 ①

that절 안에서 모든 물체가 서로를 끌어당기는 것은 '불변의 진리'로서 주절의 시제에 관계없이 현재시제를 써야 한다. 따라서 ①의 attract가 빈칸에 적절하다.

뉴턴(Newton)은 모든 물체가 어떤 간단한 방정식에 따라 서로를 끌어당긴다는 것을 증명했다. 태양, 달, 행성, 사과, 그리고 모래알은 모두 중력의 법칙을 따른다.

04 ①

빈칸은 동사가 들어가야 할 자리인데, 과거 시점 부사어구 in the 19th century가 있으므로, '과거시제'가 적절하다.

오페레타는 19세기에 대중적인 뮤지컬 연극의 형태로 처음 등장했다.

05 ①

'by the time+주어+현재동사'는 '미래완료'의 주절과 호응한다.

시장이 사무실에 도착할 때쯤이면, 그의 비서는 샌타바버라로 이미 떠났을 것이다.

06 ③

주어가 단수명사이므로 동사는 '단수형태'가 와야 하고, in recent years로 보아 '현재완료' 시제가 적절하다.

정부와 기업의 대립 관계는 최근 몇 녀가 경제 연구의 중요한 화두로 남아 있다.

07 ④

but으로 연결되어 있는 두 문장의 시제는 둘 다 과거이지만 전자는 이미 완전히 끝난 과거로 후자보다 시제가 앞서므로 '대과거'가 필요하다.

그가 한때 보수파의 강력한 지지자였다는 것은 의심의 여지가 없지만, 최근 몇 년 사이에 자신의 입장을 분명하게 바꾸었다.

08 ④

도착한 시점이 과거이고, 도착 시점까지 그 전 4일 동안 비가 오고 있었다는 흐름이므로 '과거완료진행형'이 적절하다.

A: 지난여름에 멕시코로 휴가 갔을 때 운전하는 게 즐거웠니? B: 아니, 우리가 도착했을 때 나흘 동안 비가 오고 있어서 도로가 진흙투성이였어.

09 ③

현재완료와 함께 쓰는 부사어들을 알고 있는지 묻는 문제이다. in the last three years는 '지난 3년간'이란 뜻으로, '3년 전부터 지금까지'라는 의미가 되어 현재완료와 함께 쓰이며, 빈칸의 주어가 복수명사인 parents이며, 문맥상 parents가 배치하는 것이 아니라 '배치되는' 것이므로, ③의 have been deployed가 정답이다.

백만 명 이상의 아이들의 부모들이 군복무 중이며, 지난 3년간 배치되어 있다.

10 ①

'by this time next year(내년 이맘때까지)'는 미래 표시 부사어이므로, 미래 특정 시점까지의 계속, 경험, 진행, 완료 등을 나타내는 '미래완료' 시제를 써서 표현해야 하며, 주체인 게임기는 sell 동사와 수동의 관계에 있으므로 '수동태'가 가미되어야 한다. 즉, 미래완료 수동의 문장이 되어야 하므로, ①이 정답이다.

리사 모건은 내년 이맘때까지 3천만 대에 달하는 3세대 게임기가 팔릴 것이라고 예상한다.

11 ④

by 다음에 미래시점이 왔으므로 동사의 시제는 미래나 미래완료가 되어야 하며, 지원자들이 결과를 통보하는 것이 아니라, 통보받는 것이므로 수동태가 적절하다. 따라서 빈칸에는 미래완료 수동형인 ④가 적절하다.

모든 지원자들에게 다음 주말까지 구직 결과가 통보될 것이다.

12 ④

현재까지의 계속을 의미하는 시점부사어구 for the last few days는 단순진행시제가 아니라 '완료진행시제'에 쓰이므로 ④가 적절하다.

악성 컴퓨터 바이러스가 지난 며칠 동안 이메일을 통해 빠르게 확산되어 왔다.

13 ④

ago는 현재 기준으로 과거시제를 동반하며, before는 과거 기준으로 과거완료시제를 동반한다. 주어진 문장에 had been built라는 과거완료의 표현이 쓰였으므로 ④의 ago를 before로 고쳐야 한다. ① that은 관계대명사이며 선행사가 복수이므로 were를 썼다. ② 수동태 문장에서 행위자를 나타내는 표현이다.

태풍으로 인해 파괴된 가옥들은 지은 지 100년도 더 된 것이었다.

14 ③

명백한 과거시점인 the mid-17th century가 제시되었으므로, the mid-17th century를 수식하는 when절의 시제도 '과거'가 되어야 한다. has been을 was로 고친다. ① become은 2형식 동사로 쓰였으며 뒤에 형용사가 보어로 왔다. ④ when절의 주어인 it은 주절의 주어 Tea를 가리키며, 이것은 동사 import의 대상이므로 수동태로 나타냈다.

차(茶)는 영국에 처음 수입되었던 17세기 중반이 되어서야 유럽에서 대중화되었다.

15 ③

매니저가 화난 시점(과거)보다 그 원인이 먼저 일어났으므로 과거완료가 와야 한다. 따라서 ③은 had allowed가 되어야 한다.

그 매니저는 누군가가 사진가에게 건물 출입을 허가했기 때문에 화가 났다.

16 ③

many years ago라 했으므로 ③을 과거시제 decided로 고쳐야 한다. ①부터 ②까지는 삽입된 분사구문이다.

17 ③

주절이 과거이므로, 같은 4월에 일어난 when절의 일도 과거시제로 써야 한다. 따라서 exceeds를 exceeded로 고쳐야 한다. ② 계속적 용법으로 쓰인 관계부사다. ④ that은 비교 대상을 동일하게 만들기 위해 쓰인 대명사로, 앞에 쓰인 the growth rate를 가리킨다.

금년 들어 처음으로 수출 증가율이 수입 증가율을 능가한 4월에, 한국의 무역 수지가 흑자로 돌아섰다.

18 ③

명성을 가져다준 시점이 과거시제인데, 그 이전에 마가렛 미셸이 소설을 쓴 것이므로, ③은 had written이 되어야 한다.

그녀에게 명성을 가져다 준 책인 『바람과 함께 사라지다』를 쓰기 전에, 마가렛 미셸은 1차 대전에 관한 소설을 쓰고 나서 파기했다.

19 ④

맨 마지막에 for years라는 표현이 그때까지 오랫동안 당황시켜온 것을 의미하므로, 마지막 절의 시제는 과거 완료형이어야 한다. ④를 had baffled로 고친다.

하지만 그는 이 낡은 수학책을 우연히 발견했다. 이 간단한 책에서부터 그는 오랜 시간에 걸쳐 수학자들을 당황시켜온 이론들을 유추할 수 있었다.

20 ③

명확한 과거시점 표시부사어 ago가 문장에 있기 때문에, who 이하 절의 동사는 과거가 되어야 한다. 따라서 ③의 had come을 came으로 고쳐야 한다.

이 사람들 중 대다수는 100년 전에 미모사 호를 타고 남미로 건너온 153명의 웨일즈인 후예이다.

21 ④

if가 이끄는 절이 명사절일 경우, 현재시제가 미래시제를 대신하지 못하므로 미래시제가 온 ③은 맞는 표현인 반면, until 이하는 '시간'의 부사절이며, 이 경우에는 현재시제가 미래시제를 대신하므로 ④를 tries it으로 고쳐야 한다.

양극성 장애(조울증)를 치료하기 위한 약물들이 존재하지만, 당신은 그 약물을 사용하기 전까지는 그 특정한 약물이 당신의 자녀에게 도움이 될 것인지를 알지 못할 것이다.

22 ①

제1차 세계대전 같은 '역사적 사실'에는 과거시제를 쓴다. 따라서 ①을 broke out으로 고쳐야 한다.

제1차 세계대전이 1914년에 발발했을 때, 미국은 처음에는 중립을 지키려고 결심했는데, 왜냐하면 그 전쟁이 유럽의 문제로 여겨졌기 때문이었다.

23 ③

고향을 찾아가서 아는 사람을 못 만난 것은 과거이고, 마을 사람을 잘 안다고 생각해온 것은 그 이전에 있었던 일이다. 따라서 ③은 과거를 기준으로 한 시제 앞선 시제, 곧 과거완료시제로 써야 한다. has thought를 had thought로 고친다. ① approach는 타동사이므로 전치사 없이 바로 목적어가 왔다. ② which의 선행사를 찾아 헤맸다면 관계대명사편을 다시 한 번 학습하자. 여기서 선행사는 앞 문장 전체다. ④ acquainted는 'think+목적어+(to be) 보어' 구문에 쓰인 형용사다. '~을 아는, ~와 아는 사이인'을 표현할 때 acquainted 뒤에는 전치사 with를 쓴다.

마을에 가까이 갔을 때, 그는 아는 사람을 하나도 만나지 못해 놀라운 기분이 들었는데, 왜냐하면 그는 자신이 마을의 모든 사람을 잘 안다고 생각했었기 때문이다.

24 ③

주절의 시제가 viewed, 즉 과거이므로, that 이하는 과거시점에서 본 미래의 일이다. will undermine을 would undermine으로 고친다. ① '명사-현재분사' 형태의 복합분사에 있어, 이 표현 속의 명사는 현재분사의 목적어가 되는 관계를 이룬다. 예> an ice-breaking ship(=a ship which breaks ice) 주어진 문장에서 '일을 나누는 계획', 즉 plans which share work의 의미이므로 '명사-현재분사'의 형태가 맞다. ② out of는 전치사구이며 fear는 이것의 목적어다. 이하에 주어진 that절은 fear와 동격을 이루는 명사절이다. ④ affect는 '~에 영향을 미치다'라는 의미의 타동사이므로 뒤에 전치사 없이 바로 목적어를 취하며, negatively는 이것을 수식하는 부사다.

노동자들은 노동 분담 계획이 연공서열제를 훼손시키고 퇴직연금에 부정적인 영향을 미칠 것이라는 두려움 때문에 그것을 적대적으로 바라보았다.

25 ①

연구원이 발견한 시점이 윌리엄 셰익스피어가 살았던 시점보다 이전 시점일 수 없으므로, ①을 현재완료시제인 has found로 고쳐야 하며, where 앞에는 선행사 the place가 생략되었다.

어떤 연구원이 윌리엄 셰익스피어가 런던에서 살았던 곳을 찾았다고 주장한다. 증거는 셰익스피어가 1590년대에 묘지가 내려다보이는 셋방에 살았음을 보여준다.

26 ①

종속절에서 and 다음에 과거시제가 왔으므로, ① 역시 과거시제가 와야한다. 따라서 ①을 was로 고쳐야 한다.

비록 줄리아 아담스는 한 쪽 귀가 거의 완전히 들리지 않았고 다른 한쪽 귀는 희미하게 들렸지만, 그녀는 장애를 극복하고 국제적으로 저명한 피아니스트가 되었다.

27 ④

④는 앞의 시제가 모두 현재이니 과거를 써야 할 이유가 없다. 내용상 prevent us from spotting으로 고쳐야 한다.

생각을 자극하는 신간에서 작가 말콤 글래드웰은 우리의 타고난 성향과 편견이 우리의 판단을 왜곡하여 우리 안에 있는 악을 알아차리지 못하게 만든다고 주장한다.

28 ③

resemble은 진행시제로 나타낼 수 없는 타동사이므로, ③을 과거시제인 resembled로 고쳐야 한다.

그녀는 아름답게 옷을 입었다. 그녀는 하얀 피부에 아주 멋진 검은 눈동자를 가진 작은 체구의 세련된 여성이었으며, 그녀는 그녀의 아버지를 닮았다. 태도에 있어서, 그녀는 우아했고, 매력적이었으며, 놀라울 정도로 다정했다.

29 ②

과거시제 중 특정시점 부사어를 수반하는 경우로, ②의 has begun 뒤의 in the year 2000은 현재를 기준으로 봤을 때 과거시제인, 연도를 표시하는 과거시점 표시 부사어이므로 ②의 현재완료시제인 has begun과 어울릴 수가 없다. 따라서 ②를 과거시제인 began으로 고쳐야 한다.

한국의 독자적인 위성개발 및 발사 프로젝트는 2000년도에 시작되었다. 모든 것이 계획대로 된다면, 한국은 인도와 이스라엘에 이어 독자적인 과학기술을 이용해, 발사하는 9번째 국가가 될 것이다.

30 ③

③ 경찰이 도착한 것이 과거시제이고 그 이전에 이미 떠난 것이므로 주절은 과거완료시제여야 한다. has를 had로 고친다. ① until절이 시간의 부사절이므로 미래의 일도 현재시제인 ends로 나타냈다. ② since절이 과거시제이고 주절이 현재완료시제여서 맞다. ④ 주절은 when절의 과거 사건이 일어났을 때 하고 있었던 일을 과거진행시제로 나타냈다.

① 전 세계적인 유행병은 모든 사람에게 끝날 때까지는 그 누구에게도 끝나지 않을 것이다.
② 그 전쟁이 시작된 이후로 지금까지 유럽은 석유구입 대금으로 400억 달러를 러시아에게 지불했다.
③ 그 운전자는 경찰이 도착하기 전에 이미 현장을 떠나버렸다.
④ 그는 사고가 발생했을 때 아주 빠른 속도로 운전하고 있었다.

03 수동태

01 ②	02 ②	03 ①	04 ③	05 ③	06 ②	07 ④	08 ②	09 ③	10 ③
11 ③	12 ③	13 ③	14 ④	15 ②	16 ④	17 ②	18 ①	19 ③	20 ③
21 ④	22 ②	23 ④	24 ①	25 ③	26 ②	27 ②	28 ②	29 ④	30 ③

01   ②

by 이외의 전치사를 사용하는 수동태를 묻고 있다. 동사 satisfy가 수동
태로 쓰일 경우, be satisfied 다음에 전치사 with와 함께 쓰이므로, ②
가 정답이다.

존은 정문에서의 시위와 관련한 해군범죄수사청(NCIS)의 조사에 만족했다.

02   ②

목적어가 명사절인 경우의 수동태를 묻고 있다. 수동태로 바꿀 때 that
절 자체는 수동태의 주어로 하지 않고, that절을 받는 가주어 it을 빌려
'It is+과거분사+that+S+V'의 형식을 취하므로 ②의 It is가 정답이다.
나머지 보기는 모두 believed 다음에 that절이 올 수 없으며, ① 그 다음
을 believed to grow로 고쳐야 완전한 문장이 된다.

그가 성장해서 성직자나 영적 지도자가 될지도 모른다고 사람들은 믿고 있다.

03   ①

빈칸 뒤에 in 2003이라는 명백한 과거시점이 왔으므로 현재시제인 ②
와 ④는 빈칸에 올 수 없다. 그리고 '(회사 등을) 설립하다'라는 뜻을 가
지고 있는 found의 과거분사는 founded이다. 테슬라 모터스가 공학자
들에 의해 설립된 것이므로 빈칸에는 수동태가 적절하다. 따라서 이에
부합하는 보기인 ① was founded가 빈칸에 적절하다. 참고로 ③의
found는 find의 과거분사형태이다.

테슬라 모터스는 실리콘 밸리에서 활동하는 한 무리의 공학자들에 의해
2003년 설립되었다.

04   ③

분사는 사람과 함께 쓰일 때는 과거분사, 사물과 함께 쓰일 때는 현재분
사를 사용하므로, 빈칸에는 과거분사가 와야 하며, 수동태의 관용표현에
서 '~에 깜짝 놀라다'는 뜻을 나타날 때는 be surprised at을 쓰므로 빈
칸에는 ③ surprised at이 적절하다.

그 논의에 참석했던 나의 어머니, 누나, 그리고 고모는 그 사건에 깜짝 놀랐다.

05   ③

동사 call은 5형식에서 'call+목적어+목적보어'의 어순을 취한다. 따라서
수동태로 쓰일 때는 목적어가 주어가 되어 '주어+be동사+목적보어'의
어순으로 쓰이므로, as가 온 ①과 ④는 빈칸에 부적절하고, 빈도부사
often은 be동사 다음에 오므로, ③의 is often called가 빈칸에 적절하
다.

사자는 종종 '밀림의 왕'으로 불리는데, 왜냐하면 사자가 육지에서 가장 사납
고 가장 큰 포식동물이기 때문이다.

06   ②

동사 resemble은 '수동태로 쓸 수 없는 동사'이므로, ①과 ③은 빈칸에
부적절하고, resemble은 또한 자동사로 착각하기 쉬운 '타동사'이므로,
전치사와 함께 쓰인 ④가 아니라 ②의 resembles가 정답이다.

외모로 볼 때, 그는 그의 형과 매우 닮았다.

07   ④

① notwithstanding ~ field까지가 전치사구로, mankind ~ dignity가
주절이 되어야 하는데, 주절에 동사가 없다. 따라서 분사형태로 쓰인 ①
과 ③은 빈칸에 부적절하다. 한편 deal은 3형식으로 deal with(~을 다
루다)로도 쓰이지만, 두 개의 목적어를 갖는 4형식으로 deal A a
blow(A에게 타격을 주다)로 쓰이기도 한다. 문제에서는 이 표현이 수동
태가 되어 A is dealt a blow가 된 형태이다. 따라서 ④의 has been
dealt가 빈칸에 적절하다.

의학 분야에서의 진전에도 불구하고, 인류가 만들어놓은 사회조직이 멈추게
됨에 따라, 인류는 존엄성에 심각한 타격을 입었다.

08   ②

occur는 자동사로 수동태가 불가하므로, ①과 ③은 빈칸에 들어갈 수 없
다. 그리고 혼란과 공포는 운전자가 바리케이드를 들이받은 것과 같은
때에 일어난 것이므로 과거완료시제가 쓰인 ④ 역시 빈칸에 부적절하다.
2017년 9월 30일이라는 '과거의 특정시점'이 나왔으므로 빈칸에는 능
동태 과거시제인 ②의 occurred가 빈칸에 적절하다.

2017년 9월 30일, 어떤 자동차의 운전자가 바리케이느를 들이받았을 때 혼란과 공포가 발생했다.

09   ③

look down upon A as B는 'A를 B로 경시하다'는 뜻으로 쓰이는데, 주어인 'Dog ownership(개를 소유)'은 경시되는 것이므로 수동태가 쓰여야 함을 알 수 있다. 따라서 look down upon A as B의 수동태는 A is looked down upon as B가 되어야 하므로, ③의 looked down upon as가 빈칸에 들어가야 적절하다.

개를 소유하는 것은 한 때 부르주아 근성의 습관으로 경시되어왔으나, 중국의 증가하고 있는 중산층은 그런 인식과 싸워 왔다.

10   ③

exist는 '존재하다'는 뜻의 자동사로 수동태와 진행형이 될 수 없으므로 ②와 ④는 빈칸에 들어갈 수 없으며, exist가 목적어를 받을 수 없으므로 ①이 아닌 ③의 did not exist가 빈칸에 적절하다.

일본의 항암 부문이 주요 서구시장에 존재하지 않았던 항암치료제를 통해 괄목할만한 성장을 이뤄냈던 이유가 몇 가지 있다.

11   ③

die는 '죽다', '사망하다'는 뜻의 자동사로 수동태가 불가능하다. 따라서 died 앞에 were가 보기에 온 ①과 ②는 빈칸에 부적절하다. wound는 '상처를 입히다'는 뜻의 타동사로 뒤에 목적어가 와야 하는데, 목적어가 없으므로 ④ 역시 부적절하다. 따라서 wound가 수동태로 쓰이고 and에 의해 자동사 died와 연결될 수 있는 ③ were wounded and가 정답이다.

그 전투에서 부상을 입었고 죽음을 맞이했던 모든 경찰기동대원들에게 나는 깊은 연민을 느낀다.

12   ③

object는 자동사로 수동태가 불가능하므로 ①과 ②는 빈칸에 들어갈 수 없으며, object가 목적어를 받기 위해서는 object 다음에 to가 와야 한다. 이때 to는 부정사가 아니라 전치사이므로 to 다음에는 동명사가 적절하다. 따라서 ③의 objected to sending이 빈칸에 들어가야 한다.

1959년, 남부의 백인들 중 72%는 그들의 자녀를 흑인들이 일부 다니는 학교에 보내는 것에 반대했다.

13   ③

admire는 타동사로 뒤에 목적어가 필요한데 '전치사 by+명사'구가 나왔으므로 ③의 admired는 과거분사이다. 이 문장에는 동사가 없으므로 수동인 was admired로 고쳐야 한다. 여기서는 intelligence and nature를 정신적인 것으로서 단일 개념으로 파악하여 was이다.

오디세우스의 총명함과 뛰어난 성격은 그를 따르는 사람들의 찬탄을 받았다.

14   ④

문맥상 그녀는 '교수형에 처해졌다'는 말이 되어야 하므로 ④를 hanged로 고쳐야 한다.

한 의사는 군중에게 화니타(Juanita)가 임신 중이라고 말했으며, 몇몇 남자들은 그녀의 결백을 주장하였으나, 그녀는 교수형에 처해졌다.

15   ②

동사구의 수동태를 묻고 있다. '~을 칭찬하다'는 뜻의 speak well of는 수동태로 쓸 때, 동사구 전체가 하나의 타동사처럼 취급되어 수동태는 be well spoken of by가 되므로, ②를 well spoken of by로 고쳐야 한다.

그는 훌륭한 행정가로 알려져 있었고, 그의 선임들에게 칭찬을 받았다. 그는 항상 사람들의 관심을 끌지 않고 있었다.

16   ④

④의 주체는 species이며, 이것은 place하는 행위의 주체가 아닌 대상이므로 수동관계에 있다. 따라서 ④를 placed into로 고쳐야 하며, 이때 ④는 they are placed into에서 반복되는 they are가 생략된 형태이다.

개체 수가 질병에 의해 억제되는 종(種)들이 그러한 질병이 없는 환경에 놓이게 되면 번창하게 될지도 모른다.

17   ②

사역동사의 수동태를 묻고 있다. 능동태에서 사역동사의 목적보어로 온 원형부정사는 수동태에서는 to부정사로 바뀌므로, ②를 to feel로 고쳐야 한다.

거의 고통 없이 치아 2개를 발치해서 저는 마음이 매우 편안해졌습니다. 치아에 관련한 거라면 어떤 것이든지 치미노 박사님을 추천합니다.

18   ①

nobody와 같은 부정주어가 포함된 문장이 수동태로 바뀔 경우, 'be not p.p. ~ by anybody'로 쓰므로, ①을 by anybody로 고쳐야 한다.

그 스릴러 영화는 아무도 해결하지 못하다가, 우연히 해결된다. 이 영화를 보는 사람이라면 누구나 십중팔구 잠들지 못할 것이다.

19   ③

'introduce A to B(A에게 B를 처음으로 경험시키다)'에서 A에 해당 하는 것이 학생들을 가리키는 they이므로 ③을 수동태 were introduced로 고쳐야 한다.

우수한 학생들이 암호해독 수업을 들었을 때, 그들은 제2차 세계대전 당시 사용되었던 독창적인 기계를 처음 경험하게 됐다.

20 ③

칭기즈칸의 후계자들이 매장(埋葬) 된 것은 주절의 동사 are thought보다 먼저 발생한 일이므로 ③의 부정사를 완료형 to have been entombed로 바꿔주어야 한다.

칭기즈칸은 홀로 매장되지 않았다고 많은 역사가들이 믿고 있다. 그의 후계자들이 그와 함께 거대한 고대묘지에 매장되었던 것으로 보인다.

21 ④

employ는 타동사로 뒤에 목적어가 없으며, by가 뒤에 왔으므로, 수동태로 쓰여야 한다. 따라서 ④의 employed를 전체 시제인 과거시제에 맞게 was employed로 고쳐야 한다.

1940년 5월, 베른 베이커는 그의 아내 조앤과 결혼했으며, 함께 그들의 아름다운 긴 여정을 시작했다. 베른은 일하는 것을 좋아했으며, 텍사코 오일에서 31년 동안 근무했다.

22 ②

appear는 자동사로 수동태가 될 수 없다. 따라서 ②를 did not appear로 고쳐야 한다.

1947년 그 벽이 세워진 이후, 펜웨이에서 올스타게임이 홍보되고 있었던 1999년까지 광고가 벽에 걸리지 않았다.

23 ④

수동태는 일반적으로 과거분사 다음에 'by+행위자'가 오지만, exposed가 수동태로 쓰일 때는 관용적으로 전치사 by 대신에 to와 함께 쓰인다. 따라서 ④를 were exposed to로 고쳐야 하며, the pair는 어머니와 아들을 가리키므로 복수동사 were가 맞게 왔다.

임신한 한 여성과 그녀의 젖먹이 아들이 와이카토 병원에서 홍역 바이러스에 노출된 이후, 그 여성은 아들이 홍역에 걸렸는지 여부를 알기 위해 고통스러운 마음으로 기다리고 있다.

24 ①

affect는 타동사로 affect 다음에 전치사가 올 수 없다. 전치사 by가 있고, 목적어가 없으므로, 수동태가 되도록 ①을 affected로 고쳐주어야 한다.

여성은 셀룰라이트에 심하게 영향을 받는다. 실제로 여성은 허벅지와 엉덩이에 지방이 쌓이는 경향이 있다. 또한 셀룰라이트는 노화됨에 따라 더욱 흔해진다.

25 ③

'force+목적어+to부정사'의 5형식 구문에서 목적어를 주어로 하여 수동태로 만들면 목적보어인 to부정사가 'be 과거분사'인 are forced 다음에 이어져야 하므로 ③을 to stay로 고쳐야 한다. ① women을 대신한 대명사이다. ② 주어가 Women으로 복수이므로 are가 맞다. ④ '~로서'라는 뜻의 전치사이다.

일부다처 결혼에서의 여성들이 일부일처 결혼에서의 여성들보다 더 많은 학대를 경험하며, 대부분의 경우 전업주부로서 집에 머물러있어야 한다.

26 ②

②에서 clear가 형용사로 쓰였다면, 형용사 다음에 the area가 나와서 틀렸다. 문맥상 ②는 지각동사의 수동태가 쓰인 것으로, 5형식 수동태로 바꿀 때 'be+지각동사의 과거분사+to 동사원형'의 어순을 취하므로 ②를 seen to clear로 고쳐야 한다.

그들이 성서에 나오는 요셉의 무덤을 무슬림의 성역으로 바꾸려 함에 따라, 그 무덤의 돔은 녹색으로 칠해졌고, 불도저가 그 지역을 정리하는 것이 목격되었다.

27 ②

전직 뉴스 진행자가 1971년에 대학을 졸업했다고 했으므로, 2001년에는 그 대학에서 명예학위를 '받았다'는 내용이 되어야 한다. 따라서 ②의 awarded(수여했다)를 was awarded(수여됐다)로 고쳐야 한다.

그 전직 케이블뉴스 진행자는 1971년에 역사학위를 받고 마리스트 대학을 졸업했으며, 마리스트 대학의 졸업 연설을 한 2001년에는 명예학위를 받았다.

28 ②

seat은 타동사로 목적어가 필요한데, seated 다음에 목적어가 없으므로, 수동태로 쓰여야 한다. 따라서 ②를 was seated로 고쳐야 한다.

한 어린 소년의 꿈은 그가 조종사의 유니폼을 입고 비행기의 조종석에 기장과 함께 앉았을 때 이루어졌다. 에어 아라비아는 비행기 조종사가 되기를 원하는 자이드의 소원을 들어주었다.

29 ④

'사망하다, 죽다'는 뜻의 die는 자동사이므로 수동태로 쓰일 수 없다. 따라서 ④를 died from으로 고쳐야 한다.

역사상 뉴욕 메츠의 가장 노련한 투수였던 톰 시버가 75세에 숨을 거두었다. 피칭 마운드 위에서 그가 보인 위업으로 'Tom Terrific(굉장한 톰)'이라는 별명을 얻은 시버는 루이소체 치매의 합병증으로 사망했다.

30

③

cost와 같이 '의지가 작용하지 않는 동사'는 수동태를 만들 수 없으므로,
③을 The beautiful dress cost five thousand dollars.로 고쳐야 한다.

① 아기와 아기 엄마 모두 잘 돌봐주었다.
② 한 여인이 죽은 채 발견되었을 때 그 사건이 시작됐다.
③ 아름다운 그 드레스는 5,000달러나 했다.
④ 돈 엘더는 그녀가 한 질문의 함축적인 의미에 화를 냈다.

03 수동태

01 ③	02 ④	03 ②	04 ④	05 ③	06 ④	07 ③	08 ③	09 ④	10 ④
11 ④	12 ④	13 ③	14 ④	15 ③	16 ③	17 ②	18 ③	19 ③	20 ①
21 ②	22 ④	23 ①	24 ①	25 ①	26 ④	27 ③	28 ②	29 ③	30 ④

01   ③

수동태에서 by 이외의 전치사가 쓰이는 경우를 묻고 있다. 동사 cover 가 수동태로 쓰일 때는 'be covered with'로 쓰이므로 ③의 with가 빈 칸에 들어가야 한다.

그 호수는 얼음으로 덮여 있었으나 낚시하기에는 위험했다.

02   ④

일반인이 주어인 능동문의 수동태를 묻고 있다. 원래 능동문인 People say that she has~를 수동태로 고칠 경우, It is said that she has~나 She is said to have~로 고칠 수 있다. 빈칸 뒤에 said to have가 왔으 므로 ④가 정답이다.

비록 그녀는 유명인이지만 그녀의 인생을 살 권리가 있다고 한다.

03   ②

주어와 부사구만 제시되어 있으므로 완전한 문장을 이루기 위해서는 빈 칸에 동사가 필요하다. 따라서 ④는 빈칸에 들어갈 수 없으며, happen 은 자동사로 수동태로 쓰이지 않으므로 ①과 ③ 역시 빈칸에 적절치 않 다. 따라서 ②의 happened가 빈칸에 들어가야 적절하다.

우리나라 대부분의 곳에서 많은 심각한 교통사고가 일어났다.

04   ④

The new system은 need하는 행위의 대상이므로 수동관계에 있다. 따 라서 수동태 문장을 만드는 ④의 과거분사 needed가 빈칸에 적절하다.

그 새로운 시스템은 우리 학교에 긴급하게 필요하다.

05   ③

drown은 '익사시키다'라는 의미의 타동사이므로, '익사하다'는 be drowned로 표현한다. 따라서 ③이 정답이다.

A: 깊은 물에 빠진 사람이 수영을 하지 못한다면 그에게 무슨 일이 일어날까?
B: 그는 아마도 익사할 거야.

06   ④

일반인이 주어인 능동문의 수동태를 묻는 문제이다. 원래, 'People say that she is~'를 수동태로 할 경우, It is said that she is~나 She is said to be in stable condition~으로 고칠 수 있다. 따라서 ④의 It is said가 빈칸에 들어가야 한다.

외과 의사들이 그들의 노력에 대한 결과를 기다리고 있기 때문에, 그녀는 안 정된 상태라고 한다.

07   ③

탁아소는 세워지는 대상이므로 수동 관계에 있다. 따라서 수동태 문장을 완성시키는 ③이 정답이다.

지금 그 공장에 탁아서비스가 제공되고 있지 않으나 새로운 탁아소가 지어지 고 있다.

08   ③

빈칸은 문장의 정동사가 들어갈 자리이므로 ②와 ④는 적합하지 않고, 들장미는 bring하는 행위의 '대상'이므로 수동태가 되어야 한다. 따라서 ③이 정답이다.

야생장미의 일종인 들장미는 청교도들이 미국으로 가져왔다.

09   ④

refer to A as B의 수동 형태는 'A be referred to as B'이다.

요즘 서양에서는 태극권이 가장 인기 있는 동양 운동의 한 형태로 언급되고 있다.

10   ④

'A를 B로 간주하다, 칭하다' 등을 의미하는 여러 표현에서 일반적으로 목적격 보어 앞에 as를 두나, consider의 경우에는 as를 생략해서 쓸 수 도 있다. 즉, regard A as B, refer to A as B, think of A as B, consider A (as) B이다. 주어진 문장은 위의 구문이 쓰인 문장을 수동태로 쓴 것인 데, 빈칸 뒤에 as가 없으므로 ④가 정답으로 적절하다.

블랙홀은 우주 공간에서 가장 흥미롭고도 신비로운 현상으로 여겨지고 있다.

11 ④

문맥상 내가 모든 사람을 비웃은 것이 아니라, 내가 모든 사람에게 '비웃음을 당한' 것이므로, 빈칸에는 능동태가 아닌 수동태가 와야 한다. 따라서 ①과 ③은 빈칸에 들어갈 수 없다. laugh는 동사구 laugh at으로 쓰이는 자동사이며, 동사구의 수동태는 전치사를 그대로 둔 채, 뒤에 by를 붙이므로, ②가 아닌 ④의 was laughed at by가 정답이다. 참고로 and called an idiot은 and I was called an idiot에서 I was가 반복되어 생략된 형태이다.

내가 심각한 질문을 할 때마다, 나는 모든 사람들에 의해 비웃음을 당했으며, 멍청이라고 불렸다.

12 ④

My mother gave me books as presents.라는 4형식 능동태 문장의 수동태를 묻고 있다. 4형식 문장의 수동태는 간접목적어와 직접목적어를 주어로 하는 두 개의 수동태가 가능하다. ①과 ③은 직접목적어인 books를 수동태의 주어로 만든 것이지만, ①의 경우 give는 전치사 to와 함께 사용하므로, for를 to로 고쳐야 하며, ③은 주어인 books 다음에 동사 were가 와야 한다. ②와 ④는 직접목적어인 me를 수동태의 주어인 I로 만든 것으로, 이때 'be+p.p.' 다음에 바로 직접목적어가 와야 하므로, ②가 아닌 ④의 I was given books가 빈칸에 적절하다.

나는 어머니에게 책을 선물로 받았으며, 그 책들은 나의 소중한 소유물이 되었다.

13 ③

주어인 the machine과 repair의 관계는 수동이므로 수동형의 부정사 형태가 와야 한다. 따라서 ③을 be repaired로 고친다.

그 엔지니어는 그 기계가 가능한 한 빨리 수리를 받아야 한다고 생각했다.

14 ④

disappear는 자동사이므로 수동태 문장에 쓸 수 없다. 따라서 ④를 disappeared로 고쳐야 한다.

새로 개발된 백신 덕분에 간 질환은 이제 사라졌다.

15 ③

defeat은 타동사로 수동태가 가능하지만, defeated 다음에 목적어 me가 왔으므로 수동태로 쓰일 수 없다. 따라서 ③을 능동태 defeated로 고쳐야 한다.

그 스테이크는 완벽하게 요리되었고, 맛도 좋았지만, 양이 너무 푸짐해 내가 감당할 수 없어서, 나는 그 스테이크를 다 먹을 수 없었다.

16 ③

주의해야 할 수동태 구문을 알고 있는지 묻는 문제이다. '~에 질리다'는 표현은 be fed up 뒤에 by를 쓰지 않고 with를 쓴다. 따라서 ③의 are fed up by를 are fed up with로 고쳐야 한다. 한편 추상명사인 irregularity(불규칙)가 복수가 되어 irregularities로 쓰일 때는 보통명사가 되어 '부정행위'로 사용됨을 주의하자.

한국정부의 부패척결운동은 관료의 비능률과 각종 부조리에 염증을 느끼고 있는 국민들을 고무했다.

17 ②

동사 let은 수동태 불가동사이므로 수동태로 쓰일 경우 let 대신에 'be allowed to 동사원형'을 사용한다. 따라서 ②를 allowed로 고쳐야 한다.

사실 그 용액들을 실온에서 6주 동안 두었으며, 이 기간 동안 그 용액들은 외견상 변화가 없었다.

18 ③

주어진 문장에서 동사 grow는 skeptical을 보어로 취하는 불완전자동사이며 따라서 수동태로 쓰일 수 없다. 따라서 ③의 have been grown을 have grown으로 고쳐야 한다. 한편, grow가 주어진 문장에서는 2형식 동사로 쓰였지만, 1형식 문형에서도 쓰이고, 3형식 문형에도 쓰인다. 3형식 동사로 쓰인 것이라면 수동태가 가능할 것이다. 따라서 문장 전체의 내용 검토를 통해, 어떤 문형에 쓰였는지를 먼저 판별해야 할 것이다.

걸프지역 개발업자들은 프로젝트 완수에 대해 회의적으로 변했던 투자자들에 의한 채무 불이행을 막기 위해 협상 테이블로 시선을 돌려야 한다.

19 ③

동사 listen은 타동사로 오인하기 쉬운 자동사로 목적어를 받기 위해서는 반드시 전치사 to를 수반하여 동사구가 되는데, 이런 동사구가 수동태가 될 경우, 'be listened to by'가 되어야 한다. 따라서 ③의 listened to를 listened to by로 고쳐주어야 한다.

2차 세계대전 당시 영국의 수상이었던 윈스턴 처칠은 영국 성인 3명 중 2명이 들었던 BBC 방송으로 영국 국민을 일깨웠다.

20 ①

능동태와 수동태를 구분할 수 있는지 묻는 문제이다. 관계부사 when이 이끄는 종속절의 주어와 주절의 주어는 CEO로 동일한데, 이 CEO가 질문도 하고, 대답도 하는 상황으로 해석상 어색하다. 이를 자연스럽게 하기 위해서는 CEO가 질문을 '받았을' 때로 고쳐야 한다. 따라서 ①의 questioned를 was questioned로 고쳐야 한다.

씨티그룹 최고경영자(CEO)가 국내금융회사를 인수할 가능성에 대해 질문을 받았을 때, 그 최고경영자는 "우리는 아직 인수계획이 없습니다."라고 대답했다.

21 ②

arise는 자동사로 수동태가 불가능한 동사이므로 ②를 arises로 고쳐야 한다.

가족과 직업 사이에 갈등이 생길 때 여성 근로자들은 직업 보다는 가족을 선택하는데, 이것은 여성 임원이라는 인재 자원이 부족한 주요한 이유들 중 하나이다.

22 ④

presume은 5형식으로 쓰여 'presume(consider)+목적어+목적보어(형용사 또는 명사)'의 형태를 갖는다. 이를 수동태로 쓰면 'S+be+presumed+형용사'가 될 것이다. 따라서 ④는 presumed innocent가 되어야 한다.

형법을 집행하는 것은 형사재판 제도의 역할이다. 그러나 이 제도의 각 단계에서 피고인은 유죄가 입증될 때까지 무죄로 추정된다.

23 ①

도구는 만드는 주체가 아니라 대상이므로, ①을 can be made로 고쳐야 한다.

트라이앵글은 강철 막대를 삼각형 모양으로 구부려서 만들 수 있는 악기다. 학교 관현악단에서 사용되는 트라이앵글의 각은 각각 60도이다.

24 ①

행위자를 나타내는 by구문이 이어지고 있는 점, 문맥상 주어 atom이 타동사 push의 대상인 점 등을 고려하면, 주어진 문장은 수동태 구문으로 써야 한다. ①을 과거분사 pushed로 고쳐야 한다.

고압에 눌리거나 고온에 놓이게 되면 원자는 전반적인 구성의 변화 없이 무기물 내에서 재배치된다.

25 ①

스톤헨지가 만들어진 시점은 술어동사 보다 먼저 일어난 일이므로 완료부정사인 to have begun의 시제는 맞지만, 스톤헨지가 고대 노동자들에 의해 만들어진 것으로 생각되는 것이므로 부정사의 태는 수동태가 되어야 한다. 따라서 ①을 to have been begun으로 고친다.

거대한 수천 톤의 돌기둥으로 된 고리 모양의 스톤헨지는 기원전 3100년에 고대 노동자들이 도살된 동물에서 얻은 뾰족한 뿔로 땅을 파면서 만들어진 것으로 생각된다.

26 ④

④의 주어는 the plane인데, the plane과 expect는 수동의 의미 관계이므로 수동태 문장이 되어야 적절하다. 따라서 ④를 was expected로 고

쳐야 한다.

공항에 도착했을 때, 나는 형이 타고 있던 Chicago 발 비행기가 엔진 고장으로 Denver에서 연착되었고 한 시간 정도 늦을 것으로 예상되고 있다는 것을 알게 되었다.

27 ③

obligate는 '~에게 의무를 지우다'는 의미의 타동사이다. 주어진 문장에서, 이 동사에 대한 목적어가 주어져 있지 않고 문맥상 which의 선행사인 the U.S.가 의무를 지게 되는 대상이므로, 수동태로 써야 함을 알 수 있다. 따라서 ③의 which obligates를 which is obligated로 고쳐야 한다.

중국 정부를 분노하게 하는 것에 더하여, Chen은 또한 대만의 가장 큰 동맹국인 미국에게 시기가 나쁜 두통거리를 만들어냈는데, 미국은 대만 관계법에 의거해 공격이 있는 경우 대만을 방어해야 하는 의무를 가지고 있기 때문이다.

28 ②

who의 선행사는 the two crew members of Bomber 31인데, 이것은 주어진 문맥에서 identify하는 행위의 주체가 아닌 대상이므로 수동태로 나타내야 한다. 따라서 ②를 have been identified로 고쳐야 한다.

예를 들어 미토콘드리아 DNA는 폭격기 31의 2명의 승무원의 신원 확인에 사용되었고, 더 유명하게는 1918년 직계 가족들과 함께 살해된 러시아의 황제 니콜라스 2세의 신원 확인을 위해 사용되었다.

29 ③

undergo와 unbearable suffering은 타동사와 목적어의 관계이므로 능동태가 요구된다. 따라서 ③의 must be undergone을 must undergo로 고친다.

네덜란드는, 비록 몇몇 엄격한 조건들이 있지만, 이제 환자들의 안락사를 허용하는 세계에서 유일한 나라가 된다. 죽기 위해 의료적 도움을 원하는 사람은 견딜 수 없는 고통을 겪어야만 한다. 의사와 환자는 또한 회생의 희망이 없다는 것에 동의해야 한다. 그리고 다른 의사와도 상담해야 한다.

30 ④

go on trial은 '재판을 받다'라는 의미인데, go는 자동사이므로 수동태가 될 수 없다. 따라서 ④에서 was gone on trial을 went on trial로 고쳐야 한다.

① 스미스 씨는 업무상 2주에 한 번씩 런던으로 통근한다.
② 그는 그 강좌가 영어로 수업될 것이라고 발표했다.
③ 그들은 놓고 간 거액의 돈을 돌려줘서 칭찬을 받았다.
④ 로즈 웨스트는 언론의 열띤 관심을 끌면서 재판을 받았다.

04 조동사

01 ②	02 ④	03 ④	04 ①	05 ②	06 ②	07 ④	08 ③	09 ②	10 ③
11 ①	12 ④	13 ③	14 ①	15 ④	16 ④	17 ②	18 ④	19 ①	20 ①
21 ②	22 ④	23 ②	24 ④	25 ④	26 ③	27 ③	28 ③	29 ①	30 ②

01 ②

문맥상 빈칸은 고인의 명복을 비는 기원문에 해당하는 말이 들어가야 한다. 보기 중 기원의 의미가 있는 ②의 May가 정답이다.

오늘 우리는 정말로 위대한 지도자 한 분을 잃었습니다. 그녀의 영혼을 편히 쉬게 하소서!

02 ④

아무도 그레이 박사의 질문에 대한 준비가 되어있지 않았다고 한 점으로 보아, '유감'을 나타내는 표현을 완성시키는 것이 적절하다. 'should have + p.p.'는 '~했어야만 했는데 못했다'는 뜻이다.

A: 아무도 수업 중에 그레이 박사의 질문에 대답할 준비가 돼 있지 않았어. B: 우리가 어젯밤에 수업 내용을 읽어봤어야 했어.

03 ④

요구나 제안을 뜻하는 동사 다음에 나오는 that절의 동사는 'should+동사원형'이나 '동사원형'이 와야 하므로, should가 생략된 ④의 not이 들어가야 적절하다.

당신이 그 과제들을 아직 하지 않았다면, 당신이 그것들을 하지 말 것을 내가 요청한다.

04 ①

necessary와 같이 이성적 판단을 나타내는 형용사 다음에 나오는 that절의 시제는 '주어+(should)+동사원형'을 취한다. 따라서 빈칸에는 should take나 should를 생략한 take가 들어가야 하므로 ①이 정답이다.

정부는 아이들의 안전을 보장하기 위해 장기적인 대책을 취해야 한다.

05 ②

hardly, rarely, scarcely, seldom 등과 같은 부정 부사가 들어 있는 문장의 부가의문문은 긍정형으로 만들어야 하며, 주어진 문장에서 have 동사가 일반동사로 쓰였으므로, 조동사 do를 사용하여 부가의문문을 만들어야 한다. 따라서 ②가 정답이다.

A: 그는 요즘에 거의 아무것도 안 하고 있죠, 그렇죠? B: 아니오, 그렇지 않아요!

06 ②

주어는 The term "money"이며, to any medium은 전치사구, that 이하는 관계대명사절이다. 문장에 동사가 없으므로 ②가 정답이다. ①, ③과 같은 준동사는 문장의 정동사 역할을 할 수 없으며, 주어가 중복되는 ④의 경우 it을 없애야 한다.

'화폐'라는 용어는 상품과 서비스의 교환에 있어 일반적으로 받아들여지는 것이면 어떠한 매개물이든 가리킬 수 있다.

07 ④

'무엇을 할 것인지'를 계획한다고 했으므로 빈칸에는 미래 조동사가 필요한데, 주절의 동사가 과거이므로 시제 일치에 의거하여 would do가 적절하다.

숙모와 삼촌이 온다는 소식을 듣자마자, 그녀는 그들과 함께 무엇을 할지를 계획하기 시작했다.

08 ③

③의 could have는 could have studied에서 studied가 생략된 형태로, 가정법 과거완료에 해당한다. 즉 어젯밤에 불어 공부를 하지 않았지만, '할 수 있었다'라는 의미를 나타내므로 빈칸에 적절하다.

우리는 어젯밤에 불어를 공부하지 않았다. 그러나 우리는 공부를 할 수 있었는데.

09 ②

'~해야 한다'는 뜻의 조동사 ought to의 부정은 ought not to이므로 빈칸에는 ②가 적절하며, 빈칸 다음에 온 it은 the wine을 가리킨다.

그 와인에는 독이 들어 있기 때문에, 그는 그 와인을 마시지 말아야 한다. 만약 그가 그 와인을 마신다면, 그는 죽게 될 것이다.

10 ③

문맥상 '~하지 않는 것이 더 낫다'는 말이 되어야 하는데, 이때는 관용표현 may as well not을 쓰며, 이것은 may as well(~하는 것이 더 낫다)의 부정표현이다.

그런 경우, 당신은 어떤 것도 시도하지 않는 것이 더 나은데, 왜냐하면 그 시도는 실패로 끝날 것이기 때문이다.

11 ①

문맥상 '~하지 않을 수 없다'는 표현을 묻고 있다. '~하지 않을 수 없다'는 표현은 'cannot but 동사원형', 'cannot help but 동사원형', 'cannot choose but 동사원형', 'cannot help ~ing' 등으로 쓸 수 있다. 따라서 cannot과 호응하는 ①의 but feel이 빈칸에 적절하다.

중동 국가들의 현재 상황을 볼 때, 나는 미국에 살고 있어서 축복받은 느낌을 받지 않을 수 없다.

12 ④

조동사인 had better의 부정은 had better not이고 조동사 다음은 원형동사가 오므로 ④의 better not forget가 빈칸에 적절하다.

우리가 우리 가족의 물질적 욕구를 제공해 오고는 있지만, 우리는 가족들의 정신적 욕구를 잊지 않는 것이 좋다.

13 ③

used to가 과거의 습관을 나타내는 조동사로 쓰였으므로 used to 다음에는 동사원형이 와야 한다. 따라서 ③의 visiting을 visit으로 고쳐야 한다.

델리에서 태어나 자란 나는 그 경기장을 정기적으로 찾곤 했다.

14 ①

문장의 끝에 느낌표가 왔으므로 감탄문이 쓰였음을 알 수 있다. 감탄문에 쓰이는 조동사는 may밖에 없으므로 ①을 May로 고쳐야 한다.

하느님이 당신에게 은총을 내려 아주 평안하게 목적을 성취하게 해주시기를!

15 ④

would rather A(동사원형) than B(동사원형): B하느니 (차라리) A 하겠다 ④를 surrender로 고친다.

그 군인은 적에게 항복하느니 차라리 스스로 목숨을 끊겠노라고 단호히 말했다.

16 ④

'~하지 않을 수 없다'는 표현은 'cannot help ~ing', 'cannot but+동사원형', 'cannot help but+동사원형'으로 쓸 수 있다. 따라서 ④를 help worrying으로 고쳐야 한다.

찰리는 아내에게 위험하지 않다는 것을 확신시켰다. 하지만, 그녀는 걱정하지 않을 수 없었다.

17 ②

We'd는 We had의 줄임 꼴이며, had better 뒤에는 동사원형이 온다. ②를 ask로 고쳐야 한다.

확신할 수 없으므로, 과제가 무엇인지 학생 한 명에게 물어보는 것이 낫다.

18 ④

지금쯤 제인이 도착했어야 했는데, 도착하지 않았다고 했으므로, 제인이 버스를 '놓쳐야 하는' 것이 아니라, '놓쳤음이 틀림없다'고 해야 문맥상 적절하다. 따라서 '과거에 대한 단정'을 나타내는 must have missed로 ④를 고쳐야 한다.

지금쯤 제인이 도착했어야 했지만, 아직 도착하지 않았다. 따라서 우리는 그녀가 버스를 놓쳤음이 틀림없다고 결론을 내릴지도 모른다.

19 ①

이성적 판단의 형용사 important가 쓰인 경우, 진주어로 쓰인 that절의 동사 형태는 '(should) 동사원형'이 되어야 한다. 따라서 ①을 should be instructed로 고치거나 should를 생략한 형태인 be instructed로 고쳐야 한다.

지시받지 않았다면 고객에게 편의를 제공하는 것을 포함하여 아무것도 하지 않도록 도우미에게 알려주는 것이 중요하다.

20 ①

상대방이 그에게 도움을 준 이후로 계속 남에게 숙제를 의지하기 시작했다는 세미콜론 뒤의 내용으로 보아, ①은 과거 사실에 대한 유감을 나타내는 shouldn't have helped로 고쳐야 적절함을 알 수 있다.

네가 그를 도와주지 말았어야 했어. 네가 그에게 도움을 준 이후, 그는 숙제를 다른 사람들에게 의존하기 시작했어.

21 ②

제안·요구동사의 동사 뒤에 that절이 목적어로 올 경우 이 that절의 동사 형태는 '(should)+동사원형'이다. 따라서 ②를 should ask나 should를 생략한 ask로 고쳐야 한다.

메리가 시험 날에 몸이 아팠기 때문에 그녀의 아버지는 그녀에게 점수가 바뀌는지를 교수에게 물어볼 것을 제안했다.

---

22 ④

이성적 판단의 형용사 imperative 뒤의 종속절이므로 '당위의 조동사 should+동사원형' 혹은 동사원형이 와야 한다. 따라서 ④를 be included로 고쳐야 한다.

IAEA(국제원자력기구)의 권력은 신장되어야하며 이 분야에서 활동하는 국가들은 모두 그 체제에 포함되어야 하는 것이 필수적이다.

---

23 ②

need는 부정문과 의문문에서는 조동사로 쓰이는 반면, 문제에서와 같이 긍정문에서는 '일반 동사'로만 사용되므로 ②를 주어인 the anger에 맞게 needs로 고쳐야 한다.

희생자들이 화를 내는 것은 당연하며, 희생자들이 보다 정상적인 삶을 다시 시작할 수 있도록 그 사건에 대한 분노는 앞으로도 표출될 필요가 있다.

---

24 ④

이성적 판단의 형용사가 올 경우 that절속의 동사는 '(should)+동사원형'으로 쓴다. 따라서 ④의 would be를 should be로 고쳐야 한다.

이번 주 금요일 밤으로 예정됐던 새 쇼핑센터의 개장이 수해로 늦춰지는 것은 불가피하다.

---

25 ④

동명사의 관용구를 묻고 있다. cannot help 다음에는 동명사가 나오는 반면, cannot help but 다음에는 동사원형이 온다. 따라서 ④를 behave로 고쳐야 한다.

태양을 공전하는 행성이 케플러의 법칙을 따르지 않을 수 없듯이, 불변식을 따르는 프로그램은 예상할 수 있는 방식으로 작용하지 않을 수 없다.

---

26 ③

for는 이유를 나타내는 접속사로, it 다음에는 don't가 아니라 doesn't가 되어야 한다. 따라서 ③을 doesn't로 고쳐야 한다.

현재, 착수한 협상이 막바지에 이르고 있으나, 그 합의에 대한 전망은 암울한데, 왜냐하면 그 합의가 가난한 사람들에게는 많은 혜택을 주지 않기 때문이다.

---

27 ③

may는 조동사로 may 다음에는 동사원형이 와야 한다. 따라서 ③을 may be로 고쳐야 한다.

많은 학생들은 교과서 저자들이 사실에 해당되는 부분만을 다룬다고 생각한다. 그러한 일이 일부 과학 교과서에는 해당될 수 있을지 몰라도, 일반적인 교과서에서는 해당되지 않는다.

---

28 ③

since는 '이유'를 나타내는 접속사로 쓰였으므로, since 다음에는 완전한 절이 와야 하는데, 조동사 can에 대한 본동사가 없으므로 ③의 being을 be로 고쳐야 한다.

(철학의 질문에 대한) 어떠한 확실한 대답들도 일반적으로 사실인 것으로 알려질리가 없기 때문에, 철학은 철학의 질문에 대한 어떠한 확실한 대답을 위해서가 아니라, 질문 그 자체를 위해 연구되어야 한다.

---

29 ①

be able to 다음에는 동사원형이 오므로, ①을 play로 고쳐야 한다.

중국은 북한이 다른 이해관계자인 한국과 일본을 빼고 미국과의 양자회담만 고집하려는 입장에 타협하도록 영향을 미칠 수 있는 중요한 역할을 할 수 있을 것이라 생각된다.

---

30 ②

② 부사 yesterday는 명백한 과거시제인데, must는 과거시제를 나타낼 때 쓰지 않고, 대신 have to의 과거형인 had to를 쓰므로, must go를 had to go로 고쳐야 한다.

① 혹시라도 날씨가 좋다면, 나는 다시 시내에 올 것이다.
② 그녀는 탈수증세 치료를 위해 어제 병원에 가야 했다.
③ 사무실에서 당신 집까지 산책이나 할까요?
④ 청구서들이 제때 지불된다면, 그는 어떠한 이자도 낼 필요가 없다.

05 가정법

01 ④	02 ④	03 ②	04 ①	05 ③	06 ②	07 ④	08 ③	09 ③	10 ②
11 ②	12 ④	13 ④	14 ②	15 ①	16 ②	17 ③	18 ①	19 ②	20 ①
21 ④	22 ①	23 ④	24 ②	25 ②	26 ④	27 ②	28 ④	29 ①	30 ④

01   ④

If절에서 If를 생략하는 용법을 알고 있는지 묻는 문제이다. If절 내에 had, were, should가 있는 경우, If를 생략하고 도치시킬 수 있다. 따라서 ④의 should가 정답이다.

그 대표단이 그 공연을 본다면, 보수주의자들로부터 큰 반발을 살 것이다.

02   ④

I wish 다음에는 가정법 과거나 가정법 과거완료만 올 수 있으므로 ②와 ③은 빈칸에 들어갈 수 없다. at that time은 '그때', '그 당시'를 뜻하는 과거시점 부사이다. 빈칸에는 과거사실에 반대되는 소망을 나타내는 가정법 과거완료가 들어가야 하므로 ④의 had been이 반칸에 적절하다.

그 당시에 나의 꿈을 이해하는 데 있어 내가 보다 경험이 풍부했다면 좋을 텐데.

03   ②

next year가 미래의 일임을 말해주지만 조건의 부사절(if절)에서는 미래를 현재 시제로 나타내며 또 주어가 단수 명사인 price이므로 빈칸에는 ②가 적절하다.

내년에 바나나 가격이 2달러로 급등하면, 그 나라의 1인당 국민소득이 4천 달러를 넘게 될 것이다.

04   ①

'권고'의 뜻을 가진 동사 recommend 다음에 온 that절의 동사는 '(should) 동사원형'이 와야 한다. 따라서 보기에 should가 없으므로, 동사원형이 온 ①의 bring이 빈칸에 적절하다.

그들은 그녀가 변호사를 선임할 것을 권고했지만, 그녀는 변호사를 선임할 형편이 되지 못했다.

05   ③

주절에 would have p.p.가 나왔으므로 가정법 과거완료가 쓰였음을 알 수 있다. 따라서 if절에도 가정법 과거완료가 와야 하므로 If I had had

가 빈칸에 들어가야 한다. 그리고 가정법절에서 if를 생략할 경우 조동사 인 had가 문두로 가서 Had I had가 되므로 ③이 정답이다.

느긋하게 앉아 내가 내린 결정을 곰곰이 생각해 볼 시간이 충분히 있었더라 면, 나는 실수를 깨달았을 텐데.

06   ②

가정법 과거완료는 과거의 사실에 대한 가정이므로, that절의 시제는 과거시제가 되어야 한다. 따라서 ②의 was가 빈칸에 적절하다.

내가 쓰레기를 치우는 것이 나의 아내에게 섹시하다는 것을 내가 알았더라면, 나는 하루에 두 번 쓰레기를 치웠을 텐데.

07   ④

뉴욕시의 문제에 몬태나 주의 농부에게는 발언권이 없는 것이 사실이므로 현재 사실의 반대를 가정하는 가정법 과거가 적절하고 it이 주어이므로 수동태가 적절하다. 따라서 빈칸에는 조동사 would를 사용하고 be seen으로 표현한 ④가 적절하다.

뉴욕시에 필요한 지하철의 수를 결정하는 데 있어 몬태나 주의 농부가 발언 권을 갖고 있다면, 그것은 불합리하게 여겨질 것이다.

08   ③

otherwise를 기준으로 otherwise 앞에는 직설법 시제, 뒤에는 가정법 시제가 온다. 문제에서는 otherwise 앞에 직설법 과거시제가 왔으므로, otherwise 뒤에는 가정법 과거완료시제가 와야 한다. 따라서 빈칸에는 ③의 would have been이 빈칸에 적절하다.

드류 브리스(Drew Brees)는 2019년에 엄지손가락 부상으로 5경기를 결장 했다. 그렇지 않았다면, 그는 강력한 MVP 후보가 되었을 것이다.

09   ③

if절이 가정법 현재이므로, 주절에는 '조동사+동사원형'이 와야 한다. 따라서 ②와 ④는 빈칸에 들어갈 수 없다. 문맥상 케이크를 '먹었던' 것에 대해 후회할 것이므로 과거에 했던 일을 후회하는 'regret ~ing' 형태가 와야 한다. 따라서 ③ will regret eating이 빈칸에 적절하다.

만일 당신이 그 케이크의 칼로리를 생각한다면, 당신은 그 케이크를 먹었던 것을 후회할 것이다.

10 ②

혼합가정법은 과거에 있었던 일의 결과가 현재까지 영향을 미치는 것을 가정하는 것으로, if절에 과거완료시제가 온 반면, 주절에는 now가 있으므로 혼합가정법이 쓰였음을 알 수 있다. 혼합가정법의 경우 주절은 가정법 과거완료시제가 아니라 가정법 과거시제를 사용하므로, ④가 아닌 ②가 빈칸에 들어가야 한다.

만일 우리가 우리의 생산목표를 일찍 정했더라면, 많은 고객들이 지금 시간과 돈을 절약할 텐데.

11 ②

'그는 내가 필요할 때 도움을 주지 않았다'라는 첫 번째 문장의 내용에서 단서를 찾을 수 있다. 만약 그가 진정한 친구였다면 도움을 줬을 거라는 맥락이므로, 가정법 과거완료의 주절에 쓰이는 동사 형태가 적절하다. 따라서 ②가 정답이다.

그는 내가 그를 필요로 할 때 도와주지 않았다. 진정한 친구였다면 다르게 행동했을 것이다.

12 ④

if절의 주어가 he인데도 were이므로 가정법 과거로 주절의 동사는 '조동사 과거형+동사원형'인 would need가 되어야 하고 동사원형 다음에 다시 동사원형이 올 수 없으므로 to부정사가 이어진 ④가 정답이다. be to용법 중 '~하고자 하다(wish to)'의 be동사가 가정법으로 were가 된 것이다.

만일 그가 성공의 기회를 갖고자 한다면 그는 런던으로 이사 가야 할 것이다.

13 ④

치퀴타라는 사람이 나의 엄마이면 좋겠다는 '현재사실'에 반대되는 소망이므로, 빈칸에는 현재사실에 반대되는 일을 가정하는 가정법 과거가 들어가야 한다. 따라서 ④는 were로 고쳐야 한다.

치퀴타는 이 세상에서 가장 사랑스러운 사람이다. 그녀가 나의 엄마이면 좋으련만.

14 ②

if절이 가정법 현재이므로, 주절 역시 가정법 현재에 해당하는 'will[can, may]+동사원형'의 어순이 와야 한다. 문맥상 '결혼하게 될 것이다'가 되어야 하므로, ②를 will tie로 고쳐야 하며, 참고로 tie the knot with는 '~와 결혼하다'는 표현으로 쓰였다.

만약 당신이 누군가의 볼에 입맞춤 한다면, 당신은 언젠가 그 사람과 결혼하게 될 것이다.

15 ①

주절의 동사 형태가 '조동사의 과거형+have p.p.'이므로 가정법 과거완료의 문장이며, 따라서 조건절의 동사는 'had + p.p.'가 되어야 한다. 따라서 ①을 had signed로 고쳐야 한다.

만약 처음에 계약을 했더라면, 그들은 법정 싸움을 피했을 지도 모른다.

16 ②

조건절에 동사의 과거형 contented가 왔으므로 가정법 과거의 문장이다. 따라서 주절의 동사의 형태는 '조동사의 과거형 + 동사원형'이어야 한다. 이어서, 명사 step과 동사 take의 관계를 살펴보면, 조치는 스스로 취하는 것이 아니라 누군가에 의해 '취해지는 것'이므로 수동 관계이다. 따라서 ②를 be taken으로 고쳐야 한다.

그가 그 일을 하는 것에 만족한다면, 그와의 거래에서 아무런 조치도 취해지지 않을 텐데.

17 ③

that 이하가 당위의 의미를 가진 명사 suggestion의 동격절이므로, that절에는 '주어+(should)+동사원형'이 적절하다. 따라서 ③ should be나 should를 생략한 be로 고쳐야 한다.

판사는 그 죄수가 사형을 선고받아야 한다는 제안에 동의했다.

18 ①

조건절은 과거사실의 반대를 가정하고 있으므로 가정법 과거완료 시제로 쓰고, 주절은 현재의 내용이므로 가정법 과거시제로 쓴다. 따라서 ①을 had studied로 고쳐야 한다.

메리가 작년에 시험을 위해 더 열심히 공부했다면, 그녀는 지금 나를 위해 유능한 의사로 일하고 있을 텐데.

19 ②

주절에 가정법 현재가 쓰였으므로, if절에는 가정법 현재에 해당하는 현재동사나 동사원형이 와야 한다. 따라서 ②를 play로 고쳐야 한다.

스피커의 소리를 너무 크게 하면 왜곡된 소리가 날 것이고, 심지어 스피커에 손상이 갈 수도 있다.

20 ①

wish 뒤에는 가정법 동사가 와야 한다. ①은 현재완료 시제의 형태이므로 적절하지 않으며, 가정법 과거 완료의 형태로 표현해야 하므로 'had+과거분사'의 표현이 와야 한다. 따라서 'had given'으로 써야 옳은 문장이 된다. the decision은 동명사 being의 의미상 주어이며, 사물이므로 목적격으로 나타낸 것이다.

우리는 위원회가 결정을 내리기 전에 일반인들에게 의견을 개진할 수 있는 기회를 줬으면 좋겠다고 생각했다.

21 ④

당위성을 나타내는 표현(suggestion, recommendation 등) 뒤에 이어지는 that절에는 '(should) + 동사원형'이 와야 한다. 따라서 ④를 should attend나 attend로 고쳐야 한다.

수습사원은 한 학기 동안 특별 야간 수업에 참석해야 한다는 것이 최종 권고사항이었다.

22 ①

주절이 가정법 과거완료의 형태이므로 ①을 가정법 과거완료의 if절에 해당하는 If it had not been for(~이 없었다면)나 if를 생략한 Had it not been for로 고쳐야 한다.

비상시에 아이 봐주는 사람이 없었다면, 그들은 어젯밤에 록 콘서트에 가지 못했을 것이다.

23 ④

even though 앞의 동사 형태를 살펴보면, 과거 사실의 반대를 가정하는 가정법과거완료가 쓰였음을 알 수 있다. even though 이하의 내용에는 직설법 표현이 쓰여야 하며, 과거의 내용에 대한 진술이므로 ④의 disagrees는 disagreed로 써야 한다.

만일 이자가 좀 더 낮았다면, 비록 다른 몇몇 조건에 동의하지 않았더라도 그는 은행의 제안을 받아들였을 것이다.

24 ②

authority 다음에 had he not been이 이어지는 것으로 보아 가정법 과거완료가 쓰였음을 알 수 있으며, had he not been은 if가 생략되어 도치된 것이다. 따라서 주절의 동사에 해당하는 have lacked를 가정법 과거완료의 주절 형식에 맞추어 would have lacked로 고쳐야 한다. 대체로 조건절에서 if가 생략된 표현이 문두에 오면 문장 구조를 쉽게 파악할 수 있는 데 반해, 문장 중간에 위치하면 어떤 문장인지 파악하는 게 쉽지 않으므로 잘 익혀두어야 하는 문제. ① '일그러진'이란 의미의 형용사다. ④ if he had not been able to produce ~에서 if가 생략되면서 도치가 일어나, had he not been able to produce ~'가 된 것이다.

피카소가 자신의 청색시대의 차분한 걸작들을 그려낼 수 없었다면, 피카소의 작품 속의 왜곡되고 정형화된 얼굴들은 권위를 잃었을 것이다.

25 ②

important와 같이 '필연·당연'을 뜻하는 형용사 다음에 온 that절의 동사는 'should 동사원형'이나 '동사원형'이 와야 한다. 따라서 ②를 should understand나 understand로 고쳐야 한다.

우리는 우리의 일상적인 틀을 바꾸지 않을 것인데, 왜냐하면 우리 개개인이 그 역할과 모든 상황에서 우리들 각자에게 기대되는 것을 이해하는 것이 중요하기 때문이다.

26 ④

if절에 had p.p. 형태가 온 것을 통해 가정법 과거완료가 쓰였음을 알 수 있다. 따라서 ④를 가정법 과거완료의 주절 형태인 wouldn't have been으로 고쳐야 한다.

나의 부모님은 부모님께 도움을 주셨던 훌륭한 사람들을 만날 정도로 매우 운이 좋으셨다. 만일 나의 부모님이 이런 분들을 만나지 못했더라면, 나는 태어나지도 못했을 것이다.

27 ②

must의 과거는 had to, must의 미래는 will have to로 쓴다. 따라서 ②를 will have to로 고쳐야 하며, if절에서 if가 생략된 가정법 미래가 쓰였으므로 주절에 will이 맞게 왔다.

만일 그 소셜네트워크가 그 나라를 데이터 센터 구축장소로 선택한다면, 그 회사는 개인정보에 관해 그 나라의 규칙을 따라야 할 것이다.

28 ④

혼합가정법을 알고 있는지 묻는 문제이다. 과거의 일이 지금까지 영향을 미치고 있음을 암시하는 것으로 If절은 가정법 과거완료를, 주절은 가정법 과거를 써야 한다. 따라서 ④의 could have been을 could be로 고쳐야 한다.

내 전 남자친구가 또 금융뉴스에 나왔어. 그는 주식시장에서 4천만 달러를 또 벌었대. 내가 그 남자와 결혼했다면, 지금 인생을 즐기며 살고 있을 텐데.

29 ①

if절에 가정법 과거완료시제가 온 반면, 주절에 today가 왔으므로 혼합가정법이 쓰였음을 알 수 있다. 혼합가정법에서 주절의 시제는 '가정법 과거'가 되어야 하므로 ①을 be intact로 고쳐야 한다. 참고로 문제에서 동사 insisted는 '당위성'을 나타내는 것이 아니라 '사실'을 주장하는 것이므로 ③의 was는 맞는 표현이다.

만일 그들이 무지를 인정만 했더라면, 미국 공산당은 오늘날 온전히 있을 텐데. 그러나 대신 그들은 독소불가침조약이 평화에 큰 기여를 했다고 주장했다.

30
④

It is time 뒤에는 that이 보통 생략되는데, that절의 동사는 항상 가정법 과거시제이다. 따라서 ④에서 the public stops를 the public stopped로 고쳐야 한다.

① 그 남자는 가발을 한 개 이상 갖고 있어야 한다.
② 내가 그들에게 해줄 지혜로운 말들이 있다면 좋을 텐데.
③ 당신은 마치 그와 동년배인 것처럼 말한다.
④ 대중이 이런 한물간 과학에 자금 지원을 중단해야 할 때이다.

06 부정사

01 ②	02 ④	03 ③	04 ④	05 ④	06 ③	07 ①	08 ④	09 ②	10 ③
11 ①	12 ①	13 ①	14 ②	15 ③	16 ①	17 ②	18 ④	19 ④	20 ④
21 ②	22 ③	23 ④	24 ②	25 ①	26 ③	27 ③	28 ①	29 ③	30 ②

01   ②

a state는 부정사 to survive의 의미상 주어이므로 ②의 전치사 For가 적절하다.

한 국가가 지나가는 역사의 순간 이상을 생존하려면, 그 국가는 거주민들의 충성심이 있어야 한다.

02   ④

부정사의 의미상 주어로 쓰이는 for나 of는 전치사로 이들 전치사 다음에는 소유격인 their가 아니라 목적격인 them이 와야 한다. 따라서 their가 쓰인 ①과 ②는 빈칸에 부적절하며, 일반적으로 의미상 주어는 'for+목적격'이 쓰이지만, wise와 같이 사람의 '성질'을 나타내는 형용사 다음에는 'of+목적격'이 쓰이므로, ④의 of them이 빈칸에 적절하다.

그들이 자미르 깁스를 이번 고려 대상에 포함시키는 것은 매우 현명했는데, 왜냐하면 그가 축구장에서 놀랄만한 영향력을 가진 사람이었기 때문이다.

03   ③

need가 5형식 동사로 쓰인 구조이다. 목적어와 목적보어의 의미관계가 능동이므로, to부정사가 목적보어로 와야 하며, 문맥상 you가 take care of하는 행위의 주체이므로 부정사도 능동형이어야 한다.

네 여동생은 너무 어려서 자신을 돌볼 수 없으니 네가 보살펴 주었으면 한다.

04   ④

urge는 목적어 뒤에 to 부정사가 목적보어로 오며, to 부정사를 부정할 때는 부정사 앞에 not이 위치한다. 따라서 이 형태를 갖춘 ④가 정답이며, to 이하는 주절의 wear her red dress to her job interview가 중복되어 생략되었다.

그녀의 여동생이 그녀에게 그러지 말라고 충고했음에도 불구하고, 그녀는 취업 면접에 빨간색 드레스를 입고 나갔다.

05   ④

빈도부사인 often은 일반동사 앞에 오므로 ①과 ③은 빈칸에 들어갈 수 없으며, find의 목적격 보어가 difficult, 목적어가 to strike a work-life balance인데, 목적어가 길어서 문미에 위치했으므로, 목적격 보어 앞에 가목적어 it이 나와야 할 것이다. 따라서 ④의 often find it이 빈칸에 들어가야 한다.

한국은 흔히 직장여성이 일과 생활의 균형을 맞추기 어려운 지극히 남성위주의 사회이다.

06   ③

resolution과 같이 '의지'가 포함된 명사는 to 부정사만을 동격어구로 하므로, of로 시작하는 ①과 ④는 빈칸에 들어갈 수 없다. reveal은 3형식으로 쓰이는 타동사로, ②가 들어갈 경우, 3형식 동사 reveal 다음에 the audience와 that절, 즉 두 개의 목적어가 와서 틀렸다. 따라서 reveal 다음에 전치사 to를 붙이면, to the audience라는 부사구가 되어 reveal이 that절을 목적어로 받을 수 있으므로 ③이 정답이다. 참고로 이 문장은 most of whom had no idea 관계절이 삽입된 형태이다.

라리사 마티네즈(Larissa Martinez)는 자신이 허가받지 않고 미국에 살고 있는 이민자라는 것을 청중에게 밝히기로 굳게 결심했는데, 이들 대부분은 (이에 대해) 전혀 모르고 있었다.

07   ①

부정사의 관용표현인 so as to(~을 위해)의 부정은 so as not to이므로 ①이 정답이다.

유아복은 유아의 연약한 피부에 염증이 생기지 않도록 재질이 부드러워야 한다.

08   ④

'5형식 동사+목적어+목적보어' 구문에서 목적어가 부정사인 경우 가목적어 it을 대신 쓰고 진목적어는 뒤로 이동한다. 따라서 ④가 정답이다.

축음기, 테이프기록기, 컴퓨터 덕택에 자료를 편리하고 정확하게 저장하는 것이 더 쉽게 가능해졌다.

06 부정사   241

09 ②

workers 이하가 이미 완전한 형태의 문장이므로, 빈칸에는 부사구나 부사절을 완성시키는 표현이 필요하다. 부사적 용법(목적)의 부정사구를 만드는 ②가 정답이다.

벽돌을 만들기 위해, 작업자들은 진흙을 눌러 덩어리를 만들고 필요한 만큼 단단해질 때까지 그것들을 가마에서 구워낸다.

10 ③

부정사의 의미상 주어는 일반적으로 전치사 for를 쓰지만, polite와 같이 사람의 '성품'을 나타내는 형용사 뒤에 to부정사가 올 경우, to부정사의 의미상 주어로 '전치사 of'를 쓴다. 따라서 ②와 ④는 빈칸에 적절하지 않으며, 동명사는 to부정사와는 달리, 가주어 it에 대한 진주어 역할을 하지 못하므로, 빈칸에 부적절하다. 따라서 of you가 to come의 의미상 주어로 온 ③이 정답이다.

차로 당신의 집에 가기 전에 나한테 와준 것은 정말 정중했다.

11 ①

③은 It is selfish와 anyone 이하가 연결되지 않아 틀렸다. ②와 ④는 selfish가 사람의 성질을 나타내는 형용사여서, 부정사의 의미상 주어를 of~로 써야 하므로 틀렸다. ① 부정사의 의미상 주어를 따로 표시하는 경우, 의미상 주어를 for~를 쓰는 경우와 of~를 쓰는 경우가 있는데, 사람의 성품을 나타내는 형용사가 주절의 보어로 쓰일 때는 of~를 쓰므로 ①의 of anyone to take가 빈칸에 들어가야 한다.

어느 누구라도 다른 사람의 행복을 빼앗는 것은 이기적이다.

12 ①

가주어 it에 호응하는 진주어 부정사구가 필요하며, 부정사의 의미상 주어는 'for+목적격'으로 나타낸다.

그녀는 정시에 오는 것이 때때로 힘들다고 말했다.

13 ①

형용사 considerable은 '중요한, 적지 않은, 상당히 큰'이란 뜻이므로 문맥상 적절치 못하다. 이를 '이해심 많은, 동정심 많은, 신중한, 생각이 깊은'의 considerate로 고쳐야 의미가 통하는 문장이 된다. ② to부정사의 의미상 주어이며, 사람의 성격을 나타내는 형용사 considerate가 쓰였으므로 앞에 for가 아닌 of를 썼다. ④ send를 수식하는 부사다.

당신이 나에게 그렇게 빨리 정보를 보낸 것은 사려 깊은 행동이었다.

14 ②

주어진 문장에서 hurried를 본동사로 보아야 하므로, 접속사 없이 시제를 가진 동사 found가 또 와서는 안 된다. 따라서 only found를 but only found로 고치거나 부사적 용법(결과)의 부정사 only to find로 고쳐야 한다. ① hurry가 '급히 가다'라는 의미의 동사로 쓰였다. ③ '개회의' '시작의'라는 뜻의 형용사다. ④ 개막식이 시작된 시점이 한 시제 앞선 것임을 표시해주는 과거완료 표현이다.

나는 식장으로 급히 서둘러 갔으나 개막식이 이미 시작되었음을 알게 되었다.

15 ③

too ~ to 구문에 이미 부정의 의미가 있으므로, 부정의 의미가 중복되지 않도록 nothing을 anything으로 고쳐야 한다. ② 주절의 동사 came이 완전자동사로 쓰였으므로, ②는 주어의 상태를 설명 하는 이른바 '유사보어'가 된다. 주어가 사람이므로, '지친'이란 의미가 되도록 exhausted를 쓴 것이다.

어느 날 저녁 나는 소파에 쓰러지는 것 외에는 아무것도 할 수 없을 만큼 지친 채로 집에 왔다.

16 ③

부정사를 부정할 때는 to 앞에 not이 온다. 따라서 ③을 not to로 고쳐야 하며, 이때 not to complain ~은 동사 told의 목적격 보어로 쓰였다.

그 문제는 그에게 몹시 중요해서, 그는 그의 불참에 대해 불만을 갖지 말라고 그의 친구들에게 말했다.

17 ②

주절 동사의 주어와 to 부정사의 의미상 주어가 일치하지 않을 때 to 부정사 앞에 'for+(대)명사'를 써서 의미상 주어를 나타내므로 ②를 for로 고쳐야 한다. 참고로 '서로'의 의미를 나타낼 때 둘 사이에서는 each other, 세 사람 이상의 사이에서는 one another를 사용하므로 ④는 맞는 표현이다.

유튜브는 젊은이들이 그들의 현대적인 시를 서로 공유하는 주요 매체인 것처럼 보인다.

18 ③

plan은 to부정사만을 동격어구로 하는 명사이므로 ③을 to rob으로 고쳐야 한다.

아니엘로의 막대한 재산을 알아낸 그 마법사들은 그의 상당한 재산을 그에게서 빼앗을 계획을 구체적으로 세웠다.

19 ④

'형용사+enough+to 부정사' 구문에서 '형용사+enough' 뒤에는 to부정사가 와서 정도를 나타내므로, ④를 to destroy로 고쳐야 하며, 이때 he says는 삽입절이다.

스타이셀 씨가 브루클린 해군 조선소에 건설하겠다고 제안한 그 소각로들은 다이옥신을 없앨 정도로 충분히 뜨거울 것이라고 그는 주장한다.

20 ④

cause는 to부정사를 목적보어로 취하는 타동사이므로 ④ immigrate를 to immigrate로 고친다.

대부분의 유럽 국가들은 그 전쟁 후에 유대인 난민들을 받아들이지 않았고, 그로 인해 많은 유대인들이 다른 곳으로 이주하게 되었다.

21 ②

사역동사 make의 목적보어로는 원형부정사가 와야 하므로 ②의 to run을 run으로 고친다.

예술가로서, 우리를 움직이게 하는 것은 더 적은 불안과 더 적은 공허감, 그리고 최소한의 성가심으로 우리의 인생을 보다 순조롭게 나아가게 하려는 욕구이다.

22 ③

동사 need는 능동형 수동동사로 need 다음에는 ~ing가 오거나 to be p.p.가 와야 한다. 따라서 ③을 repairing이나 to be repaired로 고쳐야 한다.

공장의 일부는 여전히 사용이 가능했지만, 최대생산능력으로 원상복구 시키기 위해서는 일부 전기장비가 수리될 필요가 있었다.

23 ④

a daily fee까지 완전한 문장을 이루고 있다. 그 이하에는 문맥상 목적을 나타내는 표현이 오는 것이 적절한데, 이러한 표현은 주로 'to 부정사'로 표현한다. 따라서 ④의 breaking labor를 break labor로 고쳐야 옳은 문장이 된다.

앨런 핑커튼은 무장 시민단체를 조직했는데, 이들이 하는 일은 일당을 주고 고용주들이 노조의 파업을 진압하는 데 쓰이는 것이었다.

24 ②

cruel과 같은 사람 성품형용사는 부정사의 의미상 주어로 'of+목적격'이 와야 한다. 따라서 ②를 of her로 고쳐야 한다.

그와 그의 아내 사이에 무슨 일이 일어났든 간에, 그의 아내가 그가 아주 좋아했던 어린 자녀들로부터 그를 떼어놓은 것은 잔인한 일이라고 나는 생각한다.

25 ①

'~하지 않을 수 없다'의 관용적 표현은 'have no choice but to 동사원형'의 어순을 취하므로 ①을 to sue for로 고쳐야 한다.

영국의 국왕 존은 모반세력들에게 화평을 청하지 않을 수 없었다. 6월 15일에 템스 강 기슭에 있는 러니미드에서 조인된 평화조약은 마그나카르타(대헌장)라고 불렸다.

26 ③

need가 조동사로 쓰일 때와 일반동사로 쓰일 때를 각각 구분해서 쓸 수 있는지를 묻는 문제이다. need가 부정문과 의문문에서는 조동사로 사용되지만, 긍정문에서는 all과 only와 함께 쓰일 경우를 제외하고는 일반동사로 쓰여서 목적어로 to 부정사를 취한다. ③ 앞의 need는 일반적인 긍정문에 쓰인 것이므로, ③의 understand를 to understand로 고쳐야 한다.

각 세대는 경험이라는 유산을 다음 세대에 물려준다고 믿게 되어, 게이 테일즈는 자기 자신을 이해하기 위해서는 조상의 세계를 이해할 필요가 있다고 느꼈다.

27 ③

타동사의 목적어 중 부정사만을 목적어로 취하는 동사를 알고 있는지 묻는 문제이다. ③ 앞의 동사 decide는 부정사만을 목적어로 취한다. 따라서 ③의 putting an end to를 to put an end to로 고쳐야 한다.

거의 모든 사람들이 교도소로 보내졌다. 그러나 정부는 양심적 병역 거부자들이 대체 군복무를 수행하도록 허용함으로써 최근 이러한 비극을 끝내기로 결정했다.

28 ①

the first ~는 to 부정사로 수식한다. 따라서 ①을 to visit으로 고쳐야 한다. 이 때 launch, commemorate, find 앞에는 to가 생략된 것으로 파악할 수 있다.

그는 이슬람 사원을 방문하고, 홈페이지를 열고, 아우슈비츠 학살을 기념하고, 심지어 그의 선임자들 전체가 찾아냈던 것보다 많은 성직자를 낙후지역에서 찾아낸 최초의 교황이었다.

29 ③

부정사의 명사적 용법 중 보어를 나타내는 'prove to 부정사'를 알고 있는지 묻는 문제이다. 문맥상 동사 prove의 보어역할을 하며, '~으로 판명나다, ~임이 밝혀지다'라는 뜻을 사용하고자 할 때는 동사 prove 뒤에 to 부정사가 와야 한다. 따라서 ③의 to being을 to be로 고쳐야 한다.

우리는 관련 당사자들이 철저한 준비를 해서 그 프로젝트가 세계에서 가장 잘된 도시개발계획으로 판명 나도록 하여, 일본의 Roppongi Hills와 영국의 Canary Wharf를 능가할 것을 촉구한다.

---

30 ②

사망보도는 이미 일어난 사망사건에 대한 보도이므로 to부정사의 시제가 was reported의 시제보다 앞서야 한다. 따라서 ②의 to die를 완료부정사인 to have died로 고쳐야 한다. ① forbid는 능동태에서 목적보어로 'to부정사'가 온다. ③ 'expect+목적어+to부정사'의 수동태이다. ④ 'make+목적어+원형동사'의 수동태이다.

① 은행은 더 이상 서브프라임 대출을 해주지 못하게 금지되었다.
② 그는 경찰관들에게 구타당한 후 곧바로 죽은 것으로 보도되었다.
③ 그는 반드시 그녀가 필요로 하는 모든 것을 갖게 해줄 것으로 기대되었다.
④ 선수들은 관중들의 눈에 어리석어 보이게 되었다.

07 동명사

01 ②	02 ③	03 ②	04 ③	05 ①	06 ④	07 ③	08 ①	09 ③	10 ②
11 ③	12 ③	13 ④	14 ④	15 ④	16 ①	17 ④	18 ③	19 ①	20 ①
21 ③	22 ①	23 ③	24 ④	25 ②	26 ②	27 ④	28 ④	29 ④	30 ①

01 ②

'동명사 and 동명사'의 구조가 주어로 오는 경우에는 복수로 취급한다.

골프를 치고 브릿지를 하는 것이 그가 쉬는 방법이다.

02 ③

spend 다음에 '시간이나 돈'과 같은 명사가 올 경우, 그 명사 뒤에 '(in) ~ing'가 오거나 'on 명사'가 올 수 있다. 보기 모두가 동사이므로 빈칸에는 in seeking이 와야 하며, 이때 전치사 in은 생략될 수 있으므로 ③ seeking이 정답이다.

전통적인 부모들은 자녀들의 행복을 추구하는데 그들의 인생 중 대부분의 시간을 보냈다.

03 ②

문장의 주어 역할을 하면서 one's work properly를 목적어로 취해야 하므로, 부정사 혹은 동명사가 필요하다. 문맥상 부정의 의미가 되어야 하므로 ②의 Not doing이 빈칸에 적절하다.

자신의 일을 올바로 하지 않는 것은 그것을 전혀 하지 않는 것보다 더 나쁠 수도 있다.

04 ③

it is no good 뒤에는 동명사가 온다. 따라서 ③의 telling이 정답이다. It is no good[use] + ~ing는 관용적 표현으로 '~해도 소용없다'는 뜻으로 쓰인다.

네가 잃어버린 돈에 대해 나에게 말해봐야 아무 소용이 없다.

05 ①

'stop+동명사'는 '~하는 것을 그만두다'라는 의미이고 'stop+to부정사'는 '~하기 위해 멈추다'라는 의미이다. 문장의 의미상 동명사가 와야 적절하다.

나는 그 소년에게 우는 것을 멈추라고 말했다.

06 ④

confess 뒤에 쓰인 to는 전치사이므로 목적어 자리에 동명사가 와야 하는데, 자백한 시점보다 책을 훔친 시점이 먼저이므로 완료 동명사가 요구된다.

마크는 선생님께 꾸지람을 듣고 나서 마침내 그 책을 훔쳤다고 자백했다.

07 ③

resent는 목적어로 동명사를 취하며, 동명사의 의미상의 주어는 소유격이므로 ③이 정답이다.

나는 더 이상 어린 소녀가 아니었고, 그녀가 나를 어린 소녀로 대하는 것에 대해 약간 화가 났다.

08 ①

mind는 동명사를 목적어로 취하는 동사다.

그녀는 공부를 하려고 하는 동안 그들이 TV를 보는 것을 개의치 않는 것 같았다.

09 ③

have trouble은 '~하느라 애를 먹다'라는 표현으로 쓰일 때 'in+동명사'나 in을 생략한 '동명사' 형태만 올 수 있으므로, ②는 빈칸에 올 수 없다. ④는 in 다음에 동명사가 온 것은 맞지만, 수동태가 되어 빈칸 이하를 목적어로 받을 수 없으며, ①은 전치사 in이 생략된 형태로, ④와 같은 이유로 빈칸에 부적절하다. 반면 ③은 have trouble in ~ing에서 in이 생략된 동명사 형태가 되며, 빈칸 이하를 목적어로 받을 수 있으므로 정답이다.

정규직 직장을 다니는 사람들은 아르바이트를 위해 충분한 여분의 시간을 내는데 어려움을 겪는다.

10 ②

동명사의 의미상 주어는 원칙적으로 소유격이 되어야 하므로, 목적격이 온 ③은 빈칸에 적절치 않으며, 동명사를 부정할 때는 동명사 앞에 부정어를 두어야 하므로 ②의 his not coming이 빈칸에 적절하다.

우리 모두는 그가 우리 곁으로 돌아오지 않는 것을 결코 이해하지 못할 것이다.

11 ③

동명사의 의미상 주어를 묻고 있다. 동명사의 의미상 주어는 소유격을 원칙으로 하지만, 무생물이 동명사의 의미상 주어일 경우 소유격이 아닌 목적격을 사용한다. 따라서 소유격이 온 ①과 ④는 빈칸에 부적절하다. 차는 견인되는 객체이므로 수동형 동명사 being towed가 빈칸에 적절하므로 ③이 정답이다.

교회 밖 잔디에 주차하는 것은 해당 차량이 견인되고 벌금을 물게 될 수 있다.

12 ③

advise는 to부정사를 목적보어로 취하고 quit은 동명사를 목적어로 취한다.

어머니는 내 건강 때문에 담배를 끊으라고 나에게 충고하셨다.

13 ④

전치사 in 다음에 명사나 동명사가 올 수 있으므로, ④의 use는 전치사의 목적어로 적절하지만, 이어지는 their power와 use가 호응하지 않는다. 따라서 ④를 동명사인 using으로 고쳐야 한다.

국회의원들이 그들의 권력을 사용하는 데 있어 조심스럽게 진행할 필요성을 인정해야 할 때이다.

14 ④

동명사의 기능 중 전치사의 목적어로 쓰이는 관용적 표현 'be opposed to ~ing'를 알고 있는지 묻는 문제이다. ④의 restructure를 restructuring으로 고쳐야 한다.

해임된 카젬 바지리 석유장관은 업계를 구조조정 하는 것에 엄청 반대하는 것으로 알려져 있다.

15 ④

become 앞의 to는 전치사이므로 ④를 becoming으로 고친다. 참고로 essential이 '가주어-진주어 구문(it ~ to)'에 사용될 경우 to는 전치사가 아니라 to부정사의 to이므로 동사원형이 오게 된다. ex.) Health is essential to happiness./ It is essential to study English.

경쟁심을 갖는 것은 꽤 도움이 되며, 심지어 인생에서 성공하는 데 필수적인 것으로 여겨진다.

16 ①

of 뒤에는 'to부정사'가 아니라 '동명사'가 이어져야 하므로 her to stay를 her staying으로 고쳐야 적절한 표현이 된다. 이때 her는 동명사 staying의 의미상 주어이다. ② '미국'은 국가명 앞에 정관사를 붙이는 국가에 속한다. ③ for는 기간을 나타내는 전치사이고, 'another+단수명사'이므로 옳은 표현이다.

제인(Jane)의 아버지는 그녀가 석사학위 취득을 위해 공부하기 위해 미국에 한 해 더 머무르는 것을 허락했다.

17 ④

전치사 without의 목적어로 동사가 올 수 없다. 전치사의 목적어로는 명사나 동명사가 와야 하는데, 동사 refer가 왔으므로, ④를 동명사인 referring으로 고쳐야 한다.

연설을 간략하게 만들어 메모한 것을 참조하지 않고 연설할 수 있을 정도로 충분히 숙지할 때까지 그 연설을 반복적으로 연습해라.

18 ③

동명사의 관용표현을 묻고 있다. '~해야 소용없다'는 표현을 나타날 때는 'It is no use ~ing'라고 쓰므로, ③의 to try를 trying으로 고쳐야 한다.

당신은 어떤 감정을 사랑이라 부르고 싶지만, 이러한 감정을 사랑이라고 단순히 묘사함으로써 이 감정을 전달하려고 노력해봐야 소용없다.

19 ①

devotion 다음의 to는 전치사 to이므로 그다음은 명사나 동명사가 와야 한다. 따라서 ①을 to saving으로 고쳐야 한다. ② 사역동사 make의 목적보어로 원형동사 think이다. ③ when ~ing는 '~할 때'이다. ④ help 동사의 목적보어로는 원형동사(save)와 to부정사(to save)가 모두 가능하다.

돈을 아끼는 것에 대한 그의 헌신이 내가 충동구매를 할 때 다시 생각해보게 만들었으며, 이것이 내가 상당한 돈을 저축하도록 도와주었다.

20 ①

require의 주어는 stopping이며, 동명사가 주어일 경우 동사는 단수로 하므로 ① require를 requires로 고쳐야 한다.

이런저런 위협적인 현상들을 막으려면 인류를 괴롭히는 문제들을 해결하고자 하는 전 세계의 일치된 노력이 필요하다.

21 ③

deserve는 수동의 의미를 가지는 능동형 동사이므로, deserve 다음에는 punishing이나 to be punished가 오는데 여기서는 뒤의 과거분사 sent와 and로 연결되므로 ③은 to be punished가 되어야 한다.

우리들 대부분은 총을 쏜 사람이 잘못이며, 처벌을 받고 감옥에 가야 마땅하다고 결론을 내리는 데 전혀 문제가 없으며, 그는 실제로 벌 받아 감옥에 갔다.

22 ①

look forward to는 '~를 고대하다'하는 뜻으로 쓰이며, 이때 to는 전치사이므로 to 다음에 (동)명사가 와야 한다. 따라서 ①을 to continuing으로 고친다.

이사회는 국제 경제가 직면한 난제를 해결하기 위해 전무이사와 함께 계속 일하게 되기를 고대한다.

23 ③

동명사의 의미상 주어는 소유격이 원칙이지만, 의미상 주어가 부정대명사일 경우 소유격을 쓰지 않고 그대로 두므로 ③을 everyone referring으로 고쳐야 한다.

처음에는 사진을 공유하는 것에 조심스러웠지만, 나는 전 세계 친구들과 즉시 연결되는 것에 익숙해졌으며, 모든 사람들이 나를 어리게 보는 것에 익숙해졌다.

24 ④

전치사의 목적어로 올 수 있는 것은 동사가 아니라 동명사이므로, ④를 developing으로 고쳐야 한다.

스탠리 홀은 클락 대학교의 첫 번째 총장이 되었고, 학자와 다작하는 작가로 여전히 활동했으며, 교육 심리학을 발달시키는 데 도움을 주었다.

25 ②

liken A to B는 'A를 B에 비유하다'는 뜻으로, 이때 to는 부정사의 to가 아니라 전치사이다. 따라서 전치사의 목적어는 동명사가 되어야 하므로 ②를 to walking on으로 고쳐야 하며, 이때 walk는 자동사, on은 뒤에 온 a balance beam과 함께 부사구로 각각 쓰였다.

그는 그 도전을 계란, 크리스털 글라스, 칼, 그리고 많은 깨지기 쉽거나 위험한 물건들을 공중던지기 하면서 평균대 위를 걷는 것에 비유한다.

26 ②

동명사의 의미상 주어를 묻고 있다. 동명사의 의미상 주어에 ~'s를 붙여서 소유격으로 만들지만, 의미상 주어가 무생물일 경우 ~'s를 붙이지 않는다. 따라서 ②를 proposal로 고쳐야 한다.

일부 클럽 회원들은 클럽 회장이 부재할 때 그 제안이 토론되는 것에 반대했지만, 다른 회원들은 그 제안을 의논하기 위해 그 사람과 만나기로 합의했다.

27 ④

when it comes to는 '~에 관한 한'이라는 뜻으로, 이때 to는 to부정사가 아니라 전치사이므로 to 다음에는 동명사가 와야 한다. 따라서 ④를 to lining up으로 고쳐야 한다.

연방정부가 폐지하길 원하는 지방세에 대한 현재의 공제를 유지하는 것에 공을 들이고 있는 뉴욕 시민들은 지지를 모으는 것과 관련해서 아무리 신중해도 지나치지 않는다.

28 ④

동명사의 관용구문을 묻고 있다. '거의 ~할 뻔하다'는 표현인 come close to에서 to는 전치사이므로, to 다음에 동사가 올 경우 동명사가 와야 한다. 따라서 ④를 being against로 고쳐야 한다.

메이어스 박사는 다른 업종의 기업들의 기발한 아이디어와 일련의 과정들을 그의 병원의 경영 및 운영에 적용시켰는데, 그것들 중 어떤 것도 거의 법을 위반할 뻔하지조차 않았다.

29 ④

④ '전치사+관계대명사'의 뒤에는 완전한 절이 와야 하는데, 그 뒷부분의 형태가 불완전하다. ④의 give를 동명사 giving으로 고쳐서 주어 역할을 할 수 있도록 해주면 된다.

집단의 구성원들이 문제가 있는 개인에게 도움을 줌으로써, 그들은 또한 스스로를 돕게 된다. 각 집단 멤버들은 비슷한 관심사에 대해 서로 연대를 할 수 있다. 이것은 상호부조집단에서 도움을 주는 것이 스스로를 돕는 형태가 되는 중요한 방식중의 하나이다.

30 ①

① '~을 기분 좋게 받아들이다'라는 의미의 be open to에서 to는 전치사이다. 따라서 그 뒤에는 명사나 동명사가 와야 한다. to do를 to doing으로 고친다. persons는 people에 비해 개체의 개별성을 강조하는 표현이다. ② 'be scheduled to+동사원형'은 '~하기로 되어 있다'라는 의미이다. home은 부사로 쓰였으므로 앞에 전치사가 필요하지 않다. ③ eager는 사람을 주어로 취하는 형용사이다. ④ teach가 쓰인 문장을 수동태로 바꾼 문장이며, stand by는 '~을 지지하다' '(약속 따위를) 지키다'라는 의미이다.

① 그는 까다로운 사람들과 거래하는 것을 기분 좋게 받아들였다.
② 그는 다음날 이라크에서 고향으로 돌아오기로 되어 있었다.
③ 그는 그녀의 다음 여행에 그녀와 함께 몹시 가고 싶었다.
④ 그는 어떠한 상황에서도 자신의 신념을 지키라고 배웠다.

08 분사

01 ②	02 ①	03 ③	04 ④	05 ②	06 ④	07 ④	08 ②	09 ③	10 ④
11 ③	12 ③	13 ②	14 ④	15 ③	16 ①	17 ④	18 ①	19 ③	20 ④
21 ③	22 ④	23 ①	24 ④	25 ④	26 ③	27 ③	28 ③	29 ④	30 ④

01 ②

빈칸 앞에 attempted가 동사인 완결된 절이 왔으므로 빈칸에는 trucks를 수식하는 현재분사 ② crossing이 적절하다.

그들 가운데 가장 필사적인 사람들은 영국 해협을 건너는 트럭에 몰래 타려고 시도했다.

02 ①

we moved to 이하가 완전한 절이므로, we moved 앞에는 주절을 꾸며주는 말이 와야 한다. 문맥상 빈칸은 '비오는 날이어서(비가 와서)'라는 뜻이 되어야 하는데, 날씨를 나타낼 때는 반드시 분사구문 앞에 비인칭 주어인 it을 붙여야 하므로 ①의 It being이 정답이다. 이처럼 주절의 주어와 달라 주어를 수반하는 분사구문을 독립분사구문이라고 한다.

비가 와서, 우리는 공원에서 평소 가던 곳 옆에 있는 주차장으로 이동했다.

03 ③

'머무는 동안에'의 뜻으로 주절과 같은 시제이므로 그냥 Staying으로 할 수 있지만 그 앞에 접속사 While을 붙일 수도 있다. 따라서 ③이 적절하다. ① stay는 자동사이므로 수동태로 나타낼 수 없다. ② 주절과 같은 시제이므로 완료분사구문이 아니다.

뉴욕에 머무는 동안, 당신은 전 세계의 고급 정통 음식들을 맛볼 수 있다.

04 ④

분사구문의 주어는 반드시 주절의 주어와 일치해야 하는데, 주절의 주어가 사람이 아니라 사물(the play)이다. 연극은 스스로 '쓰는' 것이 아니라, '쓰여지는' 것이므로, 능동형 분사구문이 온 ①과 ③은 빈칸에 부적절하며, 연결사 없이 두 개의 동사가 올 수 없으므로, 연결사 없이 쓰인 ②역시 부적절하다. ④의 Written은 원래 Being written에서 being이 생략된 형태이며, 분사구문의 주어와 주절의 주어가 일치하므로, ④가 정답이다.

프랑스어로 적힌 그 희곡은 2008년에 크리스토퍼 햄튼(Christopher Hampton)이 번역했다.

05 ②

선행하는 명사인 a teenager를 수식하는 형용사 상당어구가 필요하므로, ②가 정답이다. * a teenager who wants to pursue a singing career → a teenager wanting to pursue a singing career

그 영화에서, 가수가 되기를 바라던 한 십대 소년은 완고한 아버지의 반대에 직면하게 된다.

06 ④

전체 문장의 동사는 is이다. 따라서 빈칸에는 주어를 수식하는 역할을 할 수 있는 표현이 들어가야 하는데, burn과 the gas는 수동관계이므로 ④의 과거분사 burned로 수식하는 것이 적절하다.

미국에서 태워지고 있는 거의 모든 가스는 천연가스다.

07 ④

seeing의 목적보어 자리에 들어갈 알맞은 형태를 찾는 문제이다. three national records와 break는 수동의 의미관계이므로 과거분사 broken이 적절하다.

우리는 세 개의 국내 기록이 우리 선수들에 의해 깨지는 스릴을 경험했다.

08 ②

주어인 Pure naphtha가 노출되어지는 것이므로 빈칸에는 '과거분사'가 적절하다. 이 때 if 뒤에는 '주어+be동사', 즉 it(=pure naphtha) is가 생략돼 있다.

만약 순수 나프타가 불꽃에 노출되면 폭발할 공산이 매우 크다.

09 ③

with 앞에 완전한 문장이 왔으므로 빈칸은 앞의 완전한 문장을 꾸며주는 말이 와야 한다. 전치사 with가 왔으므로 절의 형태인 ①과 ②는 빈칸에 들어갈 수 없다. 'with+명사+분사'는 분사구문의 부대상황을 나타내므로 ③의 its mass being이 빈칸에 들어가야 하며, 이때 its는 '목성의'를 뜻한다.

목성은 주로 수소로 구성되어 있으며, 목성의 질량 중 1/4이 헬륨으로 되어 있다.

10   ④

peer(자세히 들여다보다, 응시하다, 주의해서 보다)는 자동사이므로 수동의 ①, ②는 먼저 제외된다. 문맥상 동시동작으로 보는 것이 타당하므로, While she is peering into의 분사구문 형태인 Peering into가 적절하다.

알링턴에 있는 박물관의 진열장 안을 가만히 들여다보면서, 엘리자베스는 자신 앞에 펼쳐진 공예품들을 경이롭게 바라보고 있다.

11   ③

빈칸 앞에 완전한 절이 왔으므로, 빈칸 다음에는 앞의 절을 부연설명 하는 말이 되어야 한다. ①과 ②는 '모든 특징'이라는 의미가 될 수 있지만, 뜻이 모호하며, being이 생략된 독립분사구문으로 볼 수도 있지만, 이 역시 의미가 어색하다. ④ every는 독립적으로 분사구문의 주어로 쓰일 수 없다. ③의 each는 each color에서 color가 생략됐으며, 독립적으로 주어로 쓰일 수 있으므로 ③이 정답이다. 이때 each와 characterized 사이에는 being이 생략됐다.

백색광은 프리즘에 의해 다양한 색깔로 분리될 수 있었는데, 각각의 색깔은 독특한 굴절도가 특징이었다.

12   ③

분사구문에서 분사구문의 주어와 주절의 주어는 동일해야 한다. 따라서 분사구문에서 방으로 돌아온 주체는 I이므로, ③의 I found the keys가 빈칸에 적절하다.

방으로 돌아왔을 때, 나는 아만다(Amanda)의 머리맡에 있는 침대 옆 탁자에서 그 열쇠들을 발견했고, 소리를 내지 않기 위해 그 열쇠를 천천히 부드럽게 잡았다.

13   ②

경험은 '흥미를 주는' 주체이므로 현재분사 형태가 적절하다. 따라서 ②를 exciting으로 고쳐야 한다.

얼마 전까지만 해도 집에서 25~50마일을 떨어져서 여행하는 것은 흥미진진한 경험이었다.

14   ④

④의 lurk는 자동사이며, 목적어인 hidden skeletons가 lurk하는 능동 관계에 있다. 따라서 ④를 현재분사 lurking으로 고친다.

친구들이 쉴 새 없이 '나무랄 데 없다'고 말하는 그 후보는 자신은 과거 속에 숨어 있는 비밀이 전혀 없다고 말했다.

15   ③

동물원에서 태어난 코끼리의 비교대상이 되려면 '자연서식지에 살고 있는 코끼리'라는 의미의 표현이 되어야 한다. ③을 현재분사 living으로 고쳐 앞의 명사를 후치수식 하도록 해주면 된다.

그 연구는 동물원에서 태어난 코끼리가 자연서식지에서 살고 있는 코끼리보다 훨씬 더 수명이 짧음을 시사했다.

16   ①

situate는 '위치시키다'라는 뜻의 타동사이므로 '위치해 있다'는 뜻은 수동태인 be situated로 나타내야 한다. 따라서 현재분사로 된 분사구문인 ①을 Being이 생략된 과거분사 Situated로 고쳐야 한다. ③ roughly (of) the size에서 of가 생략된 것이다.

아프리카 대륙 서해안의 적도상에 위치해 있는 가봉은 면적은 대략 콜로라도주와 같고 인구는 콜로라도주의 3분의 1이다.

17   ④

remain(남아있다)은 자동사이므로 ④를 현재분사인 remaining으로 고쳐야 한다. ① '형용사-명사ed' 형태의 의사분사로, 'tail이 bushy한'의 뜻이다. ② 앞의 명사는 동격명사이고 주어는 단수명사인 The numbat이므로 is가 맞고 'so 형용사 that절' 구문이다. ③ 숫자 앞에서 '~미만'의 뜻인 less than이다.

멸종된 태즈메이니아 주머니늑대의 유사 종으로 꼬리에 털이 많은 주머니개미핥기는 너무나 희귀하여 야생에는 1,000마리가 채 안 되게 남아있다.

18   ①

분사구문의 주어와 주절의 주어가 같아야 하는데, 책은 쓰는 주체가 아니라 대상이므로, ①은 Being written이나 being이 생략된 Written이 되어야 한다.

클래식 음악의 역사를 설명하기 위해 일상어로 쓰여진 이 책은 클래식 음악을 즐겨듣는 사람들을 위한 안내서이다.

19   ③

주어인 Elderly people에 대한 동사가 없다. 문맥상 '의지할 가족이 없는 노인들이 국가보조금을 '기대한다'나 '기대할 수 있다'는 말이 되는 것이 자연스럽다. 따라서 ③에서 hoping을 hope나 can hope로 고쳐야 하며, the homeless와 같이 'the+형용사'는 복수보통명사와 같은 의미로 쓰인다.

노숙자들과 같이 의지할 가족이 없는 노인들은 최저임금보다 훨씬 적은 국민연금을 기대할 수 있다.

20   ④

접속사 but 이하에 주어는 있으나 정동사가 없으므로, ④의 inspiring을 inspires로 고쳐야 한다.

운전자들은 자신들이 어떤 종류의 휘발유를 쓰는지를 신경 쓰지 않는다. (휘발유) 브랜드의 충성도가 낮은 것은 이 때문이다. 반면에 자동차 브랜드는 그 충성도를 매우 고무시킨다.

21   ③

let alone a Democratic one은 '민주당 정권은 말할 것도 없이'라는 뜻의 삽입된 형태로, 동사 imagine 다음에 또 다른 동사 play가 와서 잘못된 문장이 됐다. 따라서 a future Republican administration을 꾸며주두록 ③에서 play를 playing으로 고쳐주어야 한다. 참고로 one은 앞에 언급된 명사 administration을 대명사로 받은 것이다.

민주당 정권은 말할 것도 없고 미래의 공화당 정권이 국제무대에서 더욱 세심하게 조정된 역할을 하는 모습을 우리는 상상할 수 있다.

22   ④

ingrain은 타동사로 '(습관 등을) 깊이 뿌리박히게 하다'라는 의미이다. 미국인들의 의식에 '뿌리박혀 있다'는 뜻이 되어야 하므로, 과거분사를 써서 수동의 의미를 나타내야 한다. 따라서 ④를 ingrained로 고친다.

그 싸움은 애국주의 열풍으로 가득 찬 미국에서 미국인의 의식 안에 깊게 박혀있는 한 회사에 대한 논쟁을 촉발시킬 것 같다.

23   ①

분사구문의 주어는 주절의 주어와 같은 경우 생략한다. 분사구문에 주어가 생략되어 있는데, 이는 분사구문의 주어가 주절의 주어인 the white-haired judge를 의미한다. the white-haired judge는 자동사인 lean의 주체가 될 수 있으므로 능동관계이며, 따라서 현재분사를 써야 한다. ① Leaned를 Leaning으로 고친다.

마이크 쪽으로 몸을 굽히면서, 그 백발의 감식가는 그가 실험한 것에 대해 신중하게 기록한 문서를 읽어나갔는데, 그의 실험은 전날인 12월 18일에 행해진 것이었다.

24   ④

when절의 주어인 clinical trials for AIDS vaccines에 대한 동사가 없으므로 ④를 failed로 고쳐야 한다.

셀트리온의 재정상황은 셀트리온이 백스젠에 납품하기로 되어 있었던 에이즈 백신에 대한 임상실험이 미국에서 실패했던 2004년에 악화되었다.

25   ④

주어인 Communist China's metamorphosis에 대한 동사가 없으므로 ④를 is로 고쳐야 한다.

수억 명의 인민을 (불과) 수십 년 만에 가난에서 벗어나게 해준 공산주의 국가 중국이 자본주의를 추진하는 국가로 변모한 것은 현대사에서 전례 없는 일이다.

26   ③

provoke는 '일으키다'는 뜻이다. thought-provoking은 '명사+~ing'형의 소위 복합분사로, '생각을 불러일으키는'이란 뜻이 된다. 따라서 ③을 thought-provoking으로 고친다.

논란의 여지가 있는 손님을 교육기관에서 연설하도록 초대하는 목적은 열정적이고 생각을 불러일으키는 토론을 촉진시키는 것이었다. 그래서 컬럼비아 대학에서 이란 대통령이 등장한 것은 엄청난 성공이었다.

27   ③

which ~ Report가 주어인 This unscrupulous market 다음에 삽입되어 있으며, ③의 generating은 이 주어에 대한 동사가 되어야 하므로, generates up으로 고쳐야 한다.

인신매매 보고서에 따르면, 전 세계적으로 2천7백만 명의 희생자를 낳은 파렴치한 그 시장이 연간 최대 320억 달러를 창출한다고 하는데, 이는 무기 및 마약 밀매 금액과 맞먹는 금액이다.

28   ③

상품은 '만드는' 것이 아니라 '만들어지는' 것이므로 ③에서 make를 made로 고쳐야 한다.

'세계의 공장'으로서, 중국은 고객들에게 저렴하고 믿을 수 있는 제품을 제공한다. 중국산 수입제품의 전반적인 품질은 향상되었으며, 증가추세를 보이고 있는 중국산 첨단정밀제품들이 경쟁력을 확보해 나가고 있다.

29   ④

What followed ~ these missiles가 완전한 절이므로, with 다음에는 이 절을 꾸며주는 말이 와야 한다. 전치사 with 다음에는 절이 올 수 없으므로, ④를 wondering if로 고쳐야 하며, 'with+목적어+현재분사'의 부대상황의 분사구문으로 쓰였고, wonder는 불확실성을 나타내는 동사로 접속사 if가 뒤에 올 수 있다.

쿠바 상공을 비행하는 U2 정찰기가 1962년 10월에 사진 몇 장을 찍었는데, 이 사진은 의심할 것도 없이 쿠바의 영토에 소련의 미사일 기지가 세워지고 있다는 것을 보여주었다. 뒤이어 일어난 것은 이들 미사일의 운명과 관련한 교착상태였으며, 세계는 냉전의 주요 당사국인 두 나라 중 하나가 핵무기를 발사할지 여부를 궁금히 여겼다.

30   ④

Written in German의 의미상 주어는 scholars and critics가 아니라 the book이 되므로, 틀린 문장이다. 따라서 분사구문의 주어와 주절의 주어는 일치되어야 하므로, both scholars and critics praised the book을 the book was praised by both scholars and critics로 고쳐야 한다.

① 그의 이야기는 근면이 어떻게 결실을 맺는지에 관한 이야기이다.
② 미국의 근로자들이 커피를 좋아하는 것은 놀랄 일이 아니다.
③ 위기에 처한 것은 미국인들을 안전하게 지켜줄 수 있는 우리의 능력이다.
④ 독일어로 쓴 그 책은 학자들과 비평가들 모두로부터 찬사를 받았다.

01 ②	**02** ③	**03** ①	**04** ①	**05** ①	**06** ②	**07** ③	**08** ①	**09** ②	**10** ③
11 ③	**12** ④	**13** ②	**14** ①	**15** ③	**16** ③	**17** ④	**18** ④	**19** ①	**20** ②
21 ③	**22** ①	**23** ①	**24** ③	**25** ④	**26** ④	**27** ③	**28** ②	**29** ④	**30** ③

01 ②

the work는 do하는 행위의 주체가 아닌 '대상'이므로 수동 관계이다. 따라서 빈칸에는 과거분사 done이 적절하다.

타이피스트들이 그 일을 제시간에 할 수 없었기 때문에 그 회합은 연기되었나.

02 ③

전체 문장의 동사는 is이며 따라서 주어를 수식하는 역할을 하는 분사가 필요한데, belong은 자동사이므로 수동태가 불가하다. 그러므로 능동을 나타내는 현재분사 형태가 정답이 된다.

이 도서관이 소장하던 값 비싼 책 한권이 분실된 상태다.

03 ①

saw가 지각동사로 쓰였는데, 형사가 범인을 쫓는 것이므로 능동을 나타내는 원형부정사 또는 현재분사가 목적보어로 적절하다.

나는 어제 길을 걷다가 범인을 쫓고 있는 형사를 보았다.

04 ①

종속절의 주어와 주절의 주어가 다른 분사구문을 독립분사구문이라고 하는데, 손목은 붕대를 감는 관계이므로, 타동사의 과거분사형인 ①의 bandaged가 정답이 되며, 이때 A wrist bandaged는 원래 As a wrist was bandaged가 분사구문으로 바뀐 것으로 이때 being은 생략되었다.

손목에 붕대를 감은 볼드윈은 군대의 들것에 누워있는 그 뚱뚱한 남자를 강하게 노려봤다.

05 ①

분사구문의 생략된 주어는 주절의 주어인 pines이다. 이것은 find하는 행위의 주체가 아닌 대상이므로 수동 관계이며, 따라서 수동의 분사구문을 만드는 과거분사 Found가 빈칸에 적절하다.

나라 전역에서 찾아 볼 수 있는 소나무는 한국에서 가장 흔한 나무다.

06 ②

주어가 사물인 football game이므로 감정타동사 bore의 현재분사형이 적합하며, 현재분사를 수식하는 부사는 very이다.

그 풋볼 경기는 매우 지루했다.

07 ③

정동사가 이미 주어져 있으므로 또 다른 정동사는 올 수 없고, cigarettes와 throw는 수동관계이므로 과거분사인 ③의 thrown으로 수식하는 것이 적절하다.

많은 산불이 차에서 버려진 담배 때문에 발생한다.

08 ①

'자신의 책을 책상위에 올려두고, 방을 떠났다.'는 의미이므로 완료분사구문을 만드는 것이 적절하다. 따라서 ①이 정답이다.

브라운은 자신의 책을 책상 위에 두고서 방을 떠났다.

09 ②

콤마 뒷부분이 완전한 형태의 문장을 이루고 있으므로, 빈칸에는 분사구문이 적절하다. 따라서 ②가 정답으로 적절하며, 이것은 의미의 명확성을 위해 접속사를 생략하지 않은 분사구문이 된다.

비록 무자비한 포식자로 여겨지고 있지만, 회색곰은 주로 풀, 딸기류의 열매, 그리고 뿌리를 주식으로 삼고 있다.

10 ③

문장의 정동사 are가 이미 있으므로 빈칸에는 fires를 수식하는 현재분사가 와야 적절하다.

100에이커 이상에 이르는 화재는 아프리카에서 흔하다.

11 ③

빈칸 앞의 문장이 완전하므로, 콤마 이하에는 접속사로 연결된 절이나 분사구문이 와야 한다. 따라서 ③이 정답이다. 즉 ~, and it expressed ~ 의 문장을 분사구문으로 바꾼 형태가 된다. ②의 경우 it이 가리키는 바가 문장의 주어이므로 it을 생략해야 맞다. ①과 ④의 앞에는 접속사가 필요하다.

T. S. 엘리엇의 가장 유명한 시는 『황무지』인데, 이 시는 그가 제1차 세계대전 이후의 세계에서 느낀 허무함을 표현하고 있다.

12 ④

분사구문의 주어는 주절의 주어와 같을 때 생략된다. 주어진 문장에서 분사구문의 주어가 명시되지 않은 것은 곧 생략된 분사구문의 주어가 주절의 주어인 my uncle임을 의미한다. my uncle과 appoint 동사는 수동 관계이므로 과거분사를 써야 한다. 또 준동사의 부정어는 준동사 앞에 위치한다. 따라서 빈칸에는 Not appointed가 들어가야 한다.

삼촌은 부장으로 임명되지 못하자, 직장을 그만두기로 결심했다.

13 ②

무선전화 연결은 cut하는 행위의 주체가 아닌 대상이므로 수동관계를 나타내는 과거분사로 수식해야 한다. 따라서 ②를 cut as part of로 고쳐야 한다.

왕의 잘 계획된 쿠데타의 일환으로 중단된 얼마간의 무선전화 연결도 복구되었다.

14 ①

when절의 동사는 gets이므로 includes는 something을 수식하는 현재분사 형태가 되어야 적절하다. 따라서 ①을 including으로 고쳐야 한다.

빛을 포함한 무언가가 블랙홀로부터 일정한 거리에 이르렀을 때에만, 그것은 블랙홀로부터 벗어나지 못한다.

15 ③

분사구문의 주어는 주절의 주어와 같을 때 생략한다. 주어진 문장에서 분사구문의 주어가 생략돼 있는데, 앞서 말한 전제에 따르자면 분사구문의 주어가 the book이 되어, '책이 소설을 읽었다'는 의미가 되므로 부적절하다. 따라서 주절의 주어를 I로 시작하는 문장으로 고쳐야 하므로, ③을 I was struck by the book으로 쓴다.

처음부터 끝까지 그 소설을 읽고 나서 나는 그 책이 이전의 베스트셀러 소설들에 대한 엉성한 모방이라는 것에 충격을 받았다.

16 ③

두 번째 문장에서, 주절의 주어 we가 분사구문의 주어가 될 수 없으므로, 분사구문의 주어를 별도로 명시해 주어야 한다. 따라서 ③에서 being 앞에 유도부사 there가 들어가야 한다.

운전기사가 파업하지만 않았어도 우리는 정시에 도착했을 것이다. 버스가 전혀 다니지 않았기 때문에, 우리는 여관까지 걸어가는 수밖에 없었다.

17 ④

전치사 with 다음에 완전한 절이 와서 틀렸다. 따라서 ④를 to face로 고쳐서 with 이하를 명사로 만들거나 ④를 facing으로 고쳐서 with 이하를 부대상황의 분사구문으로 고쳐야 한다.

폭스 스포츠에 방송될 그 대회는 이탈리아에서 상위 12개 럭비국가들이 맞대결을 펼치게 되는 가운데 다음 주에 시작된다.

18 ④

as절에서 주어는 he, 동사는 describes, 목적어는 his family's history이다. 이미 완전한 문장이 주어져 있으므로, ④처럼 문장의 본동사 형태로 동사가 와서는 안 된다. 따라서 history를 뒤에서 수식하는 분사 형태로 써야한다. ④를 beginning으로 고친다.

그의 책 『뿌리』에서, 알렉스 헤일리는 아프리카에서 1700년대 중반부터 시작하는 그의 가족사를 묘사할 때 사실과 허구를 섞어서 그리고 있다.

19 ①

문장에 이미 contend라는 동사가 있으므로 ①에서 return은 준동사 형태가 되어야 하는데, Inmates와 return은 능동의 관계이므로 returning이 적절하다.

외부 세계로 되돌아가는 재소자들은 전과자라는 오명, 즉 보다 큰 사회로의 성공적인 통합에 대한 장애물과 싸우게 된다.

20 ②

분사의 한정적 용법 중 후치수식을 알고 있는지 묻는 문제이다. 문제에서 that절을 보면, 동사가 2개 있기 때문에, 동사 하나를 없애주어야 한다. 따라서 ②의 does를 앞의 man을 뒤에서 꾸며주는 분사인 doing으로 고쳐야 한다.

그녀는 세탁하는 한 남자를 묘사한 최근의 TV 세제광고를 언급했는데, 이는 남성 지배적인 일본에서 이전에는 거의 생각도 할 수 없는 일이었다.

21   ③

분사구문의 연속동작을 묻는 문제이다. ③의 spent는 ①의 are pressured와 마찬가지로 주어가 Children이며, 주어가 같기 때문에 생략된 걸로 볼 수 있다. 이를 알면, 한 문장 안에 두 개의 절이 있는 꼴이 되므로 어색해진다. 따라서 완전한 두 개의 절을 연결하기 위해서는 접속사가 필요한데, 콤마(,)뒤에 접속사가 없으므로 ③의 spent를 접속사, 주어, 동사의 의미를 모두 포함하는 분사구문인 spending으로 고쳐야 한다.

아이들은 어린 시절부터 강박관념을 일으킬 정도로 공부하라는 압력에 시달리며, 종종 대입시험에 대비하여 매일 저녁, 그리고 주말마다 입시준비학원에서 시간을 보낸다.

22   ①

are laid가 전체 문장의 동사로 주어져 있으므로, ①은 앞의 명사를 수식하는 역할을 해야 하겠는데, 능동의 관계이므로 현재분사 형태가 적절하다. 따라서 ①을 depending on으로 고쳐야 한다.

종에 따라, 모기는 수면이나 축축한 땅 혹은 자주 물이 차는 다른 물체 위에 알을 낳는다.

23   ①

전체 문장의 동사는 has shed이므로 ①은 앞의 명사를 수식하는 역할을 해야 하겠는데, 뒤에 목적어가 주어져 있으므로 현재분사 형태가 적절하다. 따라서 ①을 involving으로 고쳐야 한다.

이제는 악명 높아진 일본의 그 사이비 종교가 연루된 최근 일련의 사건들은 그 종교가 유발할 수 있는 실질적인 피해와 그 종교의 예언을 실현하려는 결의의 범위를 보여주고 있다.

24   ③

분사구문의 연속동작을 묻는 문제이다. 빈칸 앞에 콤마(,)가 있고, 빈칸 뒤에 불완전한 문장이 있는 것으로 미루어 분사구문이 쓰였음을 알 수 있으며, ③의 being reflected 다음에 목적어가 있으므로 ③은 목적어를 받는 능동형이 되어야 한다. 따라서 ③의 being reflected를 reflecting으로 고쳐야 한다.

세계한국말인증시험(KLPT)에 응시한 외국인들의 수가 올해 두 배 이상 증가했는데, 이는 특히 아시아국가들 사이에서 한국에 대한 치솟는 관심을 반영한 것이다.

25   ④

분사구문의 연속동작을 묻는 문제이다. ④의 being mesmerized 앞에 콤마(,)가 있고, ④ 뒤에 불완전한 문장이 있는 것으로 미루어 분사구문이 쓰였음을 알 수 있으며, ④의 being mesmerized 다음에 목적어가 있으므로 ④는 목적어를 받는 능동형이 되어야 한다. 따라서 ④의 being mesmerized를 mesmerizing으로 고쳐야 한다.

Beyonce는 이날 경기장에서 열린 슈퍼콘서트의 무대에 올라 'Crazy In Love', 'Deja Vu' 등 그녀의 인기곡을 불러 관객을 흥분의 도가니로 몰아넣었다.

26   ④

동사 prevent를 보는 순간, 우선적으로 'from ~ing'를 떠올려야 한다. 콤마 사이에 삽입되어 있는 관계대명사절을 괄호로 묶고서 문장을 살펴보면, from ~ing가 아니라 그냥 '~ing' 형태만 있는 것을 발견할 수 있다. 따라서 ④의 reaching을 from reaching으로 고쳐야 옳은 문장이 된다.

국가적인 목표에서의 큰 이견과 경제 정책에서의 갈등으로 인해, 세계 경제 생산의 약 20퍼센트를 차지하는 브릭스 국가들이 대부분의 지역에서 구체적인 합의에 이르지 못했다.

27   ③

주어 Miller의 동사는 wrote이고, 'an MLB Players ~ quarter-century'는 주어와 동격을 이루는 표현이다. 따라서 ③의 lived는 수식하는 역할을 하도록 분사로 고쳐야 하는데, representative와 live 동사의 관계는 능동이므로 현재분사가 적절하다. ③을 living으로 고친다.

"일본을 포함한 그 어떤 나라의 고용인들도 자발적으로는 아무 것도 내놓지 않습니다."라고 25년 이상 일본에 거주해온 MLB 선수협회 대표인 밀러가 뉴욕에서 e메일로 써 보냈다.

28   ②

문장의 정동사는 converged이므로, carry는 앞의 명사 buses를 수식하는 준동사 형태가 되어야 하는데, 뒤에 목적어 black men이 있으므로 능동의 의미를 가진 현재분사 carrying이 적절하다. 따라서 ②를 carrying black men으로 고쳐야 한다.

흑인들을 태운 수많은 버스들이 미국 수도에 집결하자, Million Man March의 지지자와 비평가들은 이 상황이 좋은 쪽으로든 나쁜 쪽으로든 전국적으로 인종 차별 감정을 고조시킬 것이라는 것에 동의했다.

29   ④

be동사의 보어자리에 위치한 분사는 주어를 설명하는 것이다. 두 번째 문장의 주어는 The evidence인데, 보어로 쓰인 convinced는 '확신을 가진'이란 의미이므로 주어와 자연스럽게 호응하지 않으므로, convinced를 convincing으로 고쳐야 한다. ④를 rather more convincing으로 고치면 옳은 문장이 된다.

비평가들은 비디오 게임이 폭력과 파괴를 조장한다고 비난한다. 그와 같은 주장을 뒷받침할만한 확실한 증거가 부족함에도 말이다. 이와는 반대로, 게임이 치료 효과가 있고 건강에 도움이 된다는 장점에 대한 증거가 훨씬 더 설득력을 가진다.

30
③

③ as I 다음에 온 콤마와 콤마 사이에 있는 gasped for breath는 삽입된 것으로, as절의 주어 I의 동사는 sank이므로, gasped를 알맞은 삽입 구문이 되도록 분사구문인 gasping으로 고쳐주어야 한다.

① '유리절벽'이라는 말은 위험한(실패할 가능성이 높은) 일자리에 대해 남성보다 여성이 선호되는 경향을 일컫는다.
② 많은 사람들은 비타민 C를 다양한 질병에 대한 만병통치약이라고 추천한다.
③ 내가 헐떡이면서 어둠의 바다로 가라앉아, 나의 생명은 나를 떠나고 있었다.
④ 요컨대, 이기든 지든, 국민투표는 유럽연합국가라는 개념에 종지부를 찍었다.

09 접속사

01 ③	02 ②	03 ①	04 ②	05 ①	06 ②	07 ④	08 ④	09 ②	10 ④
11 ②	12 ③	13 ②	14 ④	15 ③	16 ③	17 ③	18 ③	19 ③	20 ②
21 ③	22 ③	23 ①	24 ④	25 ③	26 ①	27 ①	28 ②	29 ④	30 ③

01   ③

등위상관접속사의 용법을 묻고 있다. neither는 nor와 호응하므로, ③이
정답이다.

여행 내내, 나의 형과 나는 둘 다 한바니도 하지 않았디.

02   ②

빈칸에는 is의 보어가 와야 하므로, 명사절을 이끌어 보어역할을 하는
②의 접속사 that이 빈칸에 들어가야 하며, 참고로 ① because는 부사
절을 이끄는 접속사이다.

시가 아이들이 공감 능력을 발달시키고 창조력을 표현하는 데 도움을 줄 수
있는 이유들 중 하나는 (시에는) 개인적으로 해석할 여지가 있다는 것이다.

03   ①

두 달 전에 잃어버린 그 목걸이를 사는 것이 아니라 같은 종류의 목걸이
를 사는 것이므로, 'the same~as' 구문을 써야 한다.

Angelina는 두 달 전에 잃어버렸던 목걸이와 똑같은 목걸이를 사려고 한다.

04   ②

간접의문문 중 whether가 이끄는 경우를 알고 있는지 묻는 문제이다.
'not A but B' 구조로 된 문장의 문맥상 빈칸에는 ②의 whether(~인지
아닌지)가 들어가야 한다.

나는 환경문제 전문가는 아니다. 하지만 문제는 변화가 일어날 것인지 여부가
아니라, 변화가 언제 일어날 것이냐이다.

05   ①

agreed와 became divergent라는 상반된 내용을 연결하므로 ①의 but
이 적절하다.

처음에 우리는 동의 했으나, 나중에 우리의 생각은 달라졌다.

06   ②

접속사를 문장에 맞게 쓸 수 있는지 묻는 문제이다. 보기는 모두 접속사
이며, 접속사가 들어있는 절은 '관세를 철폐하다'는 내용이고, 주절은 '제
재를 가하다'는 내용이므로 문맥상 앞뒤관계가 인과관계가 아님을 알 수
있다. 따라서 '원인, 이유'를 나타내는 접속사인 ①, ③, ④는 답이 될 수
없다. '조건'을 나타내는 접속사인 ②의 Unless가 정답이다.

일본이 그 부당한 관세들을 철폐하지 않으면, 미국은 제재조치를 취할 것이다.

07   ④

두 개의 is 중 뒤에 있는 것이 문장 전체의 동사이며, 이것의 주어가 되는
명사절을 이끌 접속사가 필요하다.

거의 모든 행동이 학습된 행동이라는 것은 사회과학의 기본적인 가정이다.

08   ④

be동사가 연결사 없이 두 번 나와서 어색하므로, 뒤의 is not certain이
동사가 되도록 '빈칸 ~ sweet or not'이 주어가 되어야 하는데, 주어 역
할을 할 수 있는 접속사는 that이나 whether이다. 따라서 접속사가 오
지 않은 ①은 빈칸에 들어갈 수 없으며, 접속사 that은 명백한 사실을 전
달하는 반면, whether는 불확실성을 나타내며 or not과 호응하므로 ④
의 Whether life가 빈칸에 적절하다. ② if절은 주절이 될 수 없으므로
빈칸에 적절치 않다.

인생이 달콤한지 달콤하지 않은지는 세상에 대한 우리의 불완전한 지식 때문
에 확실하지 않다.

09   ②

빈칸 앞 전체가 주어이므로 빈칸에는 먼저 동사인 is가 오고, 빈칸 다음
에 시제를 가진 동사 helps가 있으므로 절이 is의 보어가 되게 접속사
that과 helps의 주어인 it(=a society)이 is 다음에 이어진 ②가 빈칸에
적절하다.

사회의 주된 혜택 중 하나는 위기의 시기에 사회가 시민들을 돕는다는 것이다.

10 ④

절과 절을 이어줄 접속사가 필요하다. ①은 주로 for the reason of의 형태로 쓰며, ② 뒤에는 명사 상당어구가 온다. 그리고 ③은 부사이다. 따라서 ④가 정답이다.

중국의 달력은 달의 주기에 바탕을 두기 때문에, 중국의 신년(新年)은 서양의 달력의 매년 다른 날짜에 해당한다.

11 ②

접속사는 뒤에 절이 올 수 있는 반면, 전치사는 뒤에 절이 올 수 없다. 따라서 '원인, 이유'를 나타내는 접속사인 ②의 since가 정답이다. 참고로 ①, ③, ④는 모두 전치사임에 유의하자.

연료전지가 에너지변환에 더 많은 효율을 나타내기 때문에, 정부는 연료전지의 상용화 가능성을 타진하는데 깊은 관심을 표현해 왔다.

12 ③

①과 ②는 the fact와 동격을 이루는 표현이 아니므로 틀렸다. ③과 ④는 동격의 접속사 that이 와서 that에서 cactus spines까지가 the fact를 수식해 주므로 적절해 보이는데, resemble은 상태 동사로 진행형이 불가하다. 따라서 ③의 that its leaves resemble이 빈칸에 들어가야 한다.

그것의 이파리가 선인장의 가시와 닮았다는 사실에도 불구하고, 박주가리과에 속하는 이 식물은 선인장이 아니다.

13 ②

which의 선행사가 주어져 있지 않으므로 ②를 고쳐야 한다. 선행사를 포함한 관계대명사 what을 먼저 떠올릴 수 있겠으나, 그러면 문장의 의미가 대단히 어색해진다. '~라는 점에서'라는 뜻의 부사절을 만드는 in that으로 고치는 것이 가장 적절하므로, which를 that으로 고친다. ① differ from ~은 '~과 다르다'라는 의미다. ③ visibly는 grow를 수식하는 부사다. grow는 불완전자동사로도 쓰이지만, 주어진 문장에서는 완전자동사로 쓰인 것이다. 순전히 문맥으로 판단하여 구별해야 한다.

화산은 분화가 일어나는 동안에 눈에 보일 정도로 커진다는 점에서 다른 산들과 다르다.

14 ④

등위상관접속사를 묻는 문제이다. not only A but also B와 either A or B 다음에 오는 동사는 모두 B에 수일치를 시켜주므로 ④를 is로 고쳐주어야 한다.

그들 아니면 그녀가 그 사고에 책임이 있기 때문에, 너뿐만 아니라 나도 매우 혼란스럽다.

15 ③

문맥상 이유의 접속사 because가 아닌 양보의 접속사 though가 적절하므로, ③을 though로 고쳐야 한다.

그의 회사에서는 그가 가는 것을 허락하지 않으려 했지만, Brown씨는 그 하드웨어 세미나에 참석하고 싶어 했다.

16 ③

While이 접속사로 두 절을 연결해주고 있는데도 또 접속사 but을 사용했으므로 ③의 but을 삭제해야 한다. ① ability를 수식하는 것은 'of 동명사'가 아니라 to부정사이다. ② 단수 specimen의 복수형이다. ④ '평균적으로'라는 뜻으로 average 앞에 관사가 없다.

그들은 하루에 40명의 환자 표본을 검사할 수 있는 능력이 있지만 하루 평균 9명만 검사해왔다.

17 ③

③의 which 다음에 완결된 명사절이 왔으므로 which를 접속사 that으로 고쳐야 한다. ④는 주장의 동사 mandate 다음에 that절이 올 경우 절 안의 동사의 형태는 '(should)+V'이므로 be paid는 바르게 쓰였다.

모든 학군은 모든 교사가 똑같은 월급을 받도록 되어 있는 엄격한 봉급제를 준수해야 했다.

18 ③

접속사의 관용표현으로 쓰이는 lest는 'lest+S+should+V'로 쓰여 '~하지 않도록'이라는 의미로 쓰이는데, lest ~ should는 자체적으로 부정의 의미를 가지고 있으므로, should 다음에 not이 올 수가 없다. 따라서 ③을 should로 고쳐야 한다.

그 은행이 그를 '힘들게' 함에 따라, 그는 그 은행과 다시는 불편함을 겪지 않도록 전액을 인출했다.

19 ③

'~하자마자 했다'는 뜻인 Scarcely ~ when 구문에서 scarcely가 있는 절의 시제는 과거완료로 하고, when 뒤에 오는 절의 시제는 과거로 하므로, ③을 was brought로 고쳐야 한다.

그 아이가 학교에서 귀가한 다음 친구들과 놀기 위해 밖으로 나가자마자, 그 아이는 온통 부상을 입고 피를 흘린 채 집으로 실려 왔다.

20 ②

② 두개의 절이 왔으며, that이 뒤에 왔으므로, ②를 so로 고쳐서 인과관계를 나타내는 so ~ that 구문으로 고쳐야 한다. ① '~에 대한 위협'이어

야 하므로 전치사 to를 쓴 것이다. ③ '소문에 의하면' '들리는 바에 의하면'이란 뜻의 부사. ④ 'order+목적어+to부정사'로 쓰는데, 목적어인 nuclear arsenal은 make의 대상이므로 수동 표현이 맞다.

이스라엘의 생존에 대한 위협이 너무 커서 소문에 의하면 그녀는 다음과 같은 최악의 시나리오를 준비했던 것으로 알려졌다. 그녀는 이스라엘의 핵무기가 준비되도록 명령했던 것이다.

21 ③

불완전한 절을 받는 which 다음에 완전한 절이 와서 틀렸다. 앞에 so sheer가 와서 so ~ that 구문이 쓰였음을 알 수 있으므로 ③의 which를 that으로 고쳐주어야 한다.

어느 쪽이든 그 산들은 높이가 175~300미터 이상 되어 몹시 가파르므로 그 산들은 몇 군데를 제외하고는 등반이 불가능하다.

22 ③

의미상 that 이하는 '결과적 사실'을 나타내는데, so 뒤에는 '형용사+관사+명사'가 오는 반면 such 뒤에는 '관사+형용사+명사'가 이어진다. 주어진 문장의 a controversial issue를 보아, so를 such로 고쳐야 적절한 표현이 된다. ① 전치사 of의 목적어로 쓰인 동명사다. ② 앞의 a person을 수식하는 현재분사이며, who suffers의 의미다.

불치병으로 고생하는 사람들의 죽음을 도와주는 시술인 안락사(安樂死)는 너무나 논란을 불러일으키는 문제라서 대부분의 나라에서 불법이다.

23 ①

전치사(about)의 목적어 절을 이끌 때는 if가 아니라 whether를 사용하므로 ①을 whether로 고쳐야 한다. ② 형용사 extensive를 수식하므로 enough가 뒤에 온다. ③ will be에 연결되어 수동태가 되는 과거분사이다. ④ all이 '모든 사람들'이 아니라 '모든 일, 만사'의 의미이므로 단수 취급하고 주절의 could는 가정법이 아니라 추측의 could이다.

그는 새 정부의 경제 계획이 충분히 광범위할지 그리고 훌륭히 실행될지에 대해 걱정한다. 만사가 잘 되어 가면, 경기침체는 1년 이내에 끝날 수 있을 것이다.

24 ④

now that은 '이유'를 나타내는 접속사로 뒤에 절이 와야 하는데, 구가 왔다. 따라서 ④를 she retires로 고쳐야 한다.

메리는 탐과 결혼해 로린다라는 딸을 낳았는데, 로린다는 메리에게 두 명의 손주를 안겨주었으며, 메리가 은퇴하기 때문에 이 두 손주는 그녀의 삶의 중심이 될 것이다.

25 ③

whether 다음에는 완전한 절이 올 수 있지만, sure와 같이 '확신'의 의미를 나타내는 형용사는 that절을 취하므로 ③을 sure that으로 고쳐야 한다.

그들은 자신들을 영원히 서로 묶어줄 공통된 관념을 공유할 수 있다고 확신할 때까지 좋은 친구관계로 시작해서 좋은 친구관계를 유지할 수 있다.

26 ①

간접의문문의 어순은 '의문사+주어+동사'이다. 따라서 조동사 could는 주어 I 다음에 와야 하므로, ①을 where I could hear로 고쳐야 한다.

내가 어디서 좋은 어쿠스틱 음악을 들을 수 있는지 묻자, 그는 천정과 부엌 사이에 솟아 있는 무대를 가리키며 매일 밤 9시 이후에 공연이 있다고 말했다.

27 ①

두 개의 절이 연결사 없이 연결되어 있어서 틀렸다. 따라서 he asked 이하가 주절이 되고, The grown ~ the Pharaoh가 종속절이 되도록 ①을 When the grown으로 고쳐야 한다.

어른이 된 모세가 파라오 앞에 나중에 나타났을 때, 그는 신에게 바칠 제물을 그들이 가져갈 수 있도록 3일간의 여정으로 사람들을 광야로 데려가게 해달라는 허가를 요청하였다.

28 ②

병렬구조를 취하는 등위상관접속사 not only A but also B를 알고 있는지 묻는 문제이다. ②의 and 앞에 not only가 들어있고, ②의 and 뒤에 also가 있는 것으로 보아 상관접속사 not only A but also B가 쓰였음을 알 수 있다. 따라서 ②의 and를 but으로 고쳐야 한다.

그 엑스포는 인류에게 해양의 중요성을 강조해줄 뿐 아니라, 전 세계가 한 자리에 모여 개발도상국을 위한 실질적인 지원사업을 개발할 기회도 제공해 줄 것이다.

29 ④

There remains the question 다음에 온 내용이 the question과 동격을 이루고 있는데, 접속사 if는 동격과 호응하지 않는다. 따라서 동격과 호응하는 접속사 whether가 쓰여야 하므로, ④를 whether로 고쳐야 한다.

오늘날까지 그 이메일들은 대중에 공개되지 않았다. 그들의 이메일 교신 내용이 공격 이전에 끔찍할 정도로 보안이 미흡한 것과 관련이 있었는지 아니면 공격 이후의 은폐와 관련이 있었는지의 의문은 여전히 남아있다.

30   ③

주어가 not only A but also B로 쓰였을 때 수일치는 동사와 가까운 B
에 맞추므로 ③에서 the girl enjoy를 the girl enjoys로 고쳐야 한다.

① 그녀뿐 아니라 그녀의 부모님도 과학에 무지하다.
② 그들이나 내가 그 문에서 당신을 만날 예정이다.
③ 그 소년들뿐 아니라 그 소녀 역시 수영을 즐긴다.
④ 그 남자들과 나는 모두 중력의 한계를 극복해왔다.

09 접속사

01 ①	02 ①	03 ②	04 ②	05 ③	06 ③	07 ③	08 ③	09 ②	10 ④
11 ③	12 ④	13 ②	14 ②	15 ②	16 ②	17 ①	18 ①	19 ③	20 ③
21 ②	22 ③	23 ②	24 ②	25 ①	26 ④	27 ①	28 ③	29 ③	30 ④

01   ①

'such + a + 형용사+ 단수명사 + that + S +V' 문형은 결과를 표시한다.
'so + 형용사 + a + 단수명사 + that + S +V' 구조도 가능하다. 따라서
①의 such a가 빈칸에 적절하다.

우리는 너무나 긴 강의를 듣고 잠이 들었다.

02   ①

명령문 다음에 and가 오면, '~하라, 그러면~'으로 쓰이고, 명령문 다음에
or가 오면, '~하라, 그렇지 않으면~'으로 쓰인다. 빈칸의 앞뒤 내용에 인
과관계가 성립하므로 ①의 and가 들어가야 한다.

한 순간도 헛되이 보내지 말아라. 그러면 당신은 좀처럼 만나기 어려운 좋은
기회를 놓치지 않을 것이다.

03   ②

① 접속사 that은 명사절을 이끌어 주어역할을 할 수 있긴 하지만, 단정
적인 내용과 함께 쓰이므로 or not과 함께 쓰이지 않고, ③ if 명사절은
문두에 사용이 불가능하며, ④ 부사절을 이끄는 because는 명사절에는
쓰일 수 없으므로 적절치 않다. 반면, 접속사 whether는 or not과 호응
하며, 명사절을 이끌어 주어역할을 할 수 있으므로, ②의 Whether가 빈
칸에 적절하다.

이러한 주식시장의 활황장세가 계속될지는 실제로 외국인 투자자들의 손에
달려있다.

04   ②

양태 접속사 as와 호응하는 부사는 so 이다. 'as ~ so …' 구문은 '~하듯
이 …하다'라는 의미이다. 따라서 ②가 정답이다.

당신이 나를 대우한 대로, 나 역시 그렇게 당신을 대우해 주겠다.

05   ③

is의 주어가 되는 명사절을 인도하는 접속사가 필요하므로, ③의 How가
빈칸에 적절하다. ①과 ②의 Since와 Although는 부사절을 인도하므로

제외되며, ④의 Despite는 전치사로 절과 쓰일 수 없다.

일부 포유동물들이 어떻게 해서 바다에서 살게 됐는지는 알려져 있지 않다.

06   ③

대등한 두 어구 through live insects와 through solid pieces of metal
를 연결해야 하므로, 등위접속사 or가 빈칸에 적절하다.

엑스레이 현미경을 사용하여 과학자들은 살아있는 곤충들이나 심지어 단단
한 금속 조각도 관통해서 볼 수 있다.

07   ③

주절의 주어와 동일할 경우 시간 부사절의 '주어 + be동사'는 생략이 가
능하다. 따라서 she was allowed to do so에서 she was가 생략된 구
조인 ③이 정답이다.

그 노모는 허가를 받을 때까지는 자신의 아들을 볼 수 없었다.

08   ③

빈칸 앞의 last가 명사로 쓰일 경우 last까지가 if절의 주어이고 빈칸과
read가 동사인데 보기 중 그 어느 것으로도 적절한 동사형태가 되지 않
는다. will이 동사가 아닌 명사로 쓰일 경우, '유언, 유서'라는 뜻으로 쓰
이며, if가 whether와 같은 명사절을 이끄는 접속사이므로 미래의 일은
미래시제로 쓰이며, but 이하의 미래시제와도 일치한다. 따라서 ③의
will will be가 빈칸에 적절하다.

그 재단의 여성대변인은 다음과 같이 말했다. "저는 그의 마지막 유언의 전체
서류가 읽혀질 것인지는 알지 못하지만, 확실히 그 서류는 요약될 것입니다"

09   ②

조건이나 시간의 부사절에서 주절의 주어와 같은 주어와 be동사는 생략
될 수 있다. if it(=this herb) is taken within ~에서 it is가 생략되면 if
다음에 과거분사 taken만 남으므로 빈칸에는 ②가 적절하다. ③은 you
take it이어야 한다.

이 약초는 처음 독감 증세가 나타나고 48시간 안에 복용되면 독감의 지속시
간을 줄여준다.

10　④

시간 순서상 '끝마친 것'이 과거완료가 되고 그가 '온 것'이 과거가 되어야 하는데, before처럼 전후관계를 확실히 해주는 표현이 쓰인 경우 주절과 종속절 모두를 과거시제로 처리할 수도 있다.

나는 그가 오기 전에 숙제를 끝마칠 수 없었다.

11　③

주절의 동사가 worked로 과거시제이므로 조동사도 과거형인 might여야 하고, '~에 참가하다'는 의미로 participate는 자동사로서 전치사 in과 함께 쓰인다. 그리고 자동사는 수동태가 될 수 없으므로 빈칸에는 ③이 적절하다.

그는 보디빌딩 대회에 다시 참가하기 위해 웨이트 트레이닝을 열심히 했다.

12　④

as양보절의 어순을 묻고 있다. as 양보절의 어순은 '형용사/부사/명사+as+주어+동사'이므로, as 다음에 '동사+주어'의 어순이 온 ①과 ②는 빈칸에 들어갈 수 없으며, warrior와 같이 주격보어인 명사가 문두에 나올 경우, 그 주격보어인 명사에는 관사를 붙이지 않는다. 따라서 ④의 Warrior as he was가 빈칸에 적절하다.

젊은 시절 받았던 고된 훈련으로, 그는 비록 전사가 되었지만, 그의 한 가지 목적은 싸움을 피하는 것이었다.

13　②

'~ so (in order) that + 주어 + may …'는 '~할 수 있도록 …하다'의 뜻으로 ②는 so that으로 고쳐야 한다.

그들은 첫 버스를 놓치지 않으려고 최대한 빨리 달렸다.

14　②

because of는 전치사로 뒤에 온 절을 받을 수 없다. 절을 받을 수 있는 것은 접속사이므로, ②를 because로 고쳐야 한다.

누구도 새로운 문화 속에서 살아가는 데 곧바로 익숙해질 수 없기 때문에 몇 가지 문제를 가지고 있는 것은 당연하다.

15　②

both는 상관 접속어구로서 'both A and B'의 형식으로 쓰인다. 따라서 ②를 and로 고쳐야 한다.

감염되면 고열과 심한 통증 모두를 일으킬 수 있기 때문에 체온을 낮추는 것이 급선무이다.

16　②

due to는 전치사로 뒤에 절을 받을 수 없다. 절을 받을 수 있는 것은 접속사이므로, ②를 because로 고쳐야 한다. ① 종속절의 시제가 과거이므로 이것에 맞춰 과거시제를 썼다. ④ '비교급 and 비교급'은 '점점 더 ~해지다'라는 의미다.

내가 한 말을 그가 바꾸어 말하는 것이 점점 터무니없고 부정확해져서, 나는 결국 동생을 말려야만 했다.

17　①

전치사 despite 다음에 절이 와서 틀렸다. 절과 쓰일 수 있는 것은 접속사이며, 문맥상 양보의 의미를 나타내는 접속사 Although로 ①을 고쳐야 한다.

헨리 포드가 1896년에 그의 첫 번째 자동차를 수작업으로 만들었지만, 1903년이 되어서야 비로소 자동차 개발에 실질적인 발전을 이뤄냈다.

18　①

so ~ that 구문에서 that은 접속사이므로 that절에 주어가 필요하다. 따라서 ①의 that을 that it으로 고쳐야 한다.

미국은 충분한 생산력이 있어서 단지 우리들 중 일부만 일하면서도 전체 인구에게 숙소를 제공하고, 음식을 제공하고, 교육을 시켜 주며, 심지어 보건의료서비스를 제공할 수 있다.

19　③

③의 in oder to는 부정사구이므로 절을 뒤에 둘 수 없다. 문맥상 목적의 표현이 적절한데, 뒤에 절의 형태가 주어져 있으므로 ③을 '~할 수 있도록 …하다'는 표현인 'so that+주어+can'으로 고쳐주어야 한다. 따라서 ③을 so that으로 고친다.

범죄 현장에 지문이 숨겨져 있는 경우조차 알루미늄 가루를 뿌려 보이도록 한 다음 사진을 찍을 수 있다.

20　③

which 다음에는 불완전한 절이 와야 하는데, 완전한 절이 와서 어색하다. like other studies before it은 삽입구로, which 이하가 suggested의 목적어가 되어야 하므로, 명사절을 목적어로 받을 수 있도록 ③을 it, that으로 고쳐주어야 하며, 이때 it은 a research를 받은 것이다.

가장 최근에, 웨스턴 일리노이 대학교에서 실시한 한 연구는 이전 연구들과 마찬가지로 페이스북이 우리의 가장 자기도취적인 경향에 호소한다는 것을 시사해왔다.

21 ②

양보의 부사절을 이끄는 no matter how는 'no matter how+형용사[부사]+주어+may+동사'의 어순을 취하므로, ②를 obnoxious a policyholder may be로 고쳐야 한다.

침착하라. 보험 계약자가 아무리 불쾌한 사람일지라도, 언제나 붙임성 있게 대하라. 그러나 피보험자가 친화성을 묵종과 혼동하게 하지는 말자.

22 ③

while 이하에서, 주절의 주어인 the temptation이 listen하는 주어 I와 다르므로, while 뒤에 '주어+be동사'를 생략할 수 없다. while절의 주어를 동사에 맞춰 표시해주어야 하므로, ③을 while I was listening으로 고쳐야 한다.

나는 그 장치를 도시에서 샀다. 상인은 내가 그것 없이는 하루도 더 살 수 없을 거라 설득하려고 애썼는데, 그리하여 내가 듣는 동안 구매하고 싶은 유혹은 거부할 수 없을 정도였다.

23 ②

가주어 It이 가리키는 진주어는 that절이며, that절에는 종속절(when some ~ affairs)과 주절(certain classic ~ situation)이 표현되어 있다. 즉 "that절의 사실이 정말 혼란스럽다"는 의미가 되어야 하므로 because를 that으로 고쳐준다.

일부 전문가들과 분석가들이 국가적 문제를 언급할 때, 몇 가지 특정한 고전 이론들을 어떠한 어려운 상황도 해결할 수 있는 만병통치약인 것처럼 독단적으로 여기는 것은 정말 혼란스러운 일이다.

24 ②

앞에서 'so+형용사+명사'가 쓰여서 so ~ that 구문이 쓰였음을 알 수 있다. 따라서 ②의 where를 that으로 고쳐야 한다.

현재 궤도에 잔해들이 너무 많아서 우주환경은 우주를 매우 위험하게 할 잇따른 충돌이 일어나기 직전에 있다고 주요 국제회의에서 결론 내렸다.

25 ①

접속사 중 간접의문문을 이끄는 의문사가 들어있는 문장의 어순을 물어보는 문제이다. 간접의문문의 어순은 평서문의 어순이므로, ①의 where are our relief parties를 where our relief parties are로 고쳐주어야 한다.

"우리는 심지어 우리 구조대가 어디에 있는지, 그들이 가장 심하게 지진피해를 입은 지역에 도달했는지도 알지 못합니다."라고 진원지(震源地)에서 약 130킬로미터 떨어진 데라둔의 한 경찰이 말했다.

26 ④

등위상관접속사 중 'not A but B'와 'not only A but also B'를 구분할 수 있는지 묻는 문제이다. ④의 not 뒤에 but also가 쓰인 것을 미루어 not only A but also B가 쓰였음을 알 수 있다. 따라서 ④의 not을 not only로 고쳐야 한다. 참고로 not only A but also B에서 also는 종종 생략이 가능함을 기억해 두자.

불법 산업기술 유출건수가 계속 급증하고 있다. 유출은 정보기술뿐만 아니라 자동차제조, 조선기술, 그리고 철강제조 기술을 대상으로 광범위해지고 있다.

27 ①

this time of year라는 명사구가 뒤에 있으므로, 접속사 while이 아닌 전치사 during이 와야 한다.

뉴욕의 크리스마스는 일 년 중 이 기간 동안 많은 영화에서 다루어진다. 이는 크리스마스라는 휴일이 뉴욕에서 가장 로맨틱하고 특별하다는 것을 의미한다. 날씨가 추워지면 그만큼 뉴욕은 화려한 불빛과 장식들로 가득 차게 된다.

28 ③

관계부사 where 뒤에는 완전한 절이 올 수 있지만, 선행사와 관계부사가 호응하지 않으며, 주어인 it이 가리키는 것이 불명확하다. 따라서 ③을 that으로 고쳐서 가주어 it에 대한 진주어 that이 되도록 만들어야 한다.

가족을 버리고 더 나은 기회를 찾을 수 있고 또 실제로 그렇게 하는 시골의 남성과는 달리, 시골의 여성은 가정에 매여 있다. 고용주들이 남성은 가정의 부양자이기 때문에 남성들에게 보다 많은 임금을 준다고 정당화하는 것은 씁쓸한 아이러니이다.

29 ③

접속사 if와 whether는 모두 '~인지 아닌지'라는 불확실성을 나타내지만 whether는 주어절에 쓰일 수 있는 반면, if는 주어절에 쓰일 수 없다. 따라서 ③을 Whether the rise로 고쳐야 한다.

모든 이목이 현재 파월 의장에게 쏠리고 있는데, 그는 내일 연례모임에서 발언할 예정이다. 금융시장은 연방준비제도이사회(Fed)가 기준금리를 최소 0.5% 인상할 가능성이 98%나 된다고 현재 보고 있다. 파월 의장이 비판세력을 잠재울 정도로 금리 인상이 충분한지는 두고 볼 일이다.

30 ④

④ 부정어가 쓰인 절 다음에 nor가 올 경우, nor 다음에 오는 절은 도치가 된다. 따라서 nor we want를 nor do we want로 고쳐야 한다.

① 행위가 우발적이었는지 의도적이었는지는 중요하지 않다.
② 필요한 것보다 더 돈을 가지게 될 때, 그 사람은 가진 돈의 노예가 된다.
③ 계속해서 내가 칼럼을 쓸 수 있게 그가 허락해줘서 나는 고맙게 생각한다.
④ 슬픔으로 단합되는 것을 원치 않으며, 두려움으로 단합되는 것 또 원치 않는다.

01 ①	02 ④	03 ②	04 ②	05 ④	06 ①	07 ③	08 ④	09 ②	10 ②
11 ④	12 ③	13 ④	14 ②	15 ④	16 ③	17 ④	18 ②	19 ③	20 ①
21 ③	22 ③	23 ①	24 ②	25 ②	26 ②	27 ①	28 ①	29 ③	30 ④

01 ①

빈칸 다음에 완전한 절이 왔고, 빈칸 앞에 장소를 나타내는 선행사 the place가 왔다. 장소를 선행사로 하고 완전한 절과 함께 쓰일 수 있는 것은 관계부사 where이므로, ①이 정답이다.

위스키타운은 스캇 라이언이 교사직을 처음 구한 곳이었다.

02 ④

타동사 share 다음에 목적어 자리가 비어있으므로 crackers를 선행사로 하여 계속적 용법으로 쓰일 수 있는 관계대명사 ④가 빈칸에 적절하다. ① that은 계속적용법이 불가능하여 부적절하고, ② as(~듯이, ~이므로)는 의미상 부적절하다. ③ what은 선행사를 포함하는 관계대명사로 부적절하고 계속적 용법으로 쓰이지도 않는다.

나는 크래커를 큰 봉지로 하나 가득 받았는데 여러분들 모두와 즐거이 나누어 먹을 것이다.

03 ②

① 선행사가 the way인 경우, 관계부사인 how와 함께 쓸 수 없다. ③ what은 선행사를 자체적으로 가지고 있으므로 the way를 선행사로 받을 수 없다. ④ which 다음에는 완전한 절이 올 수 없다. the way가 선행사인 경우 관계부사 how를 생략하거나, in which나 that을 쓸 수 있으므로 ②가 정답이다.

그녀의 변호사에 따르면, 하스토프 여사는 그녀의 법률문제가 해결된 방식에 만족했다고 한다.

04 ②

관계대명사 what은 자체적으로 선행사를 갖고 있어서, said 다음에 Congress를 목적어로 받을 수 없으므로, ①의 said는 부적절하며, ③과 ④는 대명사 it이 가리키는 바를 알 수 없으므로, 역시 부적절하다. ②의 said to는 빈칸 앞의 what이 said의 목적어가 되며, 말하는 대상이 to Congress가 되므로 정답이다.

더글러스 맥아더 장군이 의회에서의 고별연설에서 한 다음의 말을 기억해라: 노병은 다만 사라질 뿐이다.

05 ④

문장의 동사가 is이므로 ①이나 ②가 들어가면 동사가 둘이어서 부적절하다. '정부'가 'by 이하'에 의해 '좌우되는' 수동의 의미이므로 수동태 관계절인 ④가 적절하다.

이것은 소문과 병적 흥분에 좌우되는 정부를 갖는 것에 존재하는 위험을 생각나게 하는 것이다.

06 ①

'~에 관심을 가지다'는 be interested in으로 표현하므로, 전치사 in을 쓴 ①이 정답이다.

내가 가장 관심을 가지고 있는 과목은 스페인어이다.

07 ③

빈칸 앞에 완전한 주절이 왔으므로, 빈칸 다음에는 주절을 꾸며주는 말이 와야 하는데, 보기에서 관계대명사 what은 선행사를 자체적으로 가지고 있으므로, what이 쓰인 ②와 ④는 빈칸에 부적절하다. which 다음에 온 I think는 삽입절로 생략이 가능하며, 관계대명사의 격에 영향을 주지 않는다. 따라서 I think를 제외하고 볼 경우, which의 선행사 aspects와 호응하고 very important를 보어로 받을 수 있는 ③의 which I think are가 빈칸에 적절하다.

내가 준비한 증언에서, 나는 매우 중요하다고 여기는 이번 법안의 두 가지 측면에 초점을 맞추고 있다.

08 ④

빈칸 앞의 전치사 in 다음에 선행사가 없으므로, 선행사를 필요로 하는 which가 들어있는 ②와 ③은 빈칸에 부적절한 반면, 관계대명사 what은 선행사를 자체적으로 갖고 있으므로 빈칸에 적절하다. 그리고 동사 call은 5형식으로 쓰일 때, 'call A B(A를 B라고 부르다)' 형태로 쓰이며, 이를 수동태로 고칠 경우 'A is called B' 형태가 된다. 따라서 ④의 what is called가 빈칸에 적절하다.

달이 지구의 그림자의 바깥 부분을 통과할 때, 달은 반영식(半影式)이라 불리는 형태로 약간 어둑해진다.

09   ②

①은 관계사 that절의 선행사가 앞에 없으므로 빈칸에 적절치 않으며, ③은 선행사도 없고 that절 안에 동사 없이 목적어 it이 나와 어색하다. do가 생략되기 위해서는 동사 do와 do의 목적어인 it이 함께 생략되어야 한다. ④는 what이 불완전한 절을 이끄는데, what 다음에 완전한 절이 와서 적절치 않다. ②는 what we can 다음에 원래 do가 있어야 하는데, 빈칸 앞에 do가 있어서 반복되어 생략된 것이며, do의 목적어가 what이 되므로 ②의 what we can이 빈칸에 들어가야 한다.

만약 당신이 이민문제에 관한 추가 문의사항이 있다면, 우리는 당신을 돕기 위해 우리가 할 수 있는 모든 일을 하겠다.

10   ②

know와 같은 인식류 동사는 to부정사를 목적어로 취하지 못한다. to부정사를 목적어로 받기 위해서는 to 부정사 앞에 how를 덧붙여야 한다. 또한 빈칸 앞에 관계대명사의 선행사로 '사람'이 왔으므로 빈칸에는 who가 와야 할 것이다. 따라서 ②의 who knew how가 빈칸에 들어가야 한다.

마릴린 먼로는 슬플 때조차 행복해지는 법을 알고 있었던 소녀였다.

11   ④

소유격 관계대명사는 'whose+무관사+명사'로 나타나며, 선행사가 사물일 경우 'of which the+명사', 'the+명사+of which'의 형태로 쓸 수 있다. 선행사가 목걸이로 사물이므로, 'of which the+명사'의 형태로 쓰인 ④가 정답이다.

가격을 알 수 없는 그 목걸이가 어둠속에서 빛나고 있다.

12   ③

수여동사 lend가 3형식으로 쓰일 때는 '직접목적어+to+간접목적어'의 어순을 취한다. 따라서 to가 없는 ①과 ④는 빈칸에 부적절하다. 복합관계대명사는 관계절 내에서의 역할에 따라 격이 결정되며, 주절의 동사나 전치사는 복합관계대명사의 격에 영향을 주지 못한다. 따라서 전치사 to가 왔다고 해서 whomever가 되는 것이 아니라, 동사 wants에 대한 주격인 whoever가 되어야 하므로, ③의 to whoever wants가 정답이다.

우리는 예술작품을 만들기를 원하고 다문화적이고 포괄적인 방식으로 예술작품을 만들고자 하는 사람이라면 누구에게나 종종 도움을 제공한다.

13   ④

관계대명사 that은 전치사의 목적어로 쓰이지 않는다. 따라서 that을 which로 고쳐야 한다. 이때 which의 선행사는 a drug이다. ② 동사를 수식하는 부사다. ③ 부사 still은 부정문에서 조동사 앞에 위치한다.

그 의사는 그녀의 문제를 정확히 진단했지만, 그녀가 좋은 반응을 보일만 한 약을 아직 찾지 못했다.

14   ②

②는 앞 절 전체를 가리키므로 그 앞에 접속사 and를 넣어 and that으로 고치거나 하나의 관계대명사로 계속적용법에 쓰일 수 있는 which로 고쳐야 한다. ④ one은 a sneeze를 대신한 대명사이고, 현재분사 coming on(다가오는, 시작하는)은 목적보어이다.

우리 어머니는 교향악단에서 연주하시는데, 그것은 어머니가 재채기가 시작하는 것을 느낄 때 재채기를 막는 방법을 알고 계신다는 것을 의미한다.

15   ④

look forward to에서 to는 전치사이므로 동명사가 이어져야 한다. 따라서 receive를 receiving으로 고쳐야 한다. ① neither A nor B 구문이 주어인 경우, 동사는 B에 일치시킨다. ② keep A from ~ing 구문은 'A로 하여금 ~하지 못하게 하다'라는 뜻이다. ③ our letters를 선행사로 하는 관계대명사이며, 자신이 이끄는 절 속에서 receiving의 목적어가 되므로 목적격이다. 따라서 생략할 수도 있다.

비도 눈도 우리들이 받기를 학수고대하는 편지들을 그 집배원이 배달하는 것을 막지 못한다.

16   ③

③과 같은 '전치사+관계대명사'의 형태에서 어떤 전치사를 쓸 것인가는 뒤에 이어지는 절 속의 동사와 문맥을 통해 결정해야 한다. 칼이라는 도구를 써서 부상을 입힌 것이므로, 수단과 도구를 나타내는 전치사 with를 써서 표현해야 한다. ③을 with which로 고친다.

화가 난 그 남자가 그 소녀를 구타하기 시작했을 때, 그녀는 부엌으로 쏜살같이 달려가서는 칼을 들고 나타났는데, 그 칼로 그녀는 그 남자를 다치게 했다.

17   ④

끝에 'since+과거시점 표현(World War Two)'이 있으므로 ④를 현재완료시제 has faced로 고쳐야 한다. ① 주어절을 이끄는 관계대명사 what이고 1993년 10월에 따라 과거시제 was가 맞다. ② convey A to B(A를 B에게 전하다)의 수동태 구문이다. What이 A이고 Yeltsin이 B이다. ③ 3형식동사이다.

1993년 10월에 옐친에게 전하진 것(메시지)이 2차 세계대전 이후 미국이 직면해온 핵심적인 도전을 보여준다.

18   ②

which 관계절은 they are naturally afraid of a species에서 a species를 선행사로 하여 만들어진 것이므로 afraid 다음의 of를 관계대명사 앞

에 넣어 ②를 of which로 고쳐야 한다. ① '~할 위험'은 'risk of 동명사'이다. ③ 형용사 afraid를 수식하는 부사이다. ④ 접속사 while 다음에 they are hunting에서 they are가 생략된 것이다.

밤에 활동하는 것이 그들이 도시지역에서 사냥하는 동안 천성적으로 무서워하는 종과 마주칠 위험을 낮추어준다.

---

19 ③

because 이하에는 명사절을 이끌어 동사 reveals에 대한 주어 역할을 할 수 있으면서, 전치사 in의 목적어 역할을 동시에 할 수 있는 표현이 필요하다. 따라서 선행사가 포함된 관계대명사 what이 필요하다.

나는 다른 사람들이 관심가지고 있는 것이 꽤 매력적이라고 생각하는데, 왜냐하면 사람들이 관심가지고 있는 것은 남자든 여자든 그 사람이 가진 인격에 관해 무언가를 드러내기 때문이다.

---

20 ①

② left in은 등위접속사 and로 병치되어 원래 had been left in인데, and 앞에 had been이 이미 있어서 반복을 피하기 위해 생략된 형태이다. 따라서 주어인 The corpse of a woman에 대한 동사는 had been stuffed와 left가 되는데, train stations 다음에 연결사 없이 또 동사 went가 와서 틀렸다. 따라서 went가 주어에 대한 정동사가 되도록 ①을 that had been stuffed로 고쳐서 that had been stuffed ~ train stations가 주어를 수식해 주도록 만들어야 한다.

여행 가방에 쑤셔 넣어진 채 세계에서 가장 번잡한 기차역들 중 한 곳에 있는 어느 사물함에 버려진 한 여인의 시체가 한 달 동안 발견되지 않은 상태로 있었다.

---

21 ③

95 percent 다음에 오는 of는 '~중에서'라는 뜻의 전치사이다. ③에서 who 다음에 die가 와서 얼핏 자연스러워 보이지만, die의 주어는 who가 아니라 95 percent of who가 되며, 이 95 percent of who는 원래 and 95 percent of them에서 and와 them 대신 관계대명사가 쓰인 것이며, 전치사 of 다음에는 목적격 관계대명사 whom이 쓰여야 하므로 ③을 whom die로 고쳐야 한다.

벌거숭이 두더지 쥐는 생쥐들보다 약 10배나 오래 살며, (전체 생쥐들 중) 95%가 암으로 죽는 생쥐들과는 달리, 벌거숭이 두더지 쥐는 암에 영향을 받지 않는다.

---

22 ③

전치사의 목적어가 될 수 있는 것은 관계대명사다. 따라서 beyond where를 beyond which로 고쳐야 한다. 또한 이것이 '전치사+관계대명사'의 구조를 이루므로, 뒤에 완전한 문장이 이어졌음을 확인할 수 있다. ① 명사 attempt 뒤에는 관용적으로 to부정사가 온다. ② '전치사+동명사'이다. ④ 'be reluctant to 동사원형'은 '~하기를 꺼리다'라는 의미다.

사회복지 프로그램을 없앰으로써 인플레이션을 조절하려는 데 있어서, 많은 경제학자와 정치인들이 넘기를 꺼리는 도덕적 한계가 존재하고 있다.

---

23 ①

The high price와 the company 사이에 목적격 관계대명사 that이 생략되어 있으며, 동사 paid의 목적어는 생략된 목적격 관계대명사다. 따라서 목적어 it은 불필요하므로, paid it에서 it을 삭제해야 한다. ② later는 부사이고, triggered는 전체 문장의 동사이다. ③, ④ that은 앞의 명사를 선행사로 하는 주격 관계대명사이다. 'force A to부정사'는 'A로 하여금 ~하게 하다'의 의미이며, it은 the company를 가리킨다.

그 회사가 그 건설 회사를 매입하기 위해 높은 가격을 지불했기 때문에 나중에 그룹 전체에 걸쳐 유동성 부족이 초래되었으며, 이로 인해 많은 자산을 매각할 수밖에 없게 되었다.

---

24 ②

The success of the Greens가 주어이고 그다음에 the Greens를 선행사로 한 관계절이 삽입된 것이므로, ②를 시제가 나타난 형태인 forces로 고쳐야 한다.

올해 초 여론조사에서 잠깐 수위를 차지한 녹색당(원들)의 성공은 그 당으로 하여금 당의 두 지도자 중 어느 분이 수상이 될 것이냐에 대한 끝없는 질문을 적절히 받아넘겨야만 하게 만든다.

---

25 ②

which 관계절에서 think of의 목적어를 issues and concerns로 하고 personal and individual을 목적격 보어로 하는 think of A as B(A를 B로 간주하다)가 쓰였음을 알 수 있으므로 ②를 of as personal로 고쳐야 한다.

사회학이 가르치는 귀중한 것들 중 하나는 우리가 개인적이고 개별적인 것으로 간주하는 그런 이슈들과 관심사들이 대부분 훨씬 더 일반적이라는 것이다.

---

26 ②

②앞에 이미 완전한 절이 온 이후 연결사 없이 또 완전한 절이 이어져 틀렸다. ②가 연결사 기능을 하도록 many of whom으로 고쳐야 한다.

그의 불운한 피해자들의 가슴 아픈 보고를 듣는 동안 그의 수법의 숨길 수 없는 흔적들이 드러났는데, 많은 피해자들은 그가 그들을 교묘히 궁지로 몰고 간 정도를 이해하지 못했다.

---

27 ①

소유격 관계대명사를 제대로 쓸 수 있는지 묻는 문제이다. ②의 directed와 앞의 was는 둘 다 동사이므로 두 동사 사이이 연결 장치가 필요하다. 관계대명사가 이런 연결 장치 역할을 해주는데, ①의 who는 주격 관계대명사로 바로 다음에 동사가 나와야 하지만, 명사가 나왔으므

로 ①의 who를 관계대명사 다음에 항상 명사가 올 수 있는 소유격 관계
대명사 whose로 고쳐야 한다.

드와이트 아이젠하우어는 그의 별명이 아이크였는데, 동맹국을 지휘하였고,
연합국의 사령관으로서 작전개시일을 계획하였고, 미국의 34대 대통령이 되
었다.

---

28 ①

계속적 용법에 대해 알고 있는지, 그리고 관계대명사와 관계부사를 구분
할 수 있는지 묻는 문제이다. 관계사는 관계사 앞에 콤마(,)가 있는지 여
부에 따라 계속적 용법과 제한적 용법으로 구분한다. 문제에서는 관계사
앞에 콤마(,)가 있으므로 계속적 용법으로 사용되었다. 한편 관계대명사
는 뒤에 주어나 목적어가 빠져있는 불완전한 문장이 오는 반면에, 관계
부사는 주어, 동사, 목적어 모두를 갖춘 완전한 문장이 온다. 따라서 ①
의 which 뒤에 주어, 농사, 목적어 모두를 갖춘 완전한 문장이 왔으므로,
①의 which를 장소를 선행사로 받는 관계부사 where로 고쳐야 한다.

멋진 현대차가 서울거리를 돌아다니고 삼성전자 같은 일류회사들이 세계시장
을 장악하고 있는 한국은 연간 총생산이 9천억 달러에 가까운 경제대국이다.

---

29 ③

관계대명사와 관계부사를 구분할 수 있는지 묻는 문제이다. 관계대명사
는 뒤에 주어나 목적어가 빠져있는 불완전한 문장이 오는 반면, 관계부
사는 주어, 동사, 목적어 모두를 갖춘 완전한 문장이 온다. 따라서 ③의
which 뒤에 주어, 동사, 목적어 모두를 갖춘 완전한 문장이 왔으므로, ③
의 which를 시간을 선행사로 받는 관계부사 when으로 고쳐야 한다.

보다 긴밀한 협력이 전 세계적인 테러와의 전쟁을 치르기 위해 필요한 이 시
점에, 일본이 제국주의로 얼룩진 과거와의 끈을 단절하려 하지 않기 때문에,
동북아시아국가들은 외교적 긴장과 상호불신을 경험해왔다.

---

30 ④

④ 관계대명사 which 뒤에 완전한 문장이 주어져 있으므로 옳지 않다.
관계대명사가 문법적 역할을 가질 수 있도록 앞에 전치사를 넣어줄 수
있는데, 물건을 '상점에서부터' 구매하는 것이므로 전치사 from이 적절
하다. which를 from which로 고친다. 한편 work는 자동사로 '움직이
다' '작동하다'의 뜻으로 쓰였으며 well은 부사이다. ① 주절의 주어는
the risks이고 동사는 are increased이다. involved in using them은
the risks를 수식하는 역할을 하고 있으며, 대명사 them은 drugs를 가
리킨다. ② that은 목적격 관계대명사로 쓰였으며, 뒤에 불완전한 절이
왔음을 확인할 수 있다. ③ It was said that he was the youngest
player that could get the title을 단문으로 고친 형태의 문장이며,
that은 주격 관계대명사로 쓰였다.

① 약에 대한 믿을 만한 정보가 없을 때 약 사용에 따르는 위험이 증가한다.
② 그것은 내가 특히나 편안하게 생각하는 것이다.
③ 그는 그 타이틀을 거머쥘 수 있었던 가장 젊은 선수였다고 한다.
④ 작동이 잘 안 되는 물건을 최근에 내가 구입한 가게가 저곳이다.

01 ③	**02** ①	**03** ④	**04** ④	**05** ①	**06** ④	**07** ④	**08** ②	**09** ③	**10** ③
11 ②	**12** ①	**13** ③	**14** ③	**15** ①	**16** ②	**17** ④	**18** ③	**19** ①	**20** ③
21 ②	**22** ④	**23** ①	**24** ①	**25** ②	**26** ④	**27** ①	**28** ②	**29** ②	**30** ①

01 ③

관계대명사는 선행사가 무엇이냐에 따라 달라지는데, ① who가 올 경우 의미가 어색하고 선행사와 수일치도 되지 않는다. ② that은 콤마가 있으므로 계속적 용법으로 쓰일 수 없다. ④ where는 관계부사로 where 뒤에는 주어와 동사로 이루어진 완전한 절이 와야 한다. ③ 콤마가 왔으므로, 계속적 용법으로 쓰일 수 있고, which가 앞 문장 전체를 선행사로 받을 수 있으므로, ③의 which가 빈칸에 들어가야 적절하다.

두 남자 사이에 싸움이 벌어지고 있다고 그가 말했는데, 그가 말한 것은 거짓말이었다.

02 ①

his father claims는 삽입절이다. his father claims 다음에 동사 has seduced가 있으므로, 선행사를 사람으로 하는 주격 관계대명사 who가 적절하다.

이 사람이 아들을 유혹했다고 그의 아버지가 주장하는 여배우야!

03 ④

선행사 questions가 관계사절 속의 동사 ask의 목적어로 쓰였다. 빈칸에는 목적격 관계대명사가 와야 하므로 ④가 정답이다.

지원자들이 성공적인 취업 면접을 치르기 위해서는 그들이 받을 질문들을 알고 있어야 한다.

04 ④

관계대명사 what의 관용적인 표현 A is to B what C is to D(A가 B에 대한 관계는 C가 D에 대한 관계와 같다)를 알고 있는지 묻는 문제이다. 따라서 ④의 what이 빈칸에 들어가야 한다.

낙타와 사막에 대한 관계는 배와 바다에 대한 관계와 같다.

05 ①

the doctrine 뒤의 that절은 동격절이므로 rely의 주어가 될 표현이 필요하다. 따라서 ①이 정답이 되며, those who ~는 '~하는 사람들'이라는 의미이다.

모든 역사가 증명한 교리는 칼로 흥한 자는 칼로 망한다는 것이다.

06 ④

빈칸 앞 문장이 완전하므로, 빈칸에는 연결어구가 필요하다. ①는 when 뒤에 주어가 없어서 곤란하고, ②는 so를 접속사로 보면 앞에 콤마도 없고 주어도 없어서 부적절하다. ③은 연결어가 없으므로 정답이 될 수 없다. 따라서 ④가 정답이다. 이때 that은 '접속사+대명사' 역할을 하는 관계대명사다.

지붕 있는 다리는 버팀목과 바닥을 형성하는 목재로 짓는데, 지붕이 있어서 날씨로부터 보호를 받는다.

07 ④

두개의 절을 연결하는 접속사의 역할과 뒤에 오는 명사 unique singing style을 수식하는 역할을 동시에 할 수 있는 표현이 필요하므로, ④의 소유격 관계대명사 whose가 정답이다.

독특한 노래 스타일로 유명해진 빌리 홀리데이는 레이디 데이로도 알려져 있었다.

08 ②

빈칸 앞의 a dining car(선행사)를 수식하면서 빈칸 뒤의 목적어를 받아야 하므로 '주격관계대명사 + 동사'가 필요하다.

1868년에 조지 풀먼이 주방 있는 식당차를 도입했다.

09 ③

be동사의 보어가 될 수 있는 명사를 포함하고 있는 것은 ③과 ④인데, the way와 how는 둘 중 하나만 써야 하므로 ③이 정답으로 적절하다. 이 때 선행사 the reason 뒤에는 관계부사 why가 생략돼 있다.

알다시피, 코끼리가 100년 넘게 사는 이유는 그 때문이다.

10 ③

aware와 호응하는 전치사는 of이다. of의 뒤에는 명사절이 와야 하는데, said의 목적어가 비어 있으므로 선행사를 포함한 관계대명사 what이 있는 ③이 정답이다.

증인이 없기 때문에 아무도 그가 한 말에 대해 모르고 있었다.

11 ②

빈칸은 주어 Seismology의 동격자리이므로 명사(구)를 완성시키는 표현이 들어가야 한다. 따라서 ②의 the가 빈칸에 적절하며, which is the science of earthquakes에서 which is가 생략된 것으로 볼 수도 있다.

지진에 대한 학문인 지진학은 지구가 어떻게 계속적으로 변화하고 있는가를 우리가 이해하는 데 이바지해 왔다.

12 ①

앞 문장 전체를 선행사로 받을 수 있는 것은 관계대명사 which이므로, ①이 정답이다.

그녀가 웃었을 때, 그녀는 자주 그렇게 했는데, 크고 누렇고 고르지 못한 치아를 볼 수 있었다.

13 ③

③의 what앞에 선행사가 있으므로 선행사를 포함하는 관계대명사 what을 쓸 수 없다. ③을 that이나 which로 고쳐야 한다.

오늘은 그의 친구가 쌓고 있는 다른 부채에 대해 걱정한다.

14 ③

관계대명사의 격은 자신이 이끄는 절에서의 역할에 의해 결정된다. ③은 자신이 이끄는 절에서 주어의 역할을 하고 있으므로 주격이어야 한다. 따라서 ③을 whoever로 고쳐야 한다.

팀워크가 요구하는 것은 선수가 누구든지 득점할 수 있는 가장 좋은 위치에 있는 사람에게 공을 패스하는 것이다.

15 ①

관계대명사 that은 전치사 뒤에 쓸 수 없으며 which의 경우는 가능하다. 따라서 ①을 in which로 고쳐야 한다.

17세기는 과학과 철학 모두에서 많은 중요한 발전이 이루어진 시기였다.

16 ②

관계대명사 which 다음에는 불완전한 절이 와야 하는데 완전한 절이 왔으므로, ②를 관계부사 where로 고쳐야 한다. ① agree는 to부정사를 목적어로 취한다. ③ the human rights (violations) and other violations이다. other 다음에는 복수명사가 올 수 있다. ④ 부사 far의 비교급으로 보통 be와 과거분사 사이에 위치한다.

그 회의는 새로운 모임을 몇 차례 이어 갖기로 동의했는데, 그 모임에서는 인권침해와 또 다른 침해들이 더욱 심도 있게 다루어질 것이다.

17 ③

의문대명사 what이 이끄는 절이 wondered의 목적어로 쓰였다. 만약 ③을 그대로 두면, 뒤에 완전한 절이 이어지므로 what의 문법적 역할을 설명할 수 없게 된다. it을 삭제해서 what으로 하여금 주어 역할을 하도록 하면 앞서 언급한 문제가 해결된다. what it was에서 it을 삭제한다. ① lay는 '눕다'라는 뜻의 자동사 lie의 과거형이다. ② sinking은 앞의 the sun을 후치 수식하는 현재분사다.

그는 태양이 창살 너머로 지는 것을 바라보면서 침대에 누워 있었으며 비참한 기분으로 자신에게 앞으로 어떤 일이 일어날지를 생각했다.

18 ③

which 다음에 완전한 절이 와서 틀렸다. 완전한 절과 쓰이고, 선행사로 장소를 받는 관계부사 where로 ③을 고쳐주어야 한다.

빗물은 사용되지 않은 화학물질을 지면에서 개울이나 호수로 운반하는데, 그곳에서 다양한 화합물이 잡초의 성장률을 끌어올린다.

19 ①

관계대명사 that의 용법을 알고 있는지 묻는 문제이다. 부정대명사 all이 선행사로 오는 경우, 관계대명사 that이 온다. 따라서 ①의 All which를 All that으로 고쳐야 한다.

수요일 한 첨단기술회사의 주식이 오르는 데 필요했던 것은 웹페이지 게시판에 실린 가짜뉴스가 전부였다.

20 ③

microscopes를 선행사로 하는 관계대명사절에서 which가 주어 역할을 하고 있으므로 또 다른 주어는 필요하지 않다. ③의 it을 삭제한다.

미생물은 보이지 않기 때문에 그것들을 크게 확대할 수 있는 현미경이 발명되기 전까지 미생물의 존재는 확인되지 않았다.

21　②

전치사 during의 목적어 역할을 하는 목적격 관계대명사가 요구되므로 ②에서 관계부사 when을 관계대명사 which로 고친다.

미국의 국가부채는 2차 대전까지만 해도 상대적으로 적었으나, 2차 대전 동안 불과 5년 만에 430억 달러에서 2,590억 달러로 늘어났다.

22　④

search와 호응하는 전치사는 in이 아니라 for이므로 ④번의 in which를 for which로 고친다.

나는 내가 유년 시절에 잃었던 가족의 애정을 느꼈고, 내가 오랫동안 찾았지만 결국 찾지 못했던 가족의 뿌리와 관련된 따뜻함을 느꼈다.

23　①

'~에 이르다'는 표현에서 come 뒤에는 전치사 to를 쓴다. 따라서 ①은 The New World to which로 고쳐야 한다.

콜럼버스가 15세기 말에 도착한 신세계는 우리가 믿고 싶은 것처럼 완전히 미개하고 길들여지지 않은 곳은 아니었다.

24　①

shows의 목적어가 되는 that절에서, 주어는 a household이고 동사는 stands이며, 'which both ~ pursuing careers'는 a household를 수식하는 관계사절을 이루고 있다. 그런데 which 뒤에 완전한 문장이 주어져 있는 셈이므로, 관계대명사를 쓴 것은 옳지 않다. 따라서 ①의 which를 관계부사 where로 고치거나 혹은 '전치사+ 관계대명사'를 써서 in which로 고쳐야 한다.

최근의 한 조사에 따르면 부부 모두가 직장 일을 하는 가정이 남편만 일하는 가정보다 깨지지 않고 유지될 가능성이 더 높은 것으로 나타나고 있다.

25　②

what은 선행사를 포함하는 관계대명사이므로 그 앞에는 선행사가 생략되어 있어야 한다. 주어진 문장의 경우 문맥상 what앞에 위치한 the formations이 선행사이므로 ②의 what은 which가 되어야 한다.

지질학자로 구성된 그 팀은 스케치북에 그림을 그리고 그들이 관찰했던 지질(地質) 층에 대한 설명을 써넣은 뒤에, 기록을 비교하기 위해 그들의 야영지로 되돌아갔다.

26　④

전체 문장의 동사는 'has to do with'인데, 이것의 목적어가 되는 표현을 잘 살펴보아야 한다. 주어진 문장에서, has to do with의 목적어가

'A, B, and C'의 구조를 취하고 있는데, 이와 같은 표현에서 A, B, C에 해당하는 표현은 그 문법적인 구조나 형태가 같은 '병치구조'를 이루어야 한다. A와 B에 해당하는 national pride와 persistent anger는 명사구인데 반해, and 이하에는 절이 주어져 있으므로 병치구조가 이뤄지지 않은 상태이다. 따라서 ④ 이하를 the kind of raw hatred를 수식하는 관계사절로 만들면 앞서 언급한 문제가 해결된다. ④ has long proved를 that has long proved로 고치면 that has long ~ political conflict 부분이 the kind of raw hatred를 수식하는 형태가 되어 옳은 문장이 된다. 한편, 이 문제의 문장을 분석하는 데 있어 수식어구들의 방해를 받을 공산이 크다. 'over past wrongs done'과 'from a historical perspective'를 괄호로 묶어놓고서 문장을 보면 좀 더 이해가 빠를 것이다.

이것은 국가적 자긍심, 과거 범법행위에 대한 끊임없는 분노, 그리고 역사적인 관점에서 봤을 때, 수 세기 동안의 정치적 갈등의 모태가 되었던 종류의 노골적인 증오와 관련이 있다.

27　①

문장의 정동사가 없는 상황이므로 ①에서 who를 삭제하여 was가 전체 문장의 동사 역할을 하도록 해주어야 한다.

마크 트웨인은 유머와 풍자로 특징지어지지만 지방색과 언어의 현실성, 매력적인 등장인물, 위선의 경멸 등으로도 잘 알려진 명작을 쓴 미국 작가이다.

28　②

문장에 나오는 which[주격관계대명사] 다음의 research shows는 삽입절이므로 선행사 resistant starch에 종속절(형용사절) 동사의 수를 일치시킨다. ② 'block'을 단수동사 'blocks'로 고친다.

바나나는 저항력이 있는 녹말을 함유하고 있는데 이 녹말은 연구결과가 보여주는 것처럼 일부 탄수화물이 에너지원으로 전환되는 것을 막아, 당신의 몸을 대신 지방저장물에 의존하게 강제함으로써 지방연소를 증가시키는바, 이는 지속적인 체중감량을 위한 확실한 보조물이다.

29　②

선행 명사를 수식하는 관계구는 '전치사+관계대명사+to 부정사'의 형태를 이룬다. 따라서 ②를 with which to cut으로 고쳐야 하는데, ②는 원래 with which we cut one's food를 to부정사 형태의 관계구로 바꾼 것이다.

누군가가 비행기 안에 있거나 소풍을 갔다고 상상해 보자. 그리고 음식을 자를 플라스틱 칼을 받았다고 상상해 보자. 우리들 대부분이 알고 좌절하듯이, 자르는 것은 플라스틱 칼로 하기에는 종종 어려운 일이다.

30　①

① 유사 관계대명사 but은 부정의 의미가 포함되어 있으므로 does not know를 knows로 고친다. ② you think는 삽입절이므로 종속절의 is

honest의 주어로 온 주격복합관계대명사 whoever의 형태는 옳다. ③
전치사 for의 목적어 역할을 하면서 보어자리에서 명사절을 이끄는 목
적격관계대명사 what의 형태는 옳다. ④ 동사 do의 목적어인 명사절
what one likes가 문두로 도치된 옳은 문장이다.

① 그 사실을 모르는 자는 아무도 없다.
② 당신은 당신이 정직하다고 생각하는 누구에게나 그것을 줄 수 있다.
③ 이것이 내가 찾고 있었던 것이다.
④ 사람은 자기가 좋아하는 것을 잘하기 마련이다.

10 관계사

01 ①	02 ④	03 ④	04 ③	05 ④	06 ②	07 ②	08 ②	09 ③	10 ③
11 ④	12 ②	13 ③	14 ③	15 ③	16 ④	17 ②	18 ③	19 ④	20 ③
21 ④	22 ③	23 ③	24 ①	25 ③	26 ①	27 ③	28 ④	29 ③	30 ②

01   ①

which 다음에 완전한 절이 왔으므로, which 앞에 전치사를 붙여야 한다. pen은 도구에 해당하므로 도구와 함께 쓰이는 전치사인 ①의 with가 빈칸에 적절하다.

그 헌장에 서명을 한 이후, 부토 여사와 샤리프 씨는 그 협정을 마무리하는 데 썼던 펜을 서로 교환했다.

02   ④

빈칸 뒤에 완전한 절이 왔으며, 선행사로 장소가 왔으므로, 빈칸에는 관계부사인 ④ where가 들어가는 것이 적절하다.

우리는 30년 넘게 살았던 땅을 떠나고 싶지 않았다.

03   ④

exploit은 동사와 명사로 모두 쓰일 수 있다. 동사의 경우 '부당하게 사용하다'는 뜻의 타동사로 쓰이는데, 주어와 목적어가 없으므로 적절치 않다. 따라서 exploit은 명사로 봐야 하는데, exploit은 주로 복수형으로 '위업, 공훈'이라는 뜻으로 쓰여 whose와 호응하며, whose exploits가 may have gone unnoticed의 주어가 되므로, ④의 whose가 빈칸에 적절하다.

명예의 전당은 스포츠에 공헌한 사람들에 대한 국가의 고마움을 표현하는 수단으로 설립되었는데, 이들의 위업은 과거에 주목받지 못했을지도 모른다.

04   ③

동사 is가 두 개 있는데, 연결사 없이 한 문장에 두 개의 동사가 올수 없다. 따라서 '빈칸+is important'가 본동사 is의 주어가 되어야 한다. what은 the thing which와 같은 말로, the thing which is important 대신에 쓰는 What is important가 주어가 되도록 ③의 What이 빈칸에 들어가야 한다.

중요한 것은 경기의 결과가 아니라 (경기의) 참여이다.

05   ④

빈칸 바로 앞의 an official annual holiday를 선행사로 하는 계속적 용법의 주격관계대명사를 요구하는 문제이다. 관계대명사 that과 what은 계속적용법으로 사용이 불가하므로, ④가 정답이 된다.

1863년 미국 대통령 에이브러햄 링컨은 추수감사절을 공휴일로 정했는데, 그것은 현재 매년 11월 넷째 목요일에 (의식 등을 통해) 기려지고 있다.

06   ②

관계사 what의 용법을 알고 있는지 묻는 문제이다. 관계대명사 what은 선행사를 자체적으로 포함하고 있으며, 명사절을 이끌어 주어, 보어, 목적어, 전치사의 목적어의 기능을 한다. 보기가 다 관계사이며, 빈칸 앞에 선행사가 없으면서 빈칸이 is needed와 함께 주어역할을 하고 있으므로, 빈칸에는 ②의 what이 들어가야 하다.

한국이 1인당 국민소득 4만 달러의 선진경제에 진입하기 위해 필요한 것은 삼성이 몇 개 더 있어야 한다는 것이다.

07   ②

관계대명사절 속의 believed는 5형식 동사이고 선행사인 a gentleman이 believe의 목적어이므로 목적격 관계 대명사 whom이 적절하다.

빗속에서, 나는 내가 교수라고 생각했던 한 신사를 만났다.

08   ②

빈칸 뒤의 절 constant interaction is required가 완전하므로, '전치사+관계대명사' 형태인 in which가 와야 한다.

판매 산업은 끊임없는 상호 대화[교류]가 요구되므로, 훌륭한 대인관계 기술은 필수적이다.

09   ③

it은 Sony를 받은 대명사이며, it hopes는 삽입절로 생략가능하다. 따라서 it hopes를 제외하고 보면, 빈칸에는 앞의 절의 플레이스테이션 4를 선행사로 받으면서 will give의 주어역할을 하는 which가 들어가야 한다. 따라서 ③의 which it hopes가 빈칸에 적절하다.

소니는 큰 기대를 받고 있는 플레이스테이션4를 공개했는데, 플레이스테이션4가 최신 게임 콘솔 전쟁에서 마이크로소프트를 이기길 희망하고 있다.

10 ③

빈칸 앞에 콤마가 있으므로 계속적 용법으로 쓰이는 목적격 관계대명사 which가 필요하다. 따라서 ③이 정답이 되며, that은 계속적 용법에서 쓸 수 없다는 점에서 ①은 답이 될 수 없고, 계속적 용법에서 목적격 관계대명사는 생략할 수 없으므로 ②도 답이 될 수 없다.

브래드는 자신의 새로운 직업에 관해 내게 말했는데, 그는 그것을 매우 즐기고 있었다.

11 ④

① which는 선행사인 명사가 앞에 있어야 한다. ② call은 5형식 동사로 쓰일 때, call A B(A를 B라고 부르다)의 형태를 취하므로 as를 빼야 한다. ③ that을 명사절에 쓰이는 접속사로 볼 경우, called의 목적어가 빠져있으며, that을 관계사로 볼 경우, that의 선행사가 없어 어색하다. ④ call이 5형식으로 쓰일 때는 'call A(목적어) B(목적격 보어)'를 쓰며, what이 called의 목적어, exemplary people이 목적격 보어로 옳게 쓰였으므로 ④의 what he called가 빈칸에 들어가야 한다.

매슬로우는 정신질환자보다 알버트 아인슈타인같이 그가 모범적인 사람이라고 부르는 사람들을 연구했다.

12 ②

이미 앞에 완전한 문장을 갖추고 있으므로 빈칸 이하는 수식어구가 되는 것이 적절하다. 따라서 관계대명사가 쓰인 ② 혹은 ④가 정답이 될 수 있는데, 선행사 the Great Wall과 consider가 수동 관계이므로 ②가 정답이다.

중국인들은 만리장성을 건설했는데, 그것은 오늘날까지도 경이로운 것으로 여겨지고 있다.

13 ③

선행사가 reason이고 빈칸 뒤의 절이 완전하므로 관계부사 why가 적절하다. 따라서 ③의 where를 why로 고쳐야 한다.

식량 위기는 가난한 사람들이 가난한 한 가지 이유에 해당한다.

14 ③

they say는 삽입절이므로, 삽입절을 제외하고 보면 the woman who 다음에 동사가 와야 함을 알 수 있다. 따라서 ③을 speaks로 고쳐야 한다.

나는 영어를 유창하게 말한다고 하는 그 여성을 고용할 것이다.

15 ③

in which 이하 관계사절 속의 동사가 필요한 상황이므로, ③을 involves로 고쳐야 한다.

드라이클리닝은 첫 단계가 옷을 세척용액에 푹 담그는 일인 습식 과정이다.

16 ④

관계대명사 which 앞에 선행사가 없으며, do 동사 뒤에 목적어가 비어 있다. 따라서 전치사의 목적어 구실을 하며 자체에 선행사를 가지고 있는 관계대명사 what을 사용하여 ④를 of what으로 고쳐야 한다.

다이어트 하는 사람은 초콜릿 선디를 멀리할지도 모르는데, 그 사람이 그것을 좋아하지 않기 때문이 아니라, 그 결과 자신의 허리 치수가 어떻게 될 것인지에 대한 두려움 때문이다.

17 ②

문장의 술어동사는 expressed이므로 ②는 분사나 관계사절이 되어 명사 convention을 수식하는 역할을 해야 한다. 따라서 was held를 held 또는 which was held로 고쳐야 한다. ③ in honor of는 '~에 경의를 표해, ~을 축하하여'라는 뜻이다. ④ outgoing은 '사교적인'이라는 의미로 가장 많이 쓰이나, 주어진 문장에서는 '퇴임하는'의 뜻으로 쓰였다.

후보자들은 퇴임하는 주(州) 대표자에게 경의를 표하기 위해 마련된 당 대회에서 그날 있었던 사건들에 대해 자신들의 의견들을 말했다.

18 ③

remind는 'remind+사람+of+명사'의 어순을 취하는데, 명사 toll 다음에 완전한 절이 와서 어색해졌다. the toll last year's season took residents는 원래 the toll that last year's season took residents에서 that이 생략된 형태로, 동사 took이 the toll과 residents라는 두 개의 목적어를 받아서 틀렸다. 따라서 선행사인 the toll을 took의 목적어로 받도록 residents를 on residents로 고쳐서 부사구로 만들어야 하는데, 문제에서는 take a toll on(~에 큰 피해를 주다)이라는 표현이 쓰인 것이다.

독감철이 다시 임박함에 따라, 보건 공무원들은 지난해 독감철에 주민들이 입었던 큰 피해를 상기시키고 있으며, 주민 모두에게 독감 주사를 맞으라고 권장하고 있다.

19 ④

형용사 aware가 that절을 목적어로 받는데, that절의 주어는 not only ~ are spoken까지이므로, 주어에 대한 정동사가 있어야 한다. 따라서 주어가 복수이므로 ④를 동사 형태인 carry로 고쳐야 한다.

암호문을 해독하는 사람은 발화된 말 뿐 아니라 그 말이 말해지는 말투, 음색 그리고 속도가 의미를 담고 있다는 것을 인식해야 한다.

20 ③

관계대명사 that은 계속적 용법으로 쓸 수 없으므로 ③을 which로 고쳐야 한다. ② 동명사구 주어이므로 단수 취급하여 means가 맞다.

소수 언어를 배우는 것은 특정 집단의 사람들과 그들의 전통과 문화를 알게 되는 것을 의미하는데, 이것은 평화로운 세상을 만드는 데 큰 도움이 될 수 있다.

21 ④

불완전한 절과 함께 쓰이는 which 다음에 완전한 절이 와서 틀렸다. 따라서 which 이하가 불완전한 절이 되도록 ④를 brought to life로 고쳐야 하는데, 이때 brought to life는 'bring somebody to life(~를 살리다)'가 쓰인 것으로, somebody에 해당하는 것이 선행사인 a statue of a woman이 된다.

피그말리온은 그리스 신화에서 키프로스의 왕으로 처음 등장했는데, 그 왕은 한 여인상을 조각한 다음 그 조각상과 사랑에 빠져서, 아프로디테 여신이 여인상을 갈라테이아라는 여인으로 살아나게 했다.

22 ③

관계대명사 who 다음에 동사가 와야 하므로, ③을 are enthusiastic으로 고쳐야 한다.

최초의 여성 부통령을 선출할 가능성에 대해 그녀가 열광적인 무소속 투표자들과 온건 민주당원들의 표를 끌어 모을 것이라고 그들은 주장하고 있다.

23 ③

③은 앞의 way of life를 수식하는 관계절이 아니라 그것과 비교되는 way of life라는 의미의 명사 역할을 해야 하므로 관계대명사 what이 되어야 한다. ②의 after는 '그 후에'라는 뜻의 부사로 쓰였다.

나는 1995년 평화봉사단원으로 처음 중국에 왔으며 미국에서 알았던 생활방식과 다른 생활방식을 경험하고 싶어서 그 후에 계속 남아있기로 결심했다.

24 ①

① 자리에는 선행사 impact를 수식하고 동사 had의 목적격이 되는 관계대명사가 나와야 한다. 따라서 what을 that이나 which로 바꿔야 한다. ②의 in need of는 '~을 필요로 하는'의 의미를 갖는 전치사구, ③은 'have an impact on(~에 영향을 주다)'의 on, ④는 '아동보호'의 의미를 갖는 복합명사다.

본 연구는 보호가 필요한 아동들에 대한 언론보도가 아동보호기관에 신고된 건수에 미치는 단기적 영향을 살펴본다.

25 ③

marry는 타동사이므로 전치사 없이 바로 목적어를 취한다. ③에서 전치사 with를 삭제해야 한다. 이때 whom은 앞의 Elsa Einstein을 선행사로 받는 목적격 관계대명사이다.

제1차 세계대전의 식량 부족으로 악화된 급성 복통을 앓았을 때, 앨버트 아인슈타인은 친사촌 엘사 아인슈타인의 간호를 받았고 결국 그녀와 결혼했다.

26 ①

which 다음의 he swallowed a culture ~는 '주어+동사+목적어'를 모두 갖춘 완전한 절이므로 단독으로 which가 나올 수 없는 구조다. in the experiment를 관계사로 대체한 것이므로 ①을 in which로 고쳐야 한다.

그 후 마셜 박사는 자신을 대상으로 한 유명한 자가실험을 했다. 그 실험에서 그는 헬리코박터 파이로리 배양균을 마시고 병에 걸린 후, 그가 위염에 걸리게 된 것과 항생제로 그것을 치료한 것을 기록했다.

27 ③

③은 뒤에 consensus를 목적어로 취하고 있으므로, 수동태 which was brought를 능동태 which has brought로 바꿔야 한다. ①의 that은 동격 접속사, ②는 that절 안의 수동태 동사, ④의 'solution for ~'는 '~에 대한 해결'의 의미를 갖는 표현이다.

금융 불안이 현재의 시장 운영에 깊이 뿌리박혀 있다는 인식이 팽배해 있어, 위기 예방과 위기관리를 위한 보다 나은 해결책을 시급히 모색하기 위해 이 문제를 심도 있게 검토할 필요가 있다는 공감대가 형성됐다.

28 ④

전체 문장의 주어가 career이고, 동사가 ④의 spanning이므로 이것을 과거시제 동사 spanned로 바꿔야 한다. one부터 painters까지는 Henri Matisse와 동격을 이루는 명사구다. ①은 one of the 복수명사 (artists), ②의 whose는 Henri Matisse가 선행사인 관계대명사 소유격, ③의 affected는 altered와 병치구조를 이루고 있다.

앙리 마티스는 20세기의 가장 영향력 있는 예술가 중 한 명으로 거의 65년에 걸친 주목할 만한 경력을 가지고 있고, 그의 양식상의 혁신은 현대 미술의 방향을 근본적으로 바꾸어 놓았으며, 몇 세대 동안 젊은 세대 화가들의 예술에 영향을 끼쳤다.

29 ③

③에서 the role 다음에는 목적격 관계대명사 which가 생략되어 있다. 따라서 동사 plays의 목적어는 combustion이 아니라 선행사인 the role인데, 또 목적어로 combustion이 온 형태가 되어 어색하다. 따라서 ③에서 plays 다음에 in을 붙여서 목적어를 하나로 만들어야 하며, 참고로 play a role in은 '~에서 역할을 하다'는 뜻으로 자주 쓰이는 표현이다.

화학분야에서 라부아지에의 위대한 업적은 그가 과학을 정질적인 것에서 정량적인 것으로 바꾼 것에 대체적으로 기인한다. 라부아지에는 연소에서 산소가 하는 역할을 발견한 것으로 가장 유명하다. 1778년, 그는 공기를 두 가지 주요 원소로 식별했는데, 두 원소들 중 하나를 '산소'라고 명명했다.

---

30   ②

복합관계대명사의 격은 관계절 안에서 결정된다. ②의 whomever는 can pay의 주어이므로 주격 whoever로 고쳐야 한다. whoever가 아니라 whoever절 전체가 전치사 to의 목적어이다. ① what은 was의 주어인 주격 관계대명사 what이다. ③ 관계대명사 that은 계속적 용법으로 쓰일 수 없으므로 그 앞에 콤마가 올 수 없는 것이 일반적이지만, 여기서는 계속적 용법으로 쓰인 것이 아니라 a world를 수식하는 제한적 용법으로 쓰였고 다만 especially today가 삽입됨으로써 앞뒤로 콤마가 들어간 것이다. ④ 관계대명사 which가 앞 절 전체를 선행사로 하여 계속적 용법으로 쓰인 예이다.

① 그 설교는 그가 주장하는 바로서 알려진 사실인 것에 기초해 있었다.
② 민간임대주택은 임대료를 낼 수 있는 사람이면 항상 개방되어있다.
③ 우리는, 특히 오늘날에는, 차별화되어가고 있는 세상에서 살고 있다.
④ 아무도 흥미 갖지 않은데, 이것이 나의 반이 바보로 가득하다는 걸 증명한다.

11 명사

01 ③	02 ①	03 ②	04 ③	05 ①	06 ④	07 ④	08 ①	09 ③	10 ②
11 ②	12 ③	13 ②	14 ①	15 ③	16 ③	17 ②	18 ③	19 ②	20 ④

01 ③

because는 이유를 나타내는 접속사이므로 그 이하는 절이 되어야 한다. 따라서 ②와 ④는 빈칸에 들어갈 수 없으며, family는 집합명사(단수)와 군집명사(복수)로 모두 쓰일 수 있지만, 여기서는 family가 부사 all과 함께 쓰여 가족 구성원 모두를 나타내므로 군집명사로 쓰였음을 알 수 있다. 따라서 ③의 have가 빈칸에 적절하다.

우리 가족 구성원 모두 머리 숱이 많기 때문에, 나는 대머리가 되지 않을 것이다.

02 ①

relatives는 복수로 쓰인 가산명사이다. 따라서 가산명사를 수식해 줄 수 있는 형용사가 빈칸에 와야 하므로 ①의 a few가 빈칸에 들어가야 하며, 나머지 보기는 모두 불가산명사를 수식해주는 형용사이다.

그는 친척이 몇 명 있었지만, 친척들과 같이 살기를 원치 않았다.

03 ②

빈칸에는 be 동사의 보어가 와야 하는데 'of+추상명사'는 형용사로 쓰일 수 있으므로 of value(=valuable)가 빈칸에 적절하다. 참고로 ③ valuables는 '귀중품'이라는 뜻의 명사이다.

모든 인간은 종교와 국가 또는 성별에 관계없이 가치가 있다.

04 ③

a great deal of는 a large amount of와 같은 뜻으로, a great deal of 다음에는 단수명사와 단수동사가 와야 한다. 따라서 ③의 work has가 빈칸에 적절하다.

목요일, 그 부서는 이런 주장을 반박하면서, "이런 목적으로 기존 인프라를 재정비하기 위해 많은 작업이 이뤄져 왔습니다."라고 말했다.

05 ①

분수표현을 올바르게 알고 있는지 묻는 문제이다. 분수를 표현할 때 분자는 기수, 분모는 서수로 표현하는데, 분자가 2이상일 때는 분모를 복수형으로 한다. 따라서 ①의 four-fifths가 정답이다.

비록 운행되는 차량의 수와 주행 마일의 수 모두 1970년 이래 두 배로 증가해왔지만, 같은 기간 동안 도로교통사고의 수는 4/5만큼 줄어들었다.

06 ④

소유격과 관사 등 한정사는 같이 쓰일 수 없다. 따라서 소유격과 관사를 함께 써야 할 경우, '관사+명사+of+소유대명사(또는 명사's)'의 어순을 따르므로 ④의 a friend of his가 빈칸에 들어가야 한다. 이때 his는 소유격이 아니라 소유대명사로 쓰인 것이다.

분쟁 초기에, 그 병든 소년은 그의 친구와 함께 머물렀다.

07 ④

마거릿 대처가 '단순히' 첫 번째 여성 국무총리가 아니었다라고 한 다음, 다시 첫 번째 여성 국무총리를 언급했으므로, '성공한 사람'으로서 최초의 여성 국무총리라는 말이 되어야 문맥상 적절할 것이다. 따라서 ④의 a success가 빈칸에 적절한데, a success와 같이 추상명사 앞에 관사가 붙으면 보통명사화 되어 a successful person이라는 의미가 된다.

마거릿 대처는 단순히 첫 번째 여성 국무총리만은 아니었다. 그녀는 첫 번째 여성 국무총리로 성공한 사람이었다.

08 ①

합성명사를 만드는 경우 선행명사는 복수형으로 쓸 수 없다. 따라서 ①이 정답이 된다.

나는 오늘 오후 신발가게에 갈 것이다.

09 ③

information은 불가산명사이므로, 가산명사와 함께 쓰이는 many와 few가 있는 ①과 ②는 빈칸에 부적절하며, 불가산명사는 복수가 불가하므로, ④의 much informations도 틀렸다. a lot of는 가산명사와 불가산명사에 모두 쓰일 수 있으므로, ③의 a lot of information이 빈칸에 적절하다.

빛은 많은 정보를 담고 있다. 빛을 분석해, 천문학자들은 빛의 거리, 움직임, 그리고 화학적 구성을 알 수 있다.

10 ②

more than one 다음에는 '단수명사+단수동사'가 오며, say는 3형식일 때 that절을 받을 수 있지만, 4형식을 취할 수 없는 반면, tell은 4형식으로 쓰이므로 ②의 guy has told me that이 빈칸에 들어가야 한다.

내 아이들에 관해 이야기할 때, 내 얼굴에 빛이 난다고 많은 사람들이 나에게 말했다.

11 ②

hair는 '머리털', '털'의 의미로 쓰일 경우 집합적 개념의 불가산 명사로 취급하므로 복수형으로 쓸 수 없다. 따라서 ②를 hair로 고쳐야 한다. 단, '털한 가닥, 머리카락'의 의미로 쓰일 경우 가산 취급한다. ex.) I found a hair [two hairs] in my soup. 수프에 머리카락이 1개[2개] 들어 있었다.

그는 뉴욕에 오기 전에 2년 동안 사람들의 머리를 깎았다.

12 ③

failure는 '실패'라는 뜻으로, 그녀가 실패였다는 뜻이 되므로 어색하다. '그녀는 실패자였다'라는 말이 되도록 ③을 a failure로 고쳐야 한다.

그녀와 그녀의 가족 모두 그녀가 학교, 직업, 대인관계, 그리고 인생에 있어서 실패자였다고 생각했다.

13 ②

nuclear physics(핵물리학)와 같은 학문명에는 -s가 붙어도 항상 단수 취급 하므로, ②를 is well known to로 고쳐야 하며, 참고로 be known to는 '~에게 알려져 있다', the same is true of는 '~에서도 마찬가지이다'는 뜻의 숙어로 각각 쓰였다.

간단히 말하면, 핵물리학은 대중들에게 전반적으로 잘 알려져 있지만, 소립자 물리학의 경우는 그렇지 않다.

14 ①

명사 authority는 수에 따라 의미가 달라지는데, 단수일 때는 '권위', 복수일 때는 '정부당국'을 의미한다. 건설공사를 금지하는 주체는 '권한'이 아니라 '정부당국'이 되어야 하므로 ①의 authority has를 authorities have로 고쳐야 한다.

그 서부도시에서 정부당국은 학생들이 방해받지 않고 잘 수 있도록 시험기간 동안 밤에는 건설공사를 금지했다.

15 ③

전치사 with의 목적어로는 명사나 동명사만 올 수 있다. 따라서 ③은 명사가 되어야 하므로, much greater ease로 고쳐야 하며, 참고로 with ease는 easily(쉽게)와 같은 뜻이다.

그라이너는 늑대인간이었던 것을 거리낌 없이 고백했으며, 그가 직립 보행보다는 네발로 걷는 것이 훨씬 쉬웠다는 게 분명했다.

16 ③

kindness는 보통 추상명사로 쓰여 much와 함께 쓰이는데, kindness앞에 many가 왔다는 것을 통해 추상명사가 아니라 '친절한 행위들'이라는 뜻의 보통명사로 쓰였음을 알 수 있다. 이와 같이 보통명사로 쓰일 경우에는 복수명사로 쓸 수 있으므로, ③을 kindnesses로 고쳐야 한다.

사령관인 존 경과 메이트랜드 부인은 그들의 해링턴 홀과 그 경내를 구경할 기회를 나에게 주었고, 나에게 많은 친절한 행동들을 베풀어 주었으며, 많은 질문들에 대답해 주었다.

17 ②

amount는 양을 세는 단위인데 반해, books는 수를 셀 수 있는 가산명사이다. 따라서 ②에서 amount를 수를 세는 단위에 쓰이는 number로 고치는 것이 바람직하다.

정보기술의 급속한 보급이 수많은 책의 출판으로 이어졌는데, 이 책들에는 이 정보기술이 초래한 사회적 문제에 관한 저술본도 있었고 편집본도 있었다.

18 ③

percent는 부분표시 명사로, percent of 다음에 오는 명사가 복수냐 단수냐에 따라서 동사의 단복수도 달라지는데, wealth는 불가산명사로 단수이므로, ③ 역시 단수동사인 was로 고쳐야 한다. 참고로 percent of 와 명사 사이에는 Italy's나 the와 같이 한정사가 반드시 와야 한다.

1895년, 이탈리아에서 부의 분배를 연구한 이후, 이탈리아의 경제학자인 빌프레도 파레토는 이탈리아 국민들 중 20%가 이탈리아 부의 80%를 장악하고 있다고 결론 내렸다.

19 ②

②에서 전치사 at의 목적어가 되어야 하므로 형용사 high가 아니라 명사인 height가 되어야 한다.

관광 시즌이 한창일 때에 캐나다에서 가장 유명한 한 해변 마을이 악취로 몸살을 앓고 있는데, 주민들은 창문을 닫아야 하고 발코니를 떠날 수밖에 없다고 말한다.

20   ④

'a number of 복수명사'는 복수취급해서 뒤에 '복수동사'가 오는 반면,
'the number of 복수명사'는 단수취급해서 뒤에 '단수동사'가 온다. 따
라서 ④에서 have increased를 has increased로 고쳐야 한다.

① 그들은 정신적으로 괴로워하고 있어서 많은 관심과 주의가 필요하다.
② 많은 주민들은 그들의 열악한 처우에 대해 불평했다.
③ 그들은 그 골동품 가게에서 가구 두 점을 구매했다.
④ 웨일스에서 비만인 성인의 수가 급격히 증가해왔다.

01 ②	02 ②	03 ②	04 ③	05 ④	06 ②	07 ④	08 ④	09 ②	10 ③
11 ④	12 ④	13 ③	14 ③	15 ①	16 ④	17 ②	18 ②	19 ②	20 ①

연주하는 것을 즐겼다.

01   ②

신체의 일부분을 표시할 경우 쓰이는 동사에 따라 전치사가 달라진다. 동사 look이 신체의 일부분인 '눈'을 표시할 경우, 'look+사람+in the eye'의 어순을 취하므로, ②의 in이 빈칸에 들어가야 한다.

힉스는 떠나기 전에 그녀의 눈을 바라보며 웃었다.

02   ②

여러 명의 Jack이라는 아이들 중 그가 알고 있던 Jack으로 한정되는 상황이므로 정관사 the가 필요하다.

그는 내가 예전에 알고 있던 잭이 아니다.

03   ②

this type of 다음에 명사가 올 경우, 그 명사에는 관사가 붙지 않으므로 ②의 book이 정답이며, type이 단수명사일 때 of 다음의 명사도 단수인 것이 원칙이므로 빈칸에 ④의 books는 들어갈 수 없다.

이런 유형의 책은 독자가 세계문화를 이해하는데 도움을 준다.

04   ③

poor는 형용사로 동사의 주어가 될 수 없다. 따라서 ①과 ②는 빈칸에 들어갈 수 없다. poor와 같이 형용사 앞에 the가 붙으면 복수보통명사인 poor people의 뜻으로 복수취급을 해야 하므로, the poor 다음에는 복수동사가 와야 한다. 따라서 ③의 The poor were가 빈칸에 들어가야 적절하다.

가난한 사람들은 그 어떤 스코틀랜드 사회에서도 가장 경제적으로 취약한 사람들이었다.

05   ④

동사 enjoy는 목적어로 동명사만 가능한 동사이므로 ①과 ③은 빈칸에 들어갈 수 없으며, 악기를 연주할 때 악기 이름 앞에는 정관사를 반드시 붙인다. 따라서 ④의 playing the가 빈칸에 적절하다.

알버트 아인슈타인은 소규모로 다른 물리학자들 및 수학자들과 바이올린을

06   ②

'too+형용사+부정관사+명사'의 어순으로 쓴다. 따라서 ②가 정답이다.

메리는 너무 정직한 수녀이기 때문에 거짓말을 할 수 없다.

07   ④

twice와 같은 배수사가 명사와 함께 쓰일 때는 '배수사+the+명사'의 어순을 취한다. 따라서 ④의 twice the speed가 빈칸에 들어가야 한다.

'마하 1.0'은 소리의 속도인 반면, '마하 2.0'은 소리의 속도의 2배이다.

08   ④

부정관사 a나 an은 quite와 형용사와 함께 쓰일 때, 'quite+a(an)+형용사+명사'의 어순을 취한다. 따라서 ④의 quite a brilliant가 정답이다.

1912~1925년 사이에, 프로스트는 자연도태가 확고한 법칙이 아니라 상당히 뛰어난 비유적 표현이라고 결론지었다.

09   ②

결과 부사절을 이끄는 접속사를 묻는 문제이다. '너무 ~해서 …하다'는 뜻을 표현할 때는 'such a(n)+형용사+명사'의 어순을 취하므로, ②의 such a smart girl이 빈칸에 들어가야 한다.

그녀는 너무나 영리한 소녀여서 학교에 있는 모든 선생님들에게 좋은 인상을 주었다.

10   ③

명사를 수식할 수 있는 표현이 필요한데, 소유격 뒤에는 관사가 올 수 없으므로 ③이 정답으로 적절하다.

1930년대의 대공황시기를 다룬 소설인 『분노의 포도』는 존 스타인벡의 가장 유명한 책들 가운데 하나이다.

11   ④

목적어의 신체일부를 나타내는 명사 앞에는 정관사를 써야 한다. 따라서 ④를 by the shoulder로 고친다.

갑자기 젊은 남자가 벌떡 일어나서 그녀의 어깨를 잡았다.

12   ④

전치사 by가 명사 hour와 같이 시간의 단위와 함께 쓰일 경우, by와 시간 사이에 정관사 the를 반드시 함께 써준다. 따라서 ④의 by hour를 by the hour로 고쳐야 한다.

미국에서 번역가들은 보통 단어당 임금을 받지만, 일부 경우, 시간제로 돈을 받는다.

13   ③

모음 앞에서는 부정관사로 an을 쓰므로 ③을 an ideal로 고쳐야 한다. 서술적 용법의 형용사 (afraid, alike, aware 등)는 very를 쓰지 않고 much를 쓰는 것이 원칙이므로 ②의 much는 맞다.

아름다운 그 어머니는 죽는 것을 매우 두려워해서 죽음이 없는 이상적인 나라로 가기를 원한다.

14   ③

막연한 열쇠가 아니라 그의 집 열쇠이므로, 정관사를 수반해야 한다. 따라서 ③을 the로 고쳐야 한다.

존이 어제 집에 도착했을 때 집 안으로 들어갈 수가 없었다. 왜냐하면 그는 분명히 어딘선가 열쇠를 잃어버렸기 때문이다.

15   ①

'tool(도구)'은 셀 수 있는 명사이므로 앞에 관사가 나와야 한다. 이때 the sticky termite stick과 동격을 이루어야 하므로 단수형태가 되어야 한다. ①을 a hand tool로 고친다.

침팬지는 흰개미를 잡는 끈적끈적한 막대기인 수공구를 가지고 통나무와 나무 그루터기 밖으로 흰개미를 파낸다.

16   ④

문맥상 로저가 아인슈타인이 되길 원하는 것이 아니라, 아인슈타인 같은 사람이 되길 원한다는 말이 되어야 한다, 고유명사 앞에 관사가 붙으면, 고유명사가 보통명사화 되어, '~와 같은 사람'이라는 뜻이 되므로, ④의 Einstein을 an Einstein으로 고쳐야 한다.

로저가 많은 사람들로부터 그의 장래 희망에 관한 질문들을 받았을 때, 그는 아인슈타인과 같은 사람이 되길 원한다고 대답했다.

17   ②

태양과 같이 '유일한 것'을 나타내는 명사 앞에는 정관사 the를 붙이므로, ②를 the로 고쳐야 한다.

화요일 낮 최고 기온은 섭씨 25도로 날씨가 개기 전까지 주민들은 부분적으로 흐린 날씨를 경험할 것이다.

18   ②

식사명 앞에는 무관사가 원칙이므로, ②를 had breakfast로 고쳐야 한다. 참고로 식사명 앞에 수식하는 형용사(heavy, light 등)가 있을 때는 a heavy breakfast와 같이 관사를 붙일 수 있다.

우리는 잠들었다가 5시에 잠에서 깼다. 우리는 아침 먹고 칼파 시장을 돌아다니며 산책했다. 하늘은 청명했으나, 시장에는 안개가 자욱했다.

19   ②

150th와 같은 서수는 부정관사가 아니라, 정관사 the와 함께 쓰므로 ②를 the 150th로 고쳐야 한다.

이번 주말 유니온 역에서 축제가 다시 열릴 예정이다. 조직위원회는 5월 9~11일 동안 이어지는 다양한 행사로 150주년 기념식을 경축할 예정이다. (또한) 유니온 역에서 각종 전시회가 풍성하게 열릴 것이다.

20   ①

① 'the+형용사'는 복수보통명사를 나타내므로 the elderly는 '노인들'이란 의미가 된다. 주어의 수에 동사의 수를 일치시켜야 하므로, is를 are로 고쳐야 한다. diagnosis는 '진단(법)'이라는 뜻의 명사이며 복수형은 diagnoses이다. ② 시간, 거리, 가격, 무게 등과 같이 단일 개념을 의미하는 경우, 복수의 표현도 단수로 취급한다. 주어진 문장에서 Ten million dollars는 하나의 개념, 1천만 달러를 뜻하므로 단수동사 is로 받은 것이다. ③ 접속사 as 뒤에 위치한 wheat 이하의 주어와 동사가 도치되었고, 반복되는 명사 grass는 생략되었다. ④ 전치사구 not until that time을 강조하여 쓴 it ~ that 강조구문이다.

① 노인들이 적절한 진단을 받을 가능성이 훨씬 더 적다.
② 그 문제를 해결하기 위해 1천만 달러가 필요하다.
③ 옥수수는 풀이다. 밀, 보리, 호밀 그리고 모든 우리의 곡식들도 마찬가지다.
④ 그때서야 비로소 나는 그가 매우 정직한 사람이라는 것을 알았다.

13 대명사

01 ④	02 ③	03 ②	04 ③	05 ②	06 ②	07 ③	08 ②	09 ④	10 ③
11 ②	12 ①	13 ③	14 ①	15 ③	16 ①	17 ④	18 ①	19 ④	20 ④
21 ④	22 ②	23 ③	24 ③	25 ②	26 ①	27 ④	28 ④	29 ③	30 ③

01 ④

빈칸 뒤에 is의 보어로 a story가 나왔으므로, 빈칸에는 그가 가진 이야기(his story)를 의미하는 ④의 소유대명사 his가 들어가야 적절하다.

에릭은 정계에서 타의 추종을 불허하는 이야기를 가지고 있는데, 왜냐하면 그의 이야기는 자기 희생에 관한 이야기이기 때문이다.

02 ③

빈칸에는 주어가 와야 하는데, ①의 Every는 단독으로는 주어가 될 수 없다. ②의 All과 ④의 Some은 복수취급을 하는데, 동사 give 다음에 주어를 받은 his가 왔으므로 이 역시 빈칸에 들어갈 수가 없다. his가 단수이므로 주어도 단수가 되어야 하며, 단독으로 주어로 쓰일 수 있는 ③의 Each가 빈칸에 적절하다.

각 개인은 그 문제의 해결책에 관해 각자 제안을 해야 한다.

03 ②

날씨, 시간, 거리 등이 주어역할을 할 경우, 비인칭 주어 it을 사용한다. 이 문제에서는 거리를 물었으므로 비인칭 주어 ② it이 빈칸에 들어가야 한다.

여기서 롱 레이크까지 거리가 얼마나 되며, 롱 레이크까지 가는 가장 좋은 방법은 무엇입니까?

04 ③

부정문과 조건문에서는 anybody가 쓰이고 긍정문에서는 somebody가 쓰인다.

구조대원은 수영장에서 아무도 찾을 수 없었다.

05 ②

사람의 손은 두 개이므로, 나머지 특정한 다른 한 손을 언급할 때는 ②의 the other를 써야 한다. 이때 the other는 원래 the other hand인데, 빈칸 앞에 one hand가 나왔으므로 반복을 피하기 위해 hand가 생략된 형태이다.

레오나르도 다빈치는 한 손으로는 글을 쓰고 다른 손으로는 동시에 그림을 그릴 수 있었다.

06 ②

3개의 숫자를 표현할 때, 처음은 one, 가운데는 another, 나머지 하나는 the other나 the third를 사용한다. 따라서 첫 번째 방과 세 번째 방을 언급했으므로 두 번째 방은 ②의 another로 표현해야 한다.

도니의 오두막은 세 개의 방으로 구성되어 있었다. 하나는 작업장이었고, 또 하나는 사료 보관실이었고, 나머지 방은 그의 숙소였다.

07 ③

① almost는 부사로 명사인 students를 수식할 수 없다. ②의 all of 나 ④의 most of 다음에 명사를 받으려면 그 명사 앞에 한정사가 와야 한다. ③ 부사인 almost는 명사를 수식할 수 없지만, all이나 every 등을 수식해 줄 수 있으며, all이 명사인 students를 다시 수식해 주므로 ③의 almost all이 빈칸에 적절하다.

대학 내에 컴퓨터 문제가 많이 발생한 결과, 거의 모든 학생들은 무선네트워크에 쉽게 접속할 수 있는 자신의 노트북을 가져오기로 결정한다.

08 ②

none과 neither는 부정대명사로 쓰이며, 정관사 the 앞에 오는 전치한정사 구실을 하지 못하므로 ①과 ③은 정답이 될 수 없다. 그리고 빈칸 다음에 the three finalists가 나와 셋 이상을 부정하는 문장이므로 양자부정을 할 때 쓰이는 ④ neither of는 빈칸에 부적절하다. 따라서 ② none of가 정답이다.

최종 수상 후보에 오른 세 명중 어느 누구도 퓰리처 특집기사 상을 받을 만한 자격이 없었다.

09 ④

주어인 your ideas가 복수이므로 단수동사가 쓰인 ①과 ②는 맞지 않고, '그녀의 생각'이므로 hers(=her idea)여야 한다.

A: 메리와 나는 공통점이 많아. B: 그래, 너의 생각은 그녀의 것처럼 나에게는 좀 특이하다.

10 ③

surpass는 '~을 능가하다'는 뜻의 타동사이므로, 자동사로 쓰인 ②는 빈칸에 부적절하다. 비교 대상이 중국과 미국이 아니라 '중국의 경제'와 '미국의 경제'가 되어야 하므로, the economy of the US에서 반복되는 the economy 대신 올 수 있는 대명사 that이 쓰인 ③의 surpass that of가 빈칸에 적절하다. ④는 the economy가 단수이므로, those를 쓸 수 없다.

새로운 보고서는 중국 경제가 미국 경제를 2032년에 능가할 것이라고 주장한다.

11 ②

'a/an+명사'는 one으로 받고 'the+명사'는 it으로 받는다. 따라서 ②가 정답이다.

나는 좋은 책꽂이가 없다. 그래서 하나를 맞추려고 한다.

12 ①

every는 형용사로만 쓰이므로 every 뒤에는 of가 올 수 없다. 따라서 ②와 ④는 빈칸에 들어갈 수 없는 반면, each는 대명사로 of us의 수식을 받을 수 있으며, each of us 다음에는 단수동사가 온다. 따라서 ①의 each of us has가 빈칸에 들어가야 적절하다.

미국의 입양아들이 가진 잠재력을 최대한 발휘할 수 있도록 우리들·각자에게 담당할 역할이 있음을 인정하자.

13 ③

every는 형용사로만 사용되어 단독으로 주어로 쓰일 수 없다. 따라서 주어로 사용할 수 있는 each나 everyone으로 ③을 고쳐야 한다.

일부는 죽을 것이다. 그러나 모든 사람들은 생명을 살리기 위해 최선을 다해야 한다.

14 ①

①은 Let의 목적어 자리이므로 목적격을 써야 한다. 따라서 I를 me로 고쳐야 한다. ③ dare와 need는 의문문과 부정문에서는 조동사로 쓰여 뒤에 동사원형이 오며, 긍정문의 경우 본동사로 쓰여 뒤에 to부정사가 온다. 주어진 문장은 긍정문이므로 to do는 옳은 표현이다. ④ 관계대명사 what이 이끄는 절의 동사다. what이 이끄는 절의 동사는 문맥에 따라 단수와 복수 모두 가능하다.

너와 나는 항상 옳은 일을 과감히 하기로 약속하자.

15 ③

주어진 문장은 주어가 생략된 명령문으로, 생략된 실제 주어는 you다. 원래 문장은 its가 a drug을 가리켜서 해석하면 '약의 증상'이 되어 대단히 어색하다. 증상은 사람에게 나타나는 것이고, 앞서 언급했듯 문장의 주어가 실제로는 you이므로 its를 your로 고쳐야 한다. ① 명령문이므로 동사원형이 문두에 왔다. ② a drug를 후치 수식하는 과거분사다. ④ because절의 동사이며, 불완전자동사이므로 뒤에 보어로 형용사 similar가 왔다.

너의 증상과 유사하게 보인다고 해서 다른 사람들에게 처방된 약을 복용해서는 안 된다.

16 ①

밝고 어두운 것을 나타낼 때는 비인칭 주어인 대명사 it을 사용하므로 ①을 It is로 고쳐야 한다.

아직 어두운 아침이며, TV에 나오는 기상학자는 또 다른 폭풍에 관해 무언가를 이야기하고 있다.

17 ④

아들로서의 임무는 그들의 임무가 아니라 그의 임무이다. 따라서 ④를 his로 고쳐야 한다.

그는 나와 결혼했는데, 왜냐하면 그의 부모님이 나이가 많으셔서 그들의 미혼 자식이 아들로서 자신의 본분을 다하기를 원하셨기 때문이었다.

18 ①

관계절 앞에는 them이 올 수 없다. 관계절과 함께 쓰일 수 있으며, '~한 사람들'이라는 뜻으로 쓰일 수 있는 those로 ①을 고친다.

리더십은 일이 완수되길 원하는 사람들을 위한 목표가 되어야 하지, 대표직이 주는 권력, 명예, 또는 돈을 위한 목표가 되어서는 안 된다.

19 ④

손상을 입은 것은 투탕카멘 가면이므로 아교로 붙이는 대상 역시 투탕카멘 가면일 것이다. 따라서 ④에서 them을 '가면'을 지칭하는 it으로 고쳐야 한다.

대단히 귀중한 투탕카멘 가면이 카이로 박물관에서 손상되어, 큐레이터들이 그 가면을 하얀 아교로 붙여 놓게 만들었다.

20 ④

④는 앞에 나온 government를 받고 있으므로 단수여야 한다. 따라서 ④를 its로 고쳐야 한다. ③은 Syrian intellectuals를 가리킨다.

140명이 넘는 시리아 지성인들은 정부의 레바논 점거에 반대함으로써 그들 정부에 반기를 드는 공개 성명서에 서명했다.

---

21   ④

문제에서 그녀가 말하는 '그'는 한 사람을 가리키므로, 등산이 그가 '스스로를' 자랑스럽게 여기게 만드는 것이라고 봐야한다. 따라서 ④를 himself로 고쳐야 한다.

그녀가 그의 얼굴을 봤을 때, 그녀는 등산이 그를 이롭게 하며, 스스로를 자랑스럽게 여기게 만드는 유일한 것이라는 것을 이해하게 되었다.

---

22   ②

they는 특정인들을 가리키고 those는 불특정한 일반인을 가리킨다. 또한 those는 이것을 수식하는 표현이 직접 뒤에 올 수 있다. ②를 to those로 고친다. those 뒤에 'who are'가 생략돼 있는 것으로 파악해도 좋다.

H5N1 조류독감이 인간에게 발병한 사례 대부분은 지금까지 닭, 오리 같은 감염된 가금류와 가까이 접촉한 사람들에게 국한되었다.

---

23   ③

convince는 that절을 받을 때 반드시 간접목적어가 나온 다음 that절을 받으므로 convinced themselves that이 왔는데, 이때 그가 확신시키는 대상은 군인이므로 ③에서 themselves를 them으로 고쳐야 한다.

주변의 군인들에게 호통을 쳐대며 곧바로 행동에 옮길 수 있는 그의 능력은 그들에게 그가 그 직책의 적임자임을 확신시켜 주었다.

---

24   ③

부정대명사 each 앞에는 the, my, these, those 등의 한정사가 쓰일 수 없으므로 ③에서 the를 삭제한다.

그 남자는 땀에 젖은 신발을 말리기 위한 최선의 방법은 운동이 끝나고 샤워를 하는 동안 헤어드라이기를 신발 양쪽에 꽂아두는 것이라고 결론을 내렸다.

---

25   ②

②의 it이 가리키는 것은 앞에 나온 trade relations이므로 it을 them으로 고쳐야 한다.

그루지야는 튀르키예와 무역관계를 유지해야 할 뿐 아니라, 이란과도 무역관계를 더욱 발전시켜야 하는데, 왜냐하면 그루지야의 대 이란 수출은 1% 밖에 되지 않기 때문이다.

---

26   ①

주어의 동작이 자기 자신에 미치는 경우 재귀대명사를 사용한다. 문맥상 주절의 주어와 동일한 'I'가 당뇨병에 걸리지 않기 위해'라는 의미가 되므로, ①을 재귀대명사인 myself로 고쳐야 한다.

내가 당뇨병에 걸리는 걸 예방하기 위해, 지금은 탄수화물 식품을 보다 적게 먹는다. 과거에는 커피에 설탕 두 스푼을 넣었고, 매일 커피를 5잔 정도 마시곤 했다.

---

27   ④

many of the Chinese mainland는 '중국 본토의 많은 부분'을 나타내는데, 많은 부분은 불가산명사에 해당하므로 ④의 many를 much로 고쳐야 한다.

탄도 미사일을 요격할 용도로 고안된 싸드 시스템은 2천 킬로미터 떨어진 물체를 추적할 수 있는 레이더를 보유하고 있는데, 이것은 중국 본토의 상당부분을 포함할 사정거리이다.

---

28   ④

by differentiating의 주체와 differentiating의 목적어가 동일할 경우 재귀대명사를 써야 하므로, ④를 themselves from으로 고쳐야 하며, 이때 differentiate A from B(A를 B와 차별화하다)라는 구문이 쓰였다.

전자상거래 경쟁업체들은 많은 소매업체들이 할 수 없는 방식으로 고객들을 만족시키지만, 소매업체들은 자신들을 전자상거래 경쟁업체들과 차별화함으로써 여전히 경쟁할 수 있다.

---

29   ③

타동사 bring과 부사 up이 같이 쓰일 경우, 타동사의 목적어로 대명사가 오면, 대명사는 '타동사+대명사+부사'의 어순을 취한다. 따라서 ③의 bring up it을 bring it up으로 고쳐야 한다.

우리는 9/11 테러에 관해 우리 아이들에게 처음으로 말을 꺼낸 사람이 되기를 원했다. 그래서 우리 아이들과 9/11 테러에 대해 의견을 나눌 수 있는 편안한 환경에서 그 이야기를 꺼낼 적당한 시기를 기다렸다.

---

30   ③

③ 전치사 다음의 대명사의 격은 목적격이 되어야 하므로, ③에서 between you and I를 between you and me로 고쳐야 한다.

① 그 남자는 심슨의 재판 등 세간의 이목을 끄는 재판들을 다루었다.
② 분권화된 시장효과는 그 자체로는 매우 미미하다.
③ 그 돈을 우리끼리 나누자.
④ 잭슨빌로의 여행은 아테네로의 여행보다 더 쉽다.

14 형용사

01 ②	02 ①	03 ②	04 ④	05 ①	06 ③	07 ①	08 ③	09 ④	10 ④
11 ④	12 ③	13 ①	14 ①	15 ③	16 ①	17 ③	18 ④	19 ③	20 ①
21 ④	22 ②	23 ②	24 ③	25 ③	26 ①	27 ④	28 ④	29 ①	30 ③

01   ②

milk는 물질명사로 관사가 붙을 수 없으며, 불가산 명사이므로 many, few 대신에 much와 함께 쓰인다. 따라서 ②의 much milk가 정답이다.

전국의 학교들은 "많은 양의 우유가 당신에게 좋은가?"라는 질문과 씨름했다.

02   ①

'~로 입증되다'라는 의미의 prove는 불완전자동사이므로 빈칸에는 형용사 보어가 적절하다.

운송하는 데 위험한 것으로 판명될 수 있는 상품을 소포우편으로 부치는 것은 법에 의해 금지돼 있다.

03   ②

2 이상의 기수가 수식하는 명사는 복수형이 되어야 한다.

A: 그 벽은 어떤가요? B: 그 벽은 두께가 3인치입니다.

04   ④

'다른, 또 하나의'의 의미를 가진 표현이 필요하므로 another를 써야 하며, another 뒤에는 단수명사가 온다. 따라서 ④가 정답이 되며, 이 때 another pair는 another pair of shoes를 가리킨다.

첫 번째 구두 한 켤레는 잘 맞지 않았기 때문에 그녀는 다른 구두를 요청했다.(보여 달라고 했다.)

05   ①

over는 수사 앞에서 '~ 이상'을 나타내며, 알맞은 어순은 '수사+단위명사+형용사'이므로, ①이 정답이다.

그가 구덩이 파는 일을 다 마쳤을 때, 그 구덩이는 깊이가 6피트 이상이었다.

06   ③

everyone은 단수취급하므로 동사도 단수동사가 와야 한다. 따라서 복수동사가 온 ①과 ②는 빈칸에 들어갈 수 없으며, asleep은 서술형용사로 명사를 수식할 수 없다. 따라서 명사를 전치 수식할 수 있는 형용사 sleepy와 단수동사가 온 ③의 sleepy baby, was가 빈칸에 적절하다.

타샤나와 그녀의 잠든 아기를 포함한 모든 사람들은 설명할 수 없는 소리에 깜짝 놀랐다.

07   ①

help가 5형식 동사로 쓰일 때 목적보어로 to 부정사나 원형부정사가 올 수 있다. 따라서 목적보어로 원형부정사의 형태를 취한 ①, ④가 빈칸에 가능한데, ④는 목적어 자리에 wounded가 와서 적절하지 않다. 'the+형용사'는 복수보통명사로 쓰이므로 the wounded는 '부상당한 사람들'의 뜻을 가지며, 목적어로 적절하다. 따라서 ①이 정답이다.

건강하게 복귀할 수 있도록 부상당한 사람들을 돕기 위한 기술을 제공하는 것은 우리의 우선순위 목록에서 높은 자리를 차지한다.

08   ③

~able(ible)로 끝나는 형용사가 형용사의 최상급과 함께 명사를 수식할 경우, '형용사의 최상급+명사+~able(ible)'의 어순을 취한다. 따라서 ③의 worst car imaginable이 빈칸에 들어가야 한다.

그들의 결혼 생활 내내, 그 미니밴은 상상할 수 있는 최악의 자동차였다.

09   ④

'황소'를 뜻하는 명사 ox의 복수형은 oxen이며 가산명사이므로, many와 호응한다. 또한 빈도부사인 usually는 be동사 다음에 와야 하므로, ④의 Many oxen are usually가 빈칸에 들어가야 한다.

현대적인 농기계가 부족하기 때문에, 많은 황소들은 개발도상국에서 보통 유용하다.

10   ④

generosity는 추상명사로 단수취급하며 much와 함께 쓰이지만, generosity에 ~ties가 붙어서 복수명사가 되면, 추상명사의 구체적인 행위를 나타내며, many와 함께 쓰인다. 따라서 ④의 many generosities have가 빈칸에 들어가야 한다.

당신의 많은 관대한 행동들이 전쟁터에서 우리를 매우 강렬하게 고무시켰다.

11   ④

정관사 the는 both와 명사와 함께 쓰일 때 'both+the+명사'의 어순을 취하므로, ①과 ③은 빈칸에 부적절하다. awake(깨어있는)는 서술적 용법으로 쓰이는 형용사로 were 다음에 보어로 적절하지만, awaken은 '깨우다'와 '깨다'로 자동사와 타동사로 모두 쓰이는 동사로 were와 같이 쓰일 수 없다. 따라서 ④의 both the girls were awake가 빈칸에 적절하다.

내가 침실로 돌아왔을 때, 두 소녀 모두 잠에서 깨어있었다.

12   ③

형용사 구문 중 'It is ~that' 구문으로 사용하는 형용사 certain을 알고 있는지 물어보는 문제이다. certain은 'It is~ for+사람+to+V구문'을 사용할 수 없다는 점을 유념해야 한다. 따라서 ①과 ②는 정답이 될 수 없으며, ④는 앞에 it이 중복되어 문장이 불명확해지므로 또한 정답이 될 수 없다. ③이 정답이다.

그가 당선될 것이 확실하다.

13   ①

lately는 '최근에'라는 뜻의 부사로 바로 뒤에 명사인 co-founder와 호응이 어색하다. 스티브 잡스가 2011년에 사망했다고 했으므로 '고인(故人)이 된'이라는 뜻의 late로 ①의 lately를 고쳐야 한다.

2011년에 사망해 고인이 된 공동창립자 스티브 잡스가 그 이유를 밝혔다.

14   ①

people은 셀 수 있는 명사이므로, 양(量)을 나타내는 형용사 less로 수식할 수 없다. ①을 fewer로 고쳐야 한다.

점점 적은 수의 사람들이 사형 선고를 받고 있다. 왜냐하면 사람들이 진실로 사형 제도에 의문을 제기하고 있기 때문이다.

15   ③

명사 salary를 꾸며주는 말은 형용사가 되어야 하므로 ③을 significant로 고쳐야 한다.

상당한 보수가 제공되는 거의 모든 직업은 현재 컴퓨터 기술을 요한다.

16   ①

furniture는 셀 수 없는 집합적 의미의 물질명사이므로 복수로 쓰일 수 없다. 따라서 복수명사 앞에 쓰이는 many로는 furniture를 수식할 수 없다. ①을 Much로 고쳐야 한다.

많은 새로운 가구들은 건축용 합판과 중질 섬유판과 같은 복합 목재로 만들어진다.

17   ③

감각동사 sound 뒤에는 형용사 보어가 와야 하므로 ③ confidently를 confident로 고친다.

존슨은 그가 분명 틀렸을 때조차 너무 자신감 있게 말해 그를 믿지 않는 것은 어려운 일이다.

18   ④

another 뒤에는 단수명사가 오고 other 뒤에는 복수명사가 온다. 따라서 ④를 factors로 고쳐야 한다.

누구든지 해낼 수 있는 체력 단련 정도는 나이, 성별, 체격, 그리고 그 밖의 다른 선천적인 요소들에 의해 결정된다.

19   ③

80 million이 형용사적으로 copies를 수식하는 형태이므로 단위명사는 단수 형태가 적절하다. 따라서 ③을 80 million copies로 고쳐야 한다.

1999년의 세계 연감은 8천만 권 이상 판매되어, 미국인들에게 많은 흥미로운 사실을 지속적으로 알려주었다.

20   ①

ashamed는 서술형용사로 주어나 목적어를 서술하는 보어로만 쓰이며, 명사 앞에서 명사를 수식해 주지는 못한다. 따라서 명사 수식이 가능한 a shy로 ①을 고쳐주어야 한다.

미샤가 수줍음 많은 소년이어서 공개적으로 그의 감정을 드러내어 당황했을 때, 그의 아버지는 (그 모습을) 이해해 주셨다. 아버지는 웃으면서 미샤의 어깨를 두드려 주었다.

21   ④

success election은 합성명사가 될 수도 있지만, '성공선거'라는 말이 되어 의미상 어색하다. 명사를 수식하는 형용사가 분명히 있을 경우, 명사를 수식할 때 명사 대신에 형용사를 사용하므로 ④의 the success를 the successful로 고쳐야 의미상 적절하다.

우리는 이번 선거를 성공적으로 치를 수 있도록 모든 당사자들과 협력해오고 있으며, 우리는 모든 정치인들이 성공적인 선거를 위해 함께 노력해 줄 것으로 기대한다.

22 ②

'~thing'으로 끝나는 말을 형용사가 수식할 때 그 형용사는 후치수식 해준다. 따라서 ②의 new something을 something new로 고쳐야 한다.

곧 발매될 신곡에 대해 묻자, 싸이는 신곡을 위한 안무는 해외 팬들에게는 새로운 것이 될 것이며, 한국인들은 쉽게 알 수 있는 것이라고 넌지시 알려주었다.

23 ②

형용사의 한정적 용법과 서술적 용법을 구분하는 문제이다. 의미상 '현재의 사람'이 아니라 '참석한 사람'이 되어야 하며, '참석한'으로 쓰일 때는 서술적 용법으로 쓰여 명사 뒤에 위치한다. 따라서 ②의 present people을 people present로 고쳐야 한다.

우리의 사법부와 법정에 출두한 그밖에 다른 모든 사람들을 보호하기 위해 오늘날 우리가 극적인 조치를 취하지 못한 것이 우리 민주주의의 심장부를 찌른다.

24 ③

moisture(수분)는 불가산명사로, 셀 수 있는 명사와 쓰이는 few와 쓰일 수 없다. 따라서 불가산명사의 수량표시어인 little로 ③을 고친다.

남극대륙이 사막으로 여겨진다는 말을 듣는 것은 놀라울 수 있는데, 이 말은 남극대륙이 거의 수분이 없는 곳이라는 것을 의미한다. 그러나 모래 언덕이나, 선인장이나 방울뱀은 존재하지 않는다.

25 ③

worth는 그 자체로 전치사적 성격을 지닌 형용사로, 뒤에 별도의 전치사 없이 바로 목적어가 온다. 따라서 worth of telling을 worth telling으로 고쳐야 한다. worth 뒤에는 능동형의 동명사만 오며, 수동형의 동명사는 오지 않는다는 점도 기억해두자. ① dedicated는 '헌신적인' '특정한 목적을 위한, 전용의'라는 뜻인데, 주어진 문장에서는 후자의 뜻으로 쓰였다. ② Africans를 선행사로 하는 소유격 관계대명사다. ④ 전체 문장의 본동사다.

이야기할 가치가 있는 다양한 계층의 아프리카인들만을 위한 주말 잡지 『아프리카의 목소리』는 그 기업가를 특별 손님으로 맞이했다.

26 ①

alike는 서술적 용법에만 쓰이는 형용사이다. 목적어를 취하는 전치사적 형용사는 like이므로, ①을 Like로 고쳐야 한다.

세계의 교전지역에 자진해서 거주하는 우리 대부분처럼, 타일러는 끔찍한 환경에서 고통 받는 사람들의 이야기를 전해줄 강렬한 충동에 동기를 부여받는다.

27 ④

합성명사의 용법 중 '수사+명사'가 명사를 수식하는 경우를 알고 있는지 묻는 문제이다. '수사+명사'가 명사를 수식하는 경우, 선행명사는 단수로 한다. 따라서 명사 section을 수식하고 있는 ④의 328-feet-long을 328-foot-long으로 고쳐야 한다.

남부 베트남지역에서 건설 중이던 교량의 한 구역이 수요일 무너졌다. 실종자 수는 알려지지 않았지만, 관리들은 적어도 200명이 328피트 길이의 이 구역에서 일하고 있었다고 말했다.

28 ④

each 다음에는 단수명사가 와야 하는데, 복수명사인 children이 와서 틀렸다. 따라서 ④를 each child free로 고치거나 children과 호응하도록 both children free로 고쳐야 하며, 이때 동사 set은 'set+목적어+보어'의 5형식으로 쓰였다.

그 보안관보들은 울타리 너머를 바라보았는데, 그곳에서 두 명의 어린이들이 뒤뜰에 묶여 있는 것을 발견했다. 어린이 중 한명은 손목이 묶여 있었고, 다른 한명은 발목이 묶여 있었다. 그 보안관보들은 두 아이들을 모두 풀어주었다.

29 ①

a young ice cream maker를 수식하기 위해서는 형용사나 분사가 와야 한다. enterprise는 '기획, 기업'이라는 뜻의 명사이며 그렇게 되면 '관사 + 명사 + 형용사 + 명사'의 어순이 되어 문법적으로 옳지 않은 표현이 된다. 따라서 ①을 '진취적인'이란 뜻의 형용사 enterprising으로 고친다.

1961년에, 루벤 매터스라는 이름의 한 진취적인 젊은 아이스크림 제조업자가 덴마크어처럼 들리는 이국적인 이름을 지어냈고, 아이스크림 용기에 스칸디나비아 지도를 넣었는데, 그리하여 미국 최초의 상업용 '슈퍼 프리미엄 아이스크림'인 하겐다즈가 탄생했다.

30 ③

③ alive는 서술적 용법에만 쓰이는 형용사로 한정적 용법에 쓰일 수 없다. 따라서 alive bacteria를 living bacteria로 고쳐야 한다.

① 그들은 자백했는데, 원해서가 아니라, 자백을 해야 했기 때문이었다.
② 다음 선거에서 출마하는 것이 허락된다면, 그는 힘들이지 않고 이겼을 텐데.
③ 일부 독소는 살아있는 박테리아에 의해 생성된다.
④ 이런 상황은 없어지지 않을 것이며, 곧 훨씬 더 악화될 것이다.

01 ①	02 ②	03 ④	04 ②	05 ③	06 ③	07 ①	08 ①	09 ④	10 ④
11 ④	12 ②	13 ①	14 ②	15 ②	16 ④	17 ②	18 ①	19 ③	20 ①
21 ④	22 ④	23 ②	24 ④	25 ③	26 ③	27 ②	28 ③	29 ②	30 ①

01 ①

late와 lately를 구분하는 문제이다. late는 '늦게, 뒤늦게'라는 뜻으로 쓰이며, lately는 '요즈음, 최근(=of late)'의 뜻이므로 문맥상 ①이 빈칸에 적절하다.

키예프는 여러 가지 이유로 인해 최근 관광객들 사이에서 아주 인기 있는 휴가지가 되었다.

02 ②

부사 very의 특별용법인 'the very'를 알고 있는지 묻는 문제이다. 부사 very는 일반적으로 명사를 수식할 수 없다. 그러나 very 앞에 the가 붙는 경우, '바로 그~'라는 뜻을 가진 형용사로 쓰인다. 빈칸 뒤에 명사가 있으므로 빈칸에는 ②의 the very가 들어가야 한다.

세상에 갓 진출한 기업가들이 규모가 큰 대자본 회사로부터 이탈하는 것은 바로 미국기업에 해를 끼치는 것이다.

03 ④

hard가 부사로 쓰일 경우 '열심히'라는 의미로 쓰이지만, 빈칸 다음에 그 선물이 그가 원하던 것이었다고 했으므로, 문맥상 빈칸에는 그의 눈을 '거의 믿을 수 없다'는 말이 되어야한다. 따라서 ④의 hardly가 빈칸에 들어가야 하며, 이때 hardly는 '거의 ~않는'이라는 뜻으로 부정의 의미를 가지고 있으므로, ①은 이중부정이 되어 빈칸에 적절하지 않다.

지미가 생일선물을 풀었을 때, 그는 자신의 눈을 거의 믿을 수 없었다. 왜냐하면 그 선물은 그가 원하던 것이었기 때문이었다.

04 ②

that절의 주어는 the links이므로 동사도 복수여야 한다. 따라서 ①과 ④는 빈칸에 들어갈 수 없으며, 문맥상 빈칸에는 '연관성이 깊다'는 말이 들어가야 하므로 ②의 run deep(깊이 내재하다)이 빈칸에 적절하다. 참고로 run은 '내재하다'는 뜻의 1형식 동사이며, 물리적 의미로 '깊이, 깊게'라는 부사는 deep이며, 감정적인 의미로 '깊이, 심히'는 deeply이다.

새로운 증거는 손으로 쓰는 것과 보다 폭넓은 교육 발달간의 연관성이 깊다는 것을 시사해준다.

05 ③

but 이하가 완전한 문장이므로 빈칸은 접속부사의 자리인데, 문맥상 양보의 의미를 가진 것이 필요하다. 따라서 ③이 정답이다.

그는 늘 열심히 일했다는 것을 내가 알지만, 그럼에도 불구하고 이번 경우에는 그를 벌해야만 한다.

06 ③

문장의 주어가 one이므로, 빈칸에 들어갈 동사 역시 단수 동사여야 한다. 따라서 ①과 ②는 빈칸에 부적절하며, already는 긍정문에 쓰이고 yet은 부정문에 쓰이므로, ③이 빈칸에 적절하다.

이민 절차의 조건들 중 하나가 아직 마무리되지 않았다.

07 ①

빈칸 앞의 주어는 복수형인 trade bills가 아니라 단수형인 the discounting이므로, have가 보기에 온 ③과 ④는 빈칸에 부적절하고, never와 같은 빈도부사는 일반동사 앞, be 동사 뒤에 오고, 조동사와 같이 쓰일 경우, 조동사 다음에 온다. 보기에서 have나 has가 조동사이므로, ①의 has never been이 빈칸에 적절하다.

게다가, 무역어음의 할인은 상업은행 입장에서 결코 중요하지 않았다.

08 ①

부사 hard와 hardly의 의미를 구분할 수 있는지를 묻고 있다. and 다음에 정부들이 국내 책임을 회피하기를 원한다고 했으므로, 이들 정부들은 '국내에서 압박을 받고 있다'고 볼 수 있다. 따라서 '거의 ~않는'이라는 뜻을 가진 hardly가 쓰인 ③과 ④는 빈칸에 들어갈 수 없으며, 국내 책임을 회피하기를 원한다고 했으므로, 국내에서 압박을 '받고 있음'을 알 수 있다. 따라서 ①의 hard pressed at이 빈칸에 들어가야 하며, 참고로 hard pressed는 '압박당한, 시달리는', at home은 '국내에서'라는 뜻으로 쓰인다.

전쟁은 국내에서 심한 압박을 받고 있고 그들의 국내 책임을 미루고 싶어 하는 정부들이 즐겨 이용하는 수단이다.

09 ④

very는 형용사나 부사의 '원급'을 수식하는 반면, much는 형용사나 부사의 '비교급'을 수식한다. 따라서 ①과 ③은 빈칸에 들어갈 수 없다. 빈칸은 결혼하는 '대상'이 와야 하며, '~와 결혼하다'는 표현은 be married to를 쓰므로, ④의 to much older men이 들어가서 앞의 are married와 연결되어야 한다.

매년 18세 이하의 소녀 천만 명이 결혼을 하는데, 종종 그들의 동의 없이 결혼이 이뤄지며 때때로 훨씬 나이 많은 남자와 결혼을 한다.

10 ④

빈칸 앞까지의 완결된 절에 이어질 수 있는 부사어로 '전치사+명사(for women)'구가 가능하고, 부사어를 수식할 수 있는 것은 형용사가 아니라 부사(particularly)이므로 빈칸에는 ④가 적절하다.

고혈압은 뇌 안의 작은 혈관들에 피해를 줄지 모르는데, 특히 여성들의 경우에 그러하다.

11 ④

빈도부사는 be동사와 조동사의 뒤, 일반 동사의 앞, 조동사 두 개가 나올 경우 첫 번째 조동사 뒤에 위치하는 것이 원칙이다. 따라서 ④가 정답이다.

곤잘레스 씨는 우리의 최고 사원 중 하나로 늘 간주되어 왔다.

12 ②

원칙적으로 이중부정은 허용되지 않으므로, scarcely 혹은 hardly와 not은 같이 쓸 수 없다. 한편, 빈칸 뒤에 위치한 reviewing은 전치사 for의 목적어로 쓰인 동명사인데, 동명사의 의미상 주어는 소유격으로 표시하므로 its가 적절하다. 따라서 정답은 ②이다.

충분히 숙고한 후에, 평의회는 그 요구를 재검토해야 할 그 어떤 타당한 이유도 발견할 수 없었다.

13 ①

형용사 gifted를 수식하는 것은 부사 unusually이다. 따라서 ①을 unusually gifted로 고쳐야 한다.

우리가 위험한 문제를 만들지 않고 이런 민감한 문제를 풀기 위해서는 특별한 재능이 있는 화학자가 필요하다.

14 ②

②는 동사 be followed를 수식하는 자리이므로 부사 carefully가 적절하다. 따라서 ②를 carefully로 고쳐야 한다.

위에 설명된 절차들은 합당한 결과를 얻기 위해 가능한 한 신중하게 지켜져야 합니다.

15 ②

문맥상 학생들 중 한명이 '최근에(lately)' 도착했던 것이 아니라 '늦게(late)' 도착했던 것이므로 ②를 late로 고쳐야 한다.

모임 때마다 학생들 중 한명이 늦게 도착해서, 그 교사는 모든 사람이 도착할 때까지 기다림으로써 이 문제를 해결했다.

16 ④

'with+추상명사'는 부사로 쓰이므로 ④ with easily는 with ease가 되어야 한다.

사교댄스는 일반적으로 공연보다는 참여를 위해 만들어진 것이며 쉽게 리드해 나갈 수 있고 따라 할 수 있다.

17 ②

enough가 형용사나 부사를 수식할 때는 반드시 뒤에서 수식(후치수식)해야 하므로 ②를 sick enough로 고쳐야 한다. ① 형용사가 아니라 '감기'라는 뜻의 명사이다. 주절의 had not been은 '경험'의 과거완료이고 ④는 '계속'의 과거완료이다.

릭 머독은 시애틀에서 살아온 그 모든 세월 동안 가끔 감기에 걸린 것을 제외하고는 병원에 가야 할 정도로 몸이 아팠던 적이 없었다.

18 ①

동사 points out을 수식하므로 ① 형용사 correct를 부사 correctly로 고친다.

제레미 벤담은 동물도 사람들처럼 고통을 느낄 수 있고 따라서 사람에게 대하듯 대등하게 대해야 한다고 매우 옳게 지적하고 있다.

19 ③

빈도부사의 위치를 묻고 있다. 빈도부사인 frequently와 rarely는 원칙적으로 be 동사 뒤, 일반 동사 앞에 위치하므로 ③을 rarely studied로 고쳐야 한다. ④는 분사구문이다.

짐과 루이즈와 같이, 그는 자주 결석했고, 숙제를 하지 않았으며, 그리고 거의 시험공부를 하지 않아서, 자주 시험지에 정답을 기입하지 못한 채 제출했다.

20 ①

home은 명사로도 쓰이지만, 부사로 쓰일 때 '집으로'라는 뜻으로 쓰인다. 따라서 '집으로 가다'라는 뜻으로 쓰일 때는 home 앞에 굳이 전치사 to를 붙이지 않고 go home이라고 관용적으로 쓰므로, ①을 to go home으로 고쳐야 하며, 이때 to go는 동사 told의 목적격 보어로 쓰였다.

그는 그녀에게 집으로 가서 라디오 주파수를 그녀가 평소에 즐겨 듣는 하드록 방송 대신 클래식 방송에 맞춰 보라고 말했다.

---

21   ④

동사 expressed를 수식하는 품사는 부사이므로 ④를 부사 continuously로 고친다.

신흥 시장의 불안정성이 전 세계에 걸쳐 얼마나 치명적인 영향을 끼칠지에 관한 두려움이 계속적으로 나타났다.

---

22   ④

neither A nor B 구문에 이미 '부정'의 뜻이 있으므로 hardly는 의미의 중복을 초래한다. 따라서 ④의 hardly를 삭제해야 한다.

날씨는 무난한 주제이다. 이에 대해 사람들은 보통 의견이 일치되고, 날씨가 나쁘다고 해서 말하는 사람이나 듣는 사람이 비난받지는 않는다.

---

23   ②

alive는 부사가 아닌 형용사로 동사 sing을 수식해 줄 수 없다. 문맥상 '라이브로 부르다'가 되어야 하므로 ②를 to sing live로 고쳐야 하며, 이때 live는 부사로 쓰였다.

사춘기부터 생긴 그의 갈라지는 목소리 때문에 경영진이 라이브로 그가 노래 부르는 것을 원치 않았다는 것에 분개한 AJ는 최종 리허설 동안 마이크에 대고 노래를 부르기로 결심했다.

---

24   ④

There 구문을 알고 있는지 묻는 문제이다. There 구문의 특징은 be동사 다음에 나오는 명사가 단수냐 복수냐에 따라서 be동사도 좌우된다는 것이다. ④의 there is 다음에 복수명사가 왔으므로 ④를 there are로 고쳐야 한다.

얼마 전까지만 해도 화장은 한국에서 흔치 않은 문화였다. 오늘날 (화장을 하려는) 수요가 크게 늘어 서울 지역의 화장터에서는 화장을 하려는 사람들의 줄이 매일 이어지고 있다.

---

25   ③

without과 hardly를 함께 쓰면 부정의 의미를 가진 단어가 중복되게 되어 옳지 않다. 따라서 ③의 without hardly를 without으로 고쳐야 한다.

지금까지 세계 자본 시장은 제 역할을 다해왔고, 불경기를 초래하지 않는 선에서 저축과 투자의 균형을 유지할 만큼 이자율은 떨어져왔다.

---

26   ③

much는 형용사의 원급을 수식할 수 없으므로, much 다음에 형용사 cold가 올 수 없다. 따라서 ③을 much too로 고쳐주어야 하는데, 이 경우 부사 much가 부사 too를 수식해주고, 부사 too가 형용사 cold를 수식하게 되므로, 문법적으로 옳다.

베인브리지 경은 세바스찬의 등을 남자답게 힘주어 두드리고는 그가 걱정해준 것에 고마움을 표시했으며, 외투 없이 갑판 위에 서 있기에는 날씨가 너무 춥다고 그에게 말했다.

---

27   ②

'no matter how + 주어 + 동사'의 양보구문이다. 주어진 문장에서 work는 '일하다', '공부하다', '노력하다'라는 의미의 자동사로 쓰였다. 동사를 수식하는 역할을 할 부사가 필요하므로, ② diligent를 diligently로 고쳐야 한다.

어떤 학생들은 아무리 애를 써서 작업을 해도 철자와 구두점이 틀리기 쉬우므로, 누군가가 그들의 문서를 교정보도록 해야 한다.

---

28   ③

'타동사 + 부사'로 이루어진 '2어 동사'의 경우, 목적어가 대명사일 때는 반드시 목적어가 동사와 부사 사이에 위치하여야 한다. 따라서 ③은 bring them up이 되어야 한다.

그는 정련소 운영을 개선하고 동종업체의 수준까지 운영을 키우려는 영국 석유 회사의 노력이 미래에 보다 높은 수익을 창출하는 데 도움이 될 것이라고 예상한다.

---

29   ②

부사인 almost는 부정대명사를 수식할 수 있지만, 명사를 수식하진 못하므로 ②는 most cases가 되어야 한다.

그 소녀들은 (그 소녀들의) 나머지 가족들이 먹고 살 수 있도록 팔려가지만, 대부분의 경우 그 부모들은 그들이 자신의 딸들을 위해 최선을 다하고 있다고 믿거나, 아니면 그저 현지 풍습을 따르는 것뿐이라고 믿는다.

---

30   ①

every는 each와는 달리 형용사로 명사 뒤에 쓰일 수 없다. 따라서 ①에서 every를 each로 고쳐주어야 한다.

① 레이첼 러셀과 린다 챕맨에게는 각각 두 권의 책이 있다.
② 파이에는 많은 종류가 있으며, 모든 파이를 내가 다 좋아한다고 생각한다.
③ 두 아이 모두 충격에 빠졌으며, 겁을 먹고 있었다.
④ 우리 학생들 중 몇 명이 그 축구시합에 참가하고 있다.

16 전치사

01 ②	02 ②	03 ④	04 ②	05 ④	06 ④	07 ③	08 ④	09 ④	10 ④
11 ②	12 ④	13 ③	14 ②	15 ①	16 ③	17 ④	18 ③	19 ④	20 ③
21 ①	22 ①	23 ④	24 ④	25 ③	26 ④	27 ③	28 ②	29 ①	30 ④

01   ②

빈칸에는 문맥상 '재능이 있는' 사람이 되어야 한다. 추상명사 talent앞에 of가 붙으면, 형용사인 talented가 되므로 ②가 정답이다.

그 연구기관은 경제위기에 처한 국가를 안정시키기 위해 재능이 있는 사람이 필요하다.

02   ②

날짜 앞에는 전치사 on을 쓰므로, ②가 정답이다.

브라운 씨는 1월 10일에 돈을 받았다.

03   ④

be known to는 '~에게 알려져 있다', be known as는 '~로 알려지다', be known by는 '~를 보면 알 수 있다'라는 의미이다. 주어진 문장에서는 문맥상 to가 적절하다.

그의 거친 면모 때문에, 그는 친구들에게 람보로 알려져 있다.

04   ②

형용사 similar는 전치사 to와 호응한다.

존의 머리는 갈색이다. 모양은 내 머리스타일과 매우 비슷하다.

05   ④

stop은 전치사 from과 호응하여 '목적어가 ~하는 것을 막다, 못하게 하다'의 의미를 갖는다.

나는 그들이 텔레비전을 시청하지 못하게 하고 싶다.

06   ④

시간표시 전치사를 구분해서 쓸 수 있는지 묻는 문제이다. 연도를 나타날 때는 전치사 in을 쓴다. 따라서 ④의 In이 정답이다.

1960년대에, 환경은 경제적 고려에 밀려 부각되지 못했다.

07   ③

explain은 3형식 동사이며, 설명하는 대상 앞에 전치사 to를 쓴다.

의사는 우리들이 1년에 한 번씩 종합건강검진을 받아야 한다고 설명했다.

08   ④

콤마 뒷부분이 이미 완전한 문장을 이루고 있으므로, 그 앞은 부사 상당어구를 이루어야 한다. 따라서 전치사구를 만드는 ④가 정답으로 적절하다.

대부분의 다른 척추동물의 그것처럼, 인간의 눈도 보는 것과 관련하여 행하는 기능에 있어서는 정말로 뛰어나다.

09   ④

콤마 앞부분은 종속절이며, 주절의 주어는 the first books이다. I was assigned to edit은 관계사절이며, I 앞에는 목적격 관계사대명사가 생략되어 있다. 빈칸에는 시제를 가진 정동사가 들어가야 하므로, 분사가 포함된 ①, ③은 정답이 될 수 없다. 한편, '책들이 다이어트라는 주제다'가 아니라 '책들이 다이어트라는 주제에 관한 것이다'라는 의미가 되어야 하므로, the topic 앞에 전치사 on이 있어야 한다. ④가 정답이다.

작은 출판사에서 일자리를 얻고 난 후 내가 처음으로 편집하도록 맡게 된 책들은 모두가 다이어트라는 주제에 관한 것이었다.

10   ④

전치사구의 의미에 관한 문제이다. ①은 '~에도 불구하고'의 뜻이고 ②와 ③은 '~때문에'의 뜻이며, ④는 '~을 대신해서'의 뜻이므로 ④가 문맥상 가장 적절하다.

여러분이 저희들에게 베풀어주신 환영에 대해 나의 동료들을 대신해서 감사드리고 싶습니다.

11   ②

능동태와 수동태를 구분하고 시간표시 전치사 중 by와 until을 구분할 수 있는지 묻는 문제이다. B에서 대명사 It은 the work를 받은 것으로, the work가 끝내는 것이 아니라, the work가 끝나게 되는 것이므로, 능동형 대신 수동형이 와야 한다. 또한 by는 동작의 완료를 나타내며, 계속의 의미를 갖는 동사와 함께 쓰이지 않는 반면, until은 동작의 계속을 나타내며, 계속의 의미를 갖는 동사와 함께 쓰이는데, 문제에는 동사 finish가 쓰였으므로 전치사 by가 함께 쓰여야 한다. 따라서 ②의 be finished by가 정답이다.

A: 그 작업이 며칠이나 더 걸릴까요? B: 이번 주 중으로 끝나기로 되어 있어요.

12 ④

빈칸을 제외한 부분이 이미 완벽한 절의 형태를 갖추고 있으므로 빈칸에는 부사 상당어구가 와야 적절하다. 따라서 ④가 정답이다.

마치 형제자매처럼, 음악과 춤은 같은 계통에 속한다.

13 ③

regardless of는 '~과 상관없이', '~에 개의치 않고'라는 뜻의 관용 표현이다. to를 of로 고친다. ① stand for는 '대표하다', '대리하다', '찬성하다', '편들다'의 의미다. ④ color, race, religion은 모두 regardless of의 목적어다.

그는 피부색, 인종, 종교에 관계없이 모든 사람에 대한 언론의 자유를 지지했다.

14 ②

be familiar with(~에 정통하다)와 be familiar to(어떤 사람에 친숙하다)의 차이를 알고 있는지 묻는 문제이다. 여기서는 '교섭에 정통하다'는 의미로 쓰였으므로, ②의 familiar to를 familiar with로 고쳐야 한다.

교섭에 정통한 소식통에 따르면 잠정협정에는 총 9%의 임금인상이 명시돼 있다고 한다.

15 ①

신체 일부를 표시할 때는 '동사+목적어(사람)+전치사+the+몸의 일부'의 어순을 취하며, 이때 전치사는 함께 쓰이는 동사에 따라 달라진다. 문제에서는 '잡다'는 뜻의 hold가 쓰였으며, hold는 전치사 by와 함께 쓰이므로 ①의 with를 by로 고쳐야 한다.

그 노인이 내 손을 잡고 마지막 숨을 몰아쉰 이후, 그 고인의 영혼은 하늘로 올라갔고, 그의 몸은 영면에 들었다.

16 ③

'신체 일부분을 표시'할 때 적절한 동사와 동사에 어울리는 전치사가 무엇인지를 묻고 있다. kiss는 'kiss+목적어+on the cheek'의 어순을 취하므로, ③의 by를 on으로 고쳐야 한다.

잠을 이룰 수 있었던 그 여인은 그 왕자의 얼굴을 바라보았고, 그의 뺨에 키스를 했으며, 그녀가 꿈을 꾸고 있는 것이 아니라는 것을 확인하기 위해 그녀의 얼굴을 꼬집었다.

17 ④

oblivious는 동사가 아니라 형용사이므로 the beauty around me를 목적어로 받을 수 없다. 따라서 목적어를 받기 위해서는 전치사가 필요하며, oblivious와 호응하는 전치사는 to이므로 ④를 oblivious to로 고쳐야 한다. 이때 being oblivious to에서 being이 생략되었다.

산의 경사면에 달라붙어 내가 만지는 모든 바위에 매달려 있었던 나는 내 주변의 아름다움은 알아차리지 못한 채 나만의 세계에 빠져 있었다.

18 ③

'~에서 …까지'를 뜻하는 from ~ to …에 유의한다. ③은 to가 되어야 한다.

화학은 단순한 물 분자에서부터 생물의 성장에 영향을 미치는 복잡한 유전자에 이르는 다양한 물질의 성질을 다룬다.

19 ④

'~에게 …에 대해 알리다, 통지하다'는 'inform ~ of …'구문으로 나타내므로, ④를 of로 고쳐야 한다. ③ until 절 안에서 완결된 절 다음에 이어진 분사구문이다.

학교에 당도했을 때 메리는 어린 양을 담요에 싸서 발치에 두었는데, 그 양은 마침내 소리를 내어 자신의 존재를 선생님에게 알렸다.

20 ③

but 이전과 이후의 절이 의미상 병렬관계에 있다. 명사 issues와 명사구 social justice를 과거분사가 연결할 수 없으므로 ③은 현재분사형 전치사인 concerning이 적절하다.

결혼이나 가족과 같은 개인적인 문제에 관해서라면, 천주교인들은 대개 보수적이다. 그러나 사회 정의와 관련된 문제에 대해서는 그들은 때때로 진보적이다.

21 ①

'provided a ready answer to anyone that절'에서 a ready answer를 주어로 한 수동태가 되고 to anyone that이 문두로 나간 것이므로, ①은 To anyone that이어야 한다.

그 야구팀이 가장 유력한 우승후보가 되기 위한 우수 선수들을 확보하고 있는지 의심하는 사람에게 목요일 오후 경기에 즉답이 제공되었다.

22   ①

instead는 '대신'이라는 뜻의 부사로, 물을 구해 서둘러 돌아가는 것과 우물가에 서서 우물의 신비로움에 대해 생각하는 것은 서로 의미상 상반된다. 따라서 부사인 instead를 역접의 전치사 instead of로 고쳐야 의미가 자연스러우므로, ①을 of getting water로 고쳐야 한다.

그는 풀로 덮인 길이 끝나는 지점에서 마침내 그 우물을 발견했으나, 물을 구해 서둘러 돌아가는 대신, 그는 잠시 동안 우물가에 서서, 숲속에 있는 그 우물의 신비로움에 대해 곰곰이 생각해 보았다.

23   ④

even though는 접속사로 even though 다음에는 절이 와야 하는데 명사가 왔다. 따라서 ④를 despite나 in spite of로 고쳐주어야 한다.

중국 소비자들의 취향을 반영한 우리의 전략 차들이 엄청난 인기를 끌어서 우리는 어려운 시장 환경에도 불구하고 기록적인 매출을 달성할 수 있었다.

24   ④

전치사 during과 전치사 for를 구분할 수 있는지 묻는 문제이다. 전치사 during 뒤에는 특정기간을 나타내는 명사가 오는 반면, 전치사 for 뒤에는 일정한 기간을 나타내는 명사가 수사와 함께 오므로 ④의 during을 for로 고쳐야 한다.

새로운 방향으로 전개된 올해의 지구촌 전등 끄기(Earth Hour) 행사에서, 그 우주비행사는 국제우주정거장에서 각국이 불이 꺼지는 것을 60분 동안 관찰할 것이며, 사진을 게시할 것이다.

25   ③

양보표시 전치사 despite의 용법을 알고 있는지 묻는 문제이다. despite는 in spite of와 같이 '~에도 불구하고' 라는 뜻을 가지고 있지만, despite 뒤에는 of를 붙이지 않는다. 따라서 ③의 despite of를 despite로 고쳐야 한다. 참고로 명사와 명사가 결합할 때, 원칙적으로 선행명사는 복수를 쓰지 않기에, ①의 powerhouse economies는 맞는 말이다.

아시아의 역동적인 국가들의 경제는 앞으로 2년간 서방세계경제의 상대적인 약세에도 불구하고 강하게 성장할 것이나, 노동력 부족이 문제가 될 수도 있다.

26   ④

동작의 '완료'를 나타내는 전치사 by는 '계속'의 의미를 갖는 동사와 함께 쓰이지 않는데, by 앞에 remain closed(계속해서 닫아두다)가 왔다. 따라서 ④의 by를 동작의 '계속'을 나타내는 전치사 until로 고쳐야 한다.

프랑스 대통령인 에마뉘엘 마크롱(Emmanuel Macron)은 여권이 필요 없는 솅겐(Schengen) 지역 — 영국은 솅겐 지역에 속하지 않는다. — 의 외부 국경을 9월까지 닫을 것을 요청했다.

27   ③

not because 다음에는 절이 왔지만, but because 다음에는 the openness라는 구가 왔으므로 ③을 but because of로 고쳐야 한다.

그 발언은 현대인들에게는 이상하게 들리는데, 그것은 우리가 정치인이 그의 친구들을 편애한다는 것을 알고 놀라서가 아니라, 이러한 편애주의가 표현되는 솔직함 때문이다.

28   ②

문맥상 interest는 commitment와 마찬가지로 동명사 providing으로 이어지는데, 명사 commitment가 전치사 to와 함께 쓰이듯이, 명사 interest는 providing으로 이어지기 위해 전치사 in과 함께 쓰여야 한다. 따라서 ②를 continuing interest in으로 고쳐야 한다.

성별과 인종에 관계없이 모든 교수진에게 동등한 기회를 제공하는 데 대한 스탠포드 대학교의 계속되는 관심과 헌신을 강조하기 위해 우리는 몇 가지 원칙을 개발했다.

29   ①

pull과 같이 '잡다'나 '쥐다'라는 뜻을 가지는 동사들이 신체의 일부분을 표시할 때는 'pull+사람+by the+신체부위'의 어순을 취한다. 따라서 ①을 by로 고쳐야 한다.

그 여왕은 갑자기 내 소매를 끌고는 나를 아파트 두 군데를 지나 어떤 뜰로 데리고 갔는데, 그 두 아파트의 문들은 너무 높이가 낮아서 우리들은 어쩔 수 없이 네발로 기어가야 했다.

30   ④

④ 시간적인 의미에서 'A부터 B까지'는 from A to B 혹은 from A till B로 표현한다. Since를 From으로 고친다. ① since가 '~이래로'라는 의미의 전치사로 쓰였으며, 주절에 현재완료 시제가 쓰였다. 주어가 The number이므로 단수동사 has는 옳게 쓰였다. ② 접속사 since가 이유를 나타내는 용법으로 쓰였다. ③ since가 '~한 이래'라는 의미의 접속사로 쓰여 뒤에 과거동사가 왔으며, 주절에는 현재완료시제가 쓰였다.

① 세계의 자동차 수는 1980년 이래로 두 배 이상 늘어났다.
② 그는 그녀의 아버지이기 때문에, 해악으로부터 그녀를 보호하고 싶었다.
③ 이라크에서 전쟁이 발발한 이후로 5,500명 이상의 군인들이 탈영했다.
④ 그 전쟁의 시작부터 끝까지 독일군은 항상 승리했다.

17 비교

01 ④	02 ③	03 ①	04 ③	05 ④	06 ④	07 ①	08 ③	09 ③	10 ③
11 ④	12 ③	13 ③	14 ④	15 ③	16 ④	17 ①	18 ③	19 ②	20 ③
21 ④	22 ④	23 ②	24 ③	25 ②	26 ④	27 ③	28 ③	29 ④	30 ④

01 ④

빈칸은 동사가 들어갈 자리이므로 ①과 ②는 제외되고, ③은 문맥상 어색하다. 'as ~ as' 구문으로 쓰인 ④가 정답이다.

전쟁의 역사는 인간의 역사만큼이나 오래되었다.

02 ③

than이 있으므로 비교급이 필요함을 알 수 있고, 비교급을 강조할 때에는 much, still, even, a lot 등을 사용할 수 있다.

인공위성이 찍은 화성의 사진들은 지구에서 찍은 사진들보다 훨씬 더 선명하다.

03 ①

'비교급+than any other+단수명사'는 최상급의 의미를 갖는데, 'any other 단수명사' 대신 anyone else를 사용할 수도 있다.

A: 에드워드 어떻게 생각해? B: 그가 반에서 가장 영리해.

04 ③

'all the+비교급'은 '한층 더 ~'의 뜻으로, 뒤에는 이유나 조건을 나타내는 구문이 온다.

그가 정직하기 때문에 우리는 한층 더 그를 존경한다.

05 ④

빈칸 앞에 비교급 poorer가 나왔으므로 빈칸에는 than이 나와야 하며, 독립한지 40년이 지난 후의 시제가 현재시제이므로 독립할 당시는 40년 전이 되므로 과거시제가 되어야 한다. 따라서 ④의 than they were가 빈칸에 들어가야 하며, 이때 they were 다음에는 poor가 반복되어 생략되었다.

일부 아프리카 국가들은 독립할 당시보다 독립한지 40년이 지난 후에 더 가난하다.

06 ④

배수비교는 '배수+비교급+than'이나 '배수+as ~ as'의 어순 등으로 나타낼 수 있는데, 배수비교에서 '두 배'일 경우 '배수+비교급+than'의 형태를 취하지 않으므로, ①과 ③은 빈칸에 들어갈 수 없다. 그리고 원급비교로 니디낼 경우, '배수+as ~ as'의 어순이 되어야 하므로, ②가 아닌 ④의 twice as much as가 빈칸에 적절하다.

이 스마트폰은 아이폰 X보다 가격이 두 배이며, 내가 여태까지 사용해봤던 가장 비싼 폰이다.

07 ①

Fanny Mendelssohn이 동생인 Felix Mendelssohn만큼 훌륭한 피아노 연주자라는 말이 되어야 하므로, 원급비교가 쓰여야 하는데, 원급비교에 형용사와 명사가 함께 쓰일 경우, 'as+형용사+a[an]+명사'의 어순을 취하므로, ①의 as good a가 빈칸에 들어가야 한다. 이때 Fanny Mendelssohn, 다음에는 who was가 생략된 형태이다.

펠릭스 멘델스존은 네 남매 중 둘째였는데, 맏이는 파니 멘델스존으로 그녀의 남동생만큼이나 훌륭한 피아노 연주자였다.

08 ③

'최상급 ~ of + 복수명사' 표현이므로 ③이 정답이다.

헬륨은 모든 기체 가운데 액화시키는 것이 가장 어렵고, 정상적인 기압 하에서는 고체화하는 것이 불가능하다.

09 ③

outshine은 타동사로 쓰일 때 '~보다 뛰어나다'는 뜻으로, 동사 자체에 이미 than의 의미를 가지고 있기 때문에 than과 함께 쓰이지 않는다. ②와 ④는 빈칸에 들어갈 수 없으며, counterparts는 siblings를 받은 말로 비교대상이 older siblings와 younger counterparts이므로 those of는 불필요하다. 따라서 ③의 outshine이 정답이다.

연구에 따르면, 형제자매들 중 나이가 많은 사람들이 나이가 어린 사람들보다 뛰어날 가능성이 더 높다고 한다.

10 ③

빈칸 앞에 the higher가 왔으므로, 비교급 관용구문인 'the+비교급, the+비교급'이 쓰였음을 알 수 있다. 따라서 빈칸에도 'the+비교급+주어+동사'가 와야 하므로, ③의 the greater the chance가 빈칸에 적절하다. 참고로 문제에서는 빈칸을 전후해 모두 비교급 다음에 be동사가 생략되었다.

인체의 총콜레스테롤 수치가 더 높을수록, 암, 당뇨병, 고혈압, 그리고 그 외 심각한 만성 건강질환에 걸릴 확률이 더 커진다.

11 ④

원급비교의 부정은 not so ~ as나 not such ~ as인데 so 다음은 '형용사+a+명사'가 오고, such 다음은 'a+형용사+명사'가 온다. 따라서 ①과 ④가 바른 어순인데 주격의 유사관계대명사 as가 있어야 뒤에 동사 would spur로 이어져 유사관계절이 된다.

현재의 위기는 우리의 삶을 포기하도록 부추길 만큼 그렇게 큰 재난이 아니다.

12 ③

비교 구문에서 비교되는 대상의 문법적인 구조나 역할을 동일해야 한다. 따라서 명사 Automobile accidents와 명사 airplane accidents가 비교되도록 만드는 ③이 정답으로 적절하다.

자동차 사고는 비행기 사고보다 훨씬 자주 발생한다.

13 ③

비교 구문에서 비교되는 대상들의 문법적인 역할과 구조는 동일해야 한다. 접속사 than 뒤의 ③은 주어 Brown과 비교되고 있으므로 주격으로 써야 한다. 따라서 ③을 I로 고친다.

브라운은 나보다 빨리 달렸기 때문에 경주에서 이길 수 있었다.

14 ④

④에는 앞에 쓰인 approaches를 대신하는 대동사가 필요하다. 따라서 planet is를 planet does로 고쳐야 한다. ① approach는 타동사이므로 전치사 없이 목적어 the Earth가 온 것이다. ②, ③ 비교급 표현을 만들고 있다.

금성은 어떤 다른 행성보다 지구에 더 가까이 접근한다.

15 ③

원급비교(동등비교)구문은 긍정문일 때 'as + 원급 + as'로 쓰고 부정문일 때 'not ~ as(so) + 원급 + as'로 쓰므로 ③을 as long as로 고쳐야 한다.

비행기가 공항에서 이륙하는 것을 기다리는 것은 종종 여행 자체만큼 길다.

16 ④

'비교급 + than any other + 단수명사'의 형태로 최상급의 의미를 나타낸다. 따라서 ④를 any other boy로 고쳐야 한다.

우리는 딕이 우리 반에서 다른 그 어떤 아이보다 키가 크다는 당신의 말에 동의한다.

17 ①

perfect는 '완전한'의 의미이므로('더 완전한'이란 말은 비논리적이므로), 원칙적으로 비교급이나 최상급의 형태로 쓰이지 않는다. 따라서 ①을 Sweden's perfect로 고쳐야 한다.

스웨덴이 국제 사회에 완벽하게 공헌한 것은 그 나라의 사회 보장 프로그램이었다.

18 ③

③은 her mind를 대신한 대명사이므로 it이어야 한다.

최근 들어 엄마의 청력이 나빠지기 시작했고 정신도 예전만큼 예리하지 못하시다.

19 ②

원칙적으로 최상급 앞에는 the를 붙이나, 동일인이나 동일물 내에서 비교된 최상급 앞에는 the를 붙이지 않는다. 따라서 ②를 deepest로 고쳐야 한다.

항해사들이 결국 알게 된 것은 자신들이 배를 정박하려고 했던 곳이 그 호수에서 가장 깊은 곳이었다는 것이다.

20 ③

qualities가 복수 형태이므로 가산명사임을 알 수 있다. 불가산명사 앞에 붙는 less를 가산명사 앞에 붙는 fewer로 고쳐야 옳다. 따라서 ③에서 less를 fewer로 고쳐야 한다.

일주일 된 태아는 인간의 신체적 특성을 모기보다 더 적게 가지고 있다는 사실을 킨슬리로부터 알고 나면 르준은 깜짝 놀랄 것이다.

21 ④

one과 the other라는 표현을 통해 '두 개의 대상'을 비교하고 있음을 알 수 있다. 이와 같이 두 대상을 비교할 때는 'the 최상급'을 쓰지 않고 'the 비교급'을 쓰므로, ④를 the cheaper로 고쳐야 한다.

만일 시중에서 판매되는 유명회사 제품인 약 하나가 다른 약보다 두 배나 비싸다면, 우리는 낭연히 보다 싼 약을 구매하기를 원할 것이다.

은 당신이 꿈꾸는 휴양지로 가는 비용보다 더 나오지는 않더라도 그만큼의 비용이 들 수 있다.

28 ③

senior와 같은 라틴어 비교급은 than과 함께 쓰지 않고 to와 함께 쓰므로, ③을 senior to로 고쳐야 한다.

내가 누나를 따라 학교에 가는 것을 거부했기 때문에 아버지한테 몹시 두들겨 맞았던 것을 나는 여전히 기억한다. 누나는 나보다 여덟 살 많았는데, 아버지는 누나를 가장 좋아하셨다.

29 ④

'서수+최상급'의 어순이 되어야 하므로, ④는 fourth largest가 되어야 한다.

아시아에서 네 번째로 큰 경제대국이 깊은 경기침체에 빠질 수도 있다는 우려가 고조되는 가운데, 정부는 경제를 살리기 위한 시기적절한 부양책 도입에 전력을 기울여 왔다.

30 ④

④ junior와 같이 '-(i)or'로 끝나는 라틴어계 형용사는 형용사 자체가 비교급이고 than 대신에 to를 함께 쓴다. 따라서 junior than me를 junior to me로 고쳐야 한다.

① 위대한 인생은 우연히 오지 않는다.
② 당신의 진정한 꿈을 발견하는 데는 절대 늦음이 없다
③ 나는 수업시간에 똑똑하게 공부를 잘 한다. 그렇지 않은가?
④ 그 관리자는 나보다 6살 나이가 아래이다.

22 ④

뒤에 than이 있으므로 비교급 형태가 와야 한다. 따라서 ④를 higher로 고쳐야 한다.

공학, 건축, 대학 강의와 같은 많은 전문직에서 폴란드 여성들의 취업은 서유럽 여성들에 비해서 상당히 높았다.

23 ②

스티븐 킹의 작품과 피터 스트로브의 작품을 비교해야 하므로, ②를 알맞은 형태로 고쳐야 하는데, the works를 대신하는 대명사 those를 써서 to those of Peter Straub로 고치거나 to Peter Straub's로 고쳐야 한다.

스티븐 킹의 작품은 피터 스트로브의 작품과 비슷한데 그것은 놀라운 사실이 아니다. 왜냐하면 그 두 사람은 친구이고 심지어 공동으로 소설을 집필해왔기 때문이다.

24 ③

뒤에 주격의 유사관계절인 than절이 이어지므로 ③을 much greater로 고쳐야 한다.

그 질병을 억제하기 위해 기획된 창의적인 의료프로그램은 경제 침체기에 가용한 금융재원보다 훨씬 더 많은 금융재원을 필요로 했다.

25 ②

more numerous와 less cynical이 왔으므로, more와 less와 호응하는 than이 뒤에 와야 한다. 따라서 ②의 to를 than으로 고쳐야 한다.

그들의 선배들인 X세대들보다 수적으로는 더 많으면서 덜 냉소적인 밀레니엄세대들은 젊은 유권자들 사이에서 민주주의자들의 새로운 시대를 열어줄 것으로 보였었다.

26 ④

라틴어 비교급인 inferior는 전치사 to와 호응한다. 따라서 ④를 inferior to로 고쳐야 한다.

베트남의 전화망 대부분은 50~60년대에 설치된 것으로, 말레이시아와 태국에서 이미 사용하고 있는 현대적인 전화망보다 본질적으로 열악하다.

27 ③

can cost 이하는 하나의 대상에 원급비교와 비교급비교가 이중으로 쓰인 구조이다. ③을 원급비교의 표현의 구조가 완성되도록 as much as로 고쳐야 한다.

이상하게 보일지 모르지만, 당신의 차를 야외의 바람 부는 활주로에 두는 것

17 비교

01 ②	**02** ②	**03** ②	**04** ②	**05** ①	**06** ③	**07** ③	**08** ①	**09** ③	**10** ②
11 ①	**12** ①	**13** ④	**14** ③	**15** ④	**16** ④	**17** ①	**18** ②	**19** ④	**20** ①
21 ②	**22** ②	**23** ①	**24** ③	**25** ②	**26** ④	**27** ③	**28** ④	**29** ④	**30** ①

01 ②

superior와 같이 '-or'로 끝나는 라틴어 계통의 형용사는 그 자체로 비교급이므로 than 대신 to와 함께 쓴다. 따라서 ①과 ③은 빈칸에 들어갈 수 없으며, 비교하는 대상이 respects가 아니라 system이므로 to 다음에는 those가 아닌 that이 와야 한다. 따라서 ②가 정답이다.

많은 면에서 캐나다의 시스템은 미국의 시스템보다 우수하지만, 두 국가의 시스템은 모두 관료적 형식주의에 시달리고 있다.

02 ②

동일한 주어(사람, 대상)의 성질 또는 성향을 비교할 때, 음절수와 무관하게 'more ~ than' 형태를 사용한다. 따라서 ②의 more kind가 빈칸에 적절하다.

A: 그는 매우 현명한 것 같아. B: 아냐, 그는 현명하다기보다는 친절한 거지.

03 ②

대상이 둘이므로 비교급을 쓰며, of the two와 같은 표현이 동반되는 경우에는 비교급 앞에도 정관사를 쓴다.

조는 쌍둥이 중에 더 큰 아이다.

04 ②

코뿔소의 다리와 비교하고 있는 대상은 모든 포유류가 아니라 '모든 포유류의 다리'이며, 비교대상이 다리(legs)로 복수이므로, ②의 those of가 빈칸에 적절하다.

어떤 거대한 코뿔소의 다리는 모든 알려진 육상 포유류의 다리들보다 길다.

05 ①

등위접속사 but 뒤에 문장이 이어져야 하는 상황이다. ②, ③, ④는 모두 종속절을 이끄는 역할을 하므로, 이것들이 빈칸에 들어가면 but 이하는 주절 없이 종속절만 존재하는 상태가 된다. 따라서 ①이 정답이다. by far는 최상급을 강조하는 표현이다.

최근 들어 그 도시의 풍경에 많은 변화가 있었지만, 가장 극적인 변화는 고층 건물이 생겼다는 것이다.

06 ③

'배수사+as+원급+as', '배수사+비교급+than'의 형태로 쓴다. 따라서 ③의 as great as가 빈칸에 적절하다.

태양의 질량은 모든 행성의 질량을 합친 것의 약 750배에 달한다.

07 ③

'as ~ as … '의 원급비교 구문이 되는 것이 적절하므로 ③이 정답이며, 이 때 they were 뒤에는 related가 생략돼 있다.

고대 세계의 치료법은 과학만큼 종교와 철학과도 관계가 깊었다.

08 ①

the+비교급 ~, the+비교급…: ~하면 할수록 점점 더 …해진다

추상화를 감상하면 할수록, 우리는 그것을 더 좋아하게 되었다.

09 ③

as 절에서 than 앞뒤로 평행구조를 이루므로 his career에 대응하는 her career의 의미로 hers가 주어로 적절하고, to him에 대응하여 to her가 적절하다. 따라서 ③이 정답이다.

그녀는 그녀의 경력이 그녀에게 중요한 것보다 그의 경력이 그에게 더 중요하므로 그녀의 직장을 포기하겠다고 했다.

10 ②

대상이 둘이므로 최상급이 아닌 비교급을 써야 하는데, of the two 혹은 of A and B 등의 어구를 동반할 경우에는 비교급 앞에 정관사를 쓴다. 따라서 ②가 정답이 된다.

이 정부 직책에는 두 후보 가운데 제이슨 해럴드가 해당 분야에서의 경력 때문에 더 적격이다.

11   ①

비교구문에서 비교되는 대상은 서로 같아야 한다. 따라서 본문의 주어와 같은 형태로 표현한 ①이 정답이며, 대명사 that은 the annual worth를 가리킨다.

유타 주(州) 제조업의 연간 가치는 광업과 농업의 연간 가치를 합친 것보다 더 크다.

12   ①

분사구문의 의미상 주어가 생략됐다는 것은 분사구문의 주어가 주절의 주어와 같다는 것을 의미한다. 그런데, 방을 사탕, 비디오, 포도주로 채우는 행위는 사람이 하는 것이므로 주절의 주어도 사람이어야 한다. 한편, 동사 prefer와 호응하는 것은 접속사 than이 아닌 전치사 to이다. 따라서 ①이 정답이다.

자신의 방을 사탕, 비디오, 값싼 포도주로 가득 채운 후, 작은 사무실에 나오는 것보다 온종일 소파에 누워 있는 것을 택했다.

13   ④

disk는 가산명사로 쓰였으므로, 부정관사를 붙이거나 복수형으로 써야 한다. 교환의 대상이 되는 명사(LPs)를 복수로 썼으므로 disk도 복수로 쓰는 것이 자연스럽다. ① '안목이 있는'의 뜻으로 쓰인 형용사다. ② refuse는 to부정사를 목적어로 취하며, trade (in) A for B는 'A를 B와 교환하다'라는 뜻이다.

안목 있는 음악 감상자들은 그들의 오래된 비닐 LP판을 콤팩트디스크와 바꾸기를 거부해왔다.

14   ③

③은 단수명사인 the economy를 가리키므로 단수 대명사 that이 적절하다. 따라서 ③을 that으로 고쳐야 한다.

한 국가의 경제와 다른 나라의 경제를 비교하는 여러 가지 다른 방법들이 있다.

15   ④

비교의 주체인 관계대명사 that은 앞 문장의 a dress를 가리키므로, 이와 비교되는 대상도 역시 '옷(a dress)'이 되어야 한다. 따라서 the other를 those of the other로 고쳐야 한다. ③ more attractive는 비교급이며, far는 비교급을 강조하는 부사로 쓰였다.

엘리자베스는 파티에 다른 소녀들이 입고 있던 것보다 훨씬 더 눈에 띄는 드레스를 입고 갔다.

16   ④

'모든 ~들 중에서'라는 의미의 Of all ~ 셋 이상의 비교를 나타내므로, ④를 최상급인 the most로 고쳐야 한다.

역사를 재구성할 수 있는 근거인 역사적 기록들 가운데, 의심할 여지없이 일기가 가장 재미있다.

17   ①

두 사람을 비교할 때 비교급이 of the two나 그 상당어구와 함께 쓰이면, 비교급 앞에 the를 붙인다. 따라서 ①을 the cleverer로 고쳐야 한다.

그러나 두 사람 중에서 보다 현명했으며, 그의 동료를 자주 재촉해야 했던 그 남자는 우리에게 그가 원본을 번역할 수 있다고 말했다.

18   ②

twice는 보통 more ~ than을 사용하지 않고, twice as ~ as를 사용한다. 따라서 ②를 as many vegetables as로 고쳐야 한다.

우리들 대부분은 우리가 야채를 먹는 양의 두 배를 먹을 필요가 있다. 그러나 모든 야채가 똑같이 만들어지지는 않는다. 다양한 색깔의 야채는 각기 다른 영양분을 제공한다.

19   ④

of the two와 같은 표현이 있는 경우처럼 양자 사이의 우열을 이야기할 때에만 비교급 앞에 the를 붙인다. 주어진 문장에서는 비교되는 범위가 of all the cases이므로 최상급으로 나타내야 한다. the less를 the least로 고친다. ① 주절의 기준 시제인 told보다 앞서 있었던 일에 대한 진술이므로, 한 시제 앞선 과거완료로 나타냈다. ② 강조구문을 만드는 표현이며, our suit against that environmental group이 강조되는 대상이다. ③ '~에 대한 소송'이므로 전치사 against를 썼으며, that은 지시 형용사다.

그는 자신이 변호사로 일하면서 승소한 모든 사건들 중에서, 그 환경단체를 상대로 한 우리들의 소송이 가장 재미없었다고 나한테 말한 적이 있다.

20   ①

equipment는 불가산명사이므로 ①의 the fewer를 the less로 고쳐야 한다.

요컨대, 뛰어난 사진사일수록 장비는 문제가 되지 않는다. 하지만 그다지 기량이 뛰어나지 않은 우리에게는 그것(장비)은 큰 역할을 한다.

21　　②

'the 비교급, the 비교급' 구문이 되어야 하므로 ②를 greater로 고쳐야 한다.

일기예보는 대개 며칠까지는 정확하다. 예보가 더 멀리 앞을 내다보는 것일수록 뜻하지 않은 사건들이 예보를 부정확하게 만들 가능성은 더 커진다.

22　　②

비교 대상은 '나의 승진 속도'와 '다른 사람들의 승진 속도'이므로, 비교 대상이 같아지도록 other people을 other people's로 고쳐야 한다. ③ 졸업한 시점이 승진이 지체되는 것보다 먼저 있었던 일이므로 주절의 시제보다 한 시제 앞선 과거완료로 쓴 것이며, graduate는 자동사이므로 전치사 from이 필요하다. ④ another 뒤에 company가 생략된 것으로 볼 수도 있고, 대명사로 취급할 수도 있다.

나는 열심히 일했지만 지방 대학 출신이라서 다른 사람들보다 승진 속도가 느렸다. 그래서 다른 회사로부터 입사 제안을 받은 후 그 회사를 떠났다.

23　　①

like는 비교의 전치사로서, 비교구문의 일종이다. Jane Austen과 비교되는 대상이 the Brontës' novels이므로 ①은 Like Jane Austen's (novels) 또는 Like those of Jane Austen이 되어야 한다.

제인 오스틴(Jane Austen)의 소설과 마찬가지로, 브론테 자매들의 소설은 그들의 삶과 관련하여 해석되었지만, 세 자매 각각의 소설과 그녀의 소설이 인식되는 방법에는 주목할 만한 차이가 있었다.

24　　③

형용사 valuable은 was의 보어로 전치사 to와 함께 쓰여 '~에 귀중한'이라는 뜻으로 쓰일 수는 있지만, 전치사 of의 목적어가 될 수 없다. 따라서 전치사 of와도 호응하면서 was의 보어가 되도록 ③을 value to로 고쳐야 하는데, 'of+value'와 같이 'of+추상명사'는 '형용사'로 쓰이므로, of value는 valuable과 같은 뜻으로 쓰임을 숙지해 두자.

그들과 접촉한 사람들의 정신적 태도에 끼친 그들의 영향은 그들이 원예학에 미친 직접적인 기여보다 인류에 훨씬 귀중한 것이었다.

25　　②

동사 increase를 수식해주는 것은 형용사가 아닌 부사이므로 ②를 dramatically로 고쳐야 한다.

비록 주권국가의 수가 지난 반세기 동안 세계 인구만큼 거의 극적으로 증가했지만, 국가들 간의 전쟁횟수는 그 기간(지난 반세기) 동안 상당히 줄어들었다.

26　　④

fresh and meaningful을 전후로 as ~ as가 쓰여 원급비교가 쓰였음을 알 수 있다. 따라서 원급비교는 동일대상을 비교하므로, ④의 they는 the rules of conduct(행동지침)가 되는데, 이 행동지침이 사람(the people of Jesus' time)이 되므로 문맥상 어색하다. 따라서 ④를 they were to로 고쳐야 하는데, 이때 they were to는 원래 they were fresh and meaningful to에서 반복되는 fresh and meaningful이 생략된 형태이다.

오늘날 우리가 이런 영원한 말씀을 읽을 때, 고대 율법학자들이 설명한 행동지침들은 예수님이 살아계실 당시의 사람들에게 새롭고 의미가 있었던 만큼 현 세대에게도 새롭고 의미가 있다는 것을 우리는 알게 된다.

27　　③

as ~ as 원급비교 구문이 쓰였다. ②의 them은 most parents, ③앞의 they는 the rampage school shootings를 각각 가리킨다. 따라서 they were the communities는 '총기사건이 지역사회 주민들이었다'가 되어 문맥상 어색하다. 따라서 ②에서 mysterious 다음에 to가 왔듯이 ③도 were mysterious to the communities로 고치거나 반복되는 mysterious를 제외한 were to the communities로 고쳐야 한다.

대부분의 부모들을 나락으로 떨어뜨렸던 학교 총기 난사사건은 끔찍한 일이 임박했다는 증거를 알아차리지 못했던 지역사회 주민들에게만큼이나 부모들에게도 이해하기 힘든 사건이었다.

28　　④

전치사 between은 '둘 사이에'라는 뜻으로, between 다음에는 A and B의 구조가 와야 한다. 민주정치(A)와 독재정치(B)를 비교하고 있으므로, 독재정치(B)에 해당하는 ④의 an autocracy 앞에 and를 삽입해야 한다. 참고로 ③은 원래 China's political system is the contest에서 반복되는 political system과 the contest가 생략된 형태이다.

미국에게, 미국의 정치제도와 중국의 정치제도 간의 경쟁은 사람들이 자유롭게 그들의 정부를 선택하고 언론과 종교의 자유를 누리는 민주정치와 사람들이 그러한 자유를 누리지 못하는 독재정치 간의 경쟁이다.

29　　④

원급비교의 관용구문을 묻고 있다. "A라기 보다는 오히려 B"라는 뜻을 나타낼 때는 not so much A as B 구문으로 나타낸다. 따라서 ④에서 rather를 앞의 not so much와 호응하도록 as로 고쳐주어야 하며, 참고로 so far as ~ concerned는 '~에 관한 한'이라는 뜻의 관용구문이 however와 depends 사이에 삽입된 형태이다.

사실, 그들 중 철도 노선에 가까운 땅을 갖고 있는 일부 사람들은 그 노선이 만들어져서는 안 된다는 의견을 표출했다. 그러나 철도에 관한 한, 문제의 해결책은 주민들의 의견에 달려있는 것이 아니라, 농업통계 연구결과가 보여주는 사실관계에 달려있다.

30

①은 최상급에 the를 쓰지 않는 경우 중 동일물의 성질을 비교할 때를, ②는 라틴어계통의 비교급을, ③은 원급비교 중 as+형용사+as를, ④는 비교급에 than을 쓰지 않는 경우 중 the+비교급, the+비교급을 각각 묻는 문제이다. ①의 the widest를 widest로 고쳐야 한다.

① 이것은 여기 주변이 가장 넓다.
② 그는 나보다 7년 연상이다.
③ 너는 나만큼 음악에 관심이 있어 보인다.
④ 네가 돈을 더 많이 벌수록, 네가 누리는 여가생활은 줄어들 것이다.

18 일치

01 ①	02 ③	03 ①	04 ②	05 ①	06 ④	07 ④	08 ③	09 ②	10 ③
11 ②	12 ③	13 ①	14 ③	15 ②	16 ①	17 ④	18 ③	19 ③	20 ③
21 ③	22 ③	23 ④	24 ③	25 ①	26 ③	27 ①	28 ④	29 ②	30 ③

01 ①

주어는 단수 형태인 announcement이다. 또한 의미상 능동태가 되어야 한다. 따라서 ①이 정답이다.

농촌에 대한 정부지원금의 규모가 감소한다는 내용이 갑작스레 발표되자 모든 농민 조합은 격노해 마지않았다.

02 ③

시간, 거리, 가격, 무게 등의 단위 개념 표시 표현은 단수로 취급한다. 따라서 ③이 정답이다.

그 일을 끝끝내는 데 5일이 필요하다고 하셨습니까?

03 ①

부분 표시어가 주어에 쓰인 경우, 동사는 부분 표시어의 뒤에 있는 명사 혹은 대명사에 수를 일치시킨다. 주어진 문장의 경우 it에 수를 일치시켜야 하므로 ①이 정답이 된다.

그는 지난밤에 케이크를 만들었다. 그 중 일부는 여전히 식탁에 있다.

04 ②

'a number of+복수명사'는 '복수'로 취급하며, 빈칸 뒤의 현재분사와 호응할 be동사가 필요하다.

많은 학생들이 소풍을 갈 것이다.

05 ①

test equipment가 주어, must bear가 동사, a property removal slip이 목적어이다. 이미 완전한 문장이 이루어져 있으므로, 빈칸에는 주어를 수식하는 어구가 들어갈 수 있다. 따라서 정답은 ①이 된다. ②가 들어가는 경우 주절이 없는 문장이 되며, ④가 들어가는 경우에는 주동사가 2개가 되어 옳지 않은 문장이 된다. ③의 경우, 이어지는 단어의 음가(音價)가 자음이므로 적절하지 못하다.

정부보조금으로 구입한 실험장비들을 실험실에서 옮길 때에는 자산이전증서를 붙여야 한다.

06 ④

빈칸에는 주어에 대한 동사가 들어가야 하는데, 주어가 the increased suicide가 아니라 Other possible contributors이므로 is가 쓰인 ①과 ②는 빈칸에 들어갈 수 없으며, 절이 와야 하므로 동사가 아닌 ③도 빈칸에 적절하지 않다. Other possible contributors에 대한 동사로 are가 적절하게 왔으며, risk는 빈칸 앞의 suicide와 합성명사를 이루므로 ④의 risk are가 정답이다.

자살위험이 증가하는 다른 가능한 원인들은 경제적 궁핍 및 고립이다.

07 ④

인칭대명사 them 다음에는 수식어구가 올 수 없다. 따라서 them이 관계대명사 who가 이끄는 관계절의 수식을 받을 수 없으므로, 관계절 앞에는 those가 와야 한다. 문제에 제시된 none과 so를 통해, 원급비교 부정을 물어보고 있음을 알 수 있으므로, 원급비교와 함께 쓰이는 as가 와야 한다. 따라서 빈칸에는 ④의 as those가 적절하다.

내가 어릴 적에, 나의 아버지는 "보지 않으려는 사람만큼 눈먼 사람은 없다." 라는 존 헤이우드의 말을 인용하셨다.

08 ③

politics는 단수로 취급한다. be said to+V: ~한다고(~라고)들 말한다. cf.] be told to+V: ~라는 말을 듣다, 지시를 받다

정치는 불가능의 예술이라고들 한다.

09 ②

주어인 The failure에 대한 알맞은 시제 형태를 갖춘 술어 형태를 찾는 문제이다. 1980s가 있으므로 시제는 과거가 되어야 하며, 빈칸 뒤의 전치사 to와 호응할 수 있는 것은 due 밖에 없다.

1980년대 엑슨 석유회사의 파산은 경영진들에게 지불된 높은 임금 때문이었다.

10 ③

many 다음에는 가산명사의 복수형과 복수동사가 와야 하므로, ②와 ④는 빈칸에 적절치 않다. 반면, many a 다음에는 단수명사와 단수동사가 와야 하므로, ③의 many a student sneaks가 빈칸에 적절하다.

사실, 많은 학생들은 펜과 손전등을 찾으려고 어두운 방을 살금살금 움직인다.

11 ②

등위 접속사 and로 연결되어 있으므로 절이 이어져야 한다. 따라서 주어와 동사를 갖춘 ②가 정답이다. ①을 Alaska is becoming을 줄여 쓴 형태로 파악할 수도 있으나, 시제가 일치하지 않으므로 부적절하다.

1867년에 러시아는 미국에 알래스카를 팔았고, 1958년에 알래스카는 미국의 49번째 주(州)가 되었나.

12 ③

bread와 butter는 둘 다 물질명사여서 관사를 쓸 수 없으므로 ②와 ④는 빈칸에 들어갈 수 없으며, ①은 bread나 butter 둘 중 하나를 가리키는데 복수동사가 와서 틀렸다. bread and butter는 '버터 바른 빵'이란 뜻으로 단수취급 하므로, is가 맞게 왔으므로 ③이 빈칸에 적절하다.

양념을 많이 넣어 매운 음식을 먹을 때, 버터 바른 빵은 스프와 곁들여 먹으면 맛있으며 대부분의 사람들에게 좋다.

13 ①

Tom and Mary's는 공동으로 소유하는 것이고, Tom's and Mary's는 둘이 개별적으로 소유하는 것을 의미한다. 주어진 문장에서 자동차가 개별소유가 되려면 복수형이 되어야 한다. 단수명사인 car가 주어져 있으므로 공동소유로 보아야 한다. 따라서 ①을 Tom and Mary's로 고쳐야 한다.

톰과 메리의 자동차가 또 고장 났지만, 다행스럽게도 그들은 그것을 고칠 수 있는 방법을 알고 있었다.

14 ③

문장의 주어는 A ray of light이므로 단수 동사가 필요하다. 따라서 ③을 keeps로 고쳐야 한다.

얇은 렌즈의 중심부를 통과하는 빛은 원래 방향을 유지한다.

15 ②

주절의 주어는 it이고, being은 문장의 동사 역할을 할 수 없으므로 시제를 가진 정동사를 써야 한다. 따라서 ②를 is로 고쳐야 한다.

정치 연설을 들을 때 그것은 표적을 향해 활을 쏘는 것과 같다. 즉, 바람을 감안해야 한다.

16 ①

is의 주어가 ways로 복수이므로 ①의 is는 복수형인 are로 고쳐야 한다.

극단적인 조치를 취하지 않고 당신의 개가 짖는 소리를 허용할 만한 수준으로 줄이는 방법들이 대개 있다.

17 ④

④의 is의 주어는 Celsius가 아니라 Scientific statements로 복수이므로 are가 되어야 한다.

"2+2=4"와 "물은 섭씨 100도에서 끓는다"와 같은 과학적인 진술들은 사실이다.

18 ③

주어가 one way이다. 동사는 are가 아니라 is가 되어야 하므로, ③을 is로 고쳐야 한다.

소설가들과 극작가들이 등장인물들에 대한 정보를 제공하는 방식 가운데 하나는 그 인물들을 직접적으로 기술하는 것이다.

19 ③

'the+형용사=복수보통명사'이므로 the poor는 poor people과 같은 뜻으로 복수취급된다. 따라서 ③의 was를 were로 고쳐야 한다.

그 제도는 부자들이 많은 땅을 획득하고 보유하도록 해줬던 반면, 가난한 사람들은 그 제도에 의해 무시 받거나 푸대접 받았다.

20 ③

the world는 단수 주어이므로 ③의 consist of를 consists of로 고친다.

한 가지 예로, 첨단 기술의 운송 수단은 세계가 비록 민족적으로 다양하긴 하지만 지금 하나의 거대한 집단을 이루고 있다는 것을 의미한다.

21 ③

주어와 술어동사의 수일치를 묻는 문제이다. 동사는 주어가 단수냐 복수냐에 따라 동사의 단복수가 정해진다. 주어인 The situation과 ③의 동사 are 사이에 콤마(,)로 연결되어 있는 삽입구문을 빼고 보면, 주어가 3인칭 단수이므로 ③을 is로 고쳐야 함을 알 수 있다.

대중 항의시위로 촉발되었고, 잔인한 군부탄압으로 이어진 미얀마 사태가 점점 더 악화되고 있다.

22 ③

동사 have의 주어는 two young boys가 아니라 find이므로 ③에서 have를 has로 고쳐야 하며, 주어인 find는 동사가 아닌 '발견물'이라는 뜻의 명사로 쓰였음에 유의해야 한다.

숲이 우거진 지역에서 두 명의 어린 소년들에 의한 신비하고 어쩌면 소름끼치는 발견물일지도 모르는 것이 매사추세츠 주 퀸시에 거주하는 경찰과 주민들을 당혹하게 하였다.

23 ④

④에서 are의 주어는 exoplanets가 아니라 search이므로 ④를 is still로 고쳐야 한다.

우리가 살고 있는 태양계 밖에 거의 2천개의 외계를 발견했음에도 불구하고, 태양계외행성들에 대한 깊이 있는 조사는 여전히 걸음마 단계에 있다.

24 ③

③에서 has swapped의 주어는 Pepsi가 아니라 soft drink makers이므로, have swapped로 고쳐야 한다.

레스토랑 체인들은 GMO(유전자 변형) 제품을 그들의 메뉴에서 빼기 위한 여러 조치를 취해 왔으며, 펩시 같은 청량음료 제조업체들은 액상과당을 설탕 대신 사용해 왔다.

25 ①

부사절의 주어는 speed cameras가 아니라 the primary function이다. 따라서 주어가 단수이므로 ①은 is가 되어야 한다.

차량 속도 감시카메라의 주된 기능은 과속하는 운전자를 잡는 것이지만, 그 기기는 휴대폰을 불법적으로 사용하는 자동차 운전자를 잡는 데 곧 사용될 것이다.

26 ③

③의 동사 is의 주어는 Rinca가 아니라, The two largest ones로 복수이다. 따라서 ③에서 is를 are로 고쳐야 하며, 참고로 home to는 '~의 서식지'라는 뜻으로 쓰인다.

코모도 국립공원은 여러 개의 섬으로 구성되어 있다. 가장 큰 두 개의 섬은 코모도와 린카로 코모도왕도마뱀의 서식지이며, 관광객들이 방문할 수 있도록 개방되어 있다.

27 ①

statistics가 '통계학'이라는 학문명으로 쓰일 때는 단수 취급한다. 따라서 주어가 단수이므로, 동사인 ①도 is로 고쳐야 한다.

통계학은 데이터를 수집, 분석, 그리고 해석하는 학문이다. 통계학은 흥미로운 연구 질문들에 대한 객관적인 평가를 가능하게 해주는 틀을 제공한다.

28 ④

have been found의 주어는 customers가 아니라 A story이므로 ④를 has been found로 고쳐야 하며, 참고로 has been found to be는 5형식 동사의 수동태로 쓰인 것이다.

얼굴이 손상된 세 살짜리 소녀의 외모가 고객들을 겁먹게 한다는 이유로 KFC 패스트푸드점에서 나가라는 요구를 받았다고 주장하는 한 소녀의 가족 이야기는 거짓말로 드러났다.

29 ②

of 다음의 명사에 따라 단, 복수가 결정되는 경우를 알고 있는지 묻는 문제이다. 'most of+단수명사'일 경우 단수취급을 하며, 'most of+복수명사'일 경우, 복수취급을 한다. 따라서 ②에서 are를 is로 고쳐야 한다.

의회와 중앙위원회 대표들이 지도부 결정에 일부 영향이 미치기는 하지만, 대부분의 라인업은 최강의 당 위원들과 원로들의 핵심 그룹 사이에서 결정된다.

30 ③

시간이 단일개념으로 쓰일 때는 단수취급 하므로, ③에서 were를 was로 고쳐야 한다.

① 인간은 생각하고 말할 수 있다는 점에서 짐승과 다르다.
② 우리가 사용하는 말에 대해 아무리 주의해도 지나치지 않는다.
③ 30년이 우리에게는 너무 길었다는 것은 말할 필요도 없다.
④ 우리와 함께 그 유적지에 가보는 게 어때?

18 일치

01 ②	02 ①	03 ④	04 ④	05 ④	06 ②	07 ①	08 ③	09 ④	10 ④
11 ②	12 ④	13 ④	14 ①	15 ②	16 ②	17 ③	18 ④	19 ②	20 ④
21 ③	22 ②	23 ④	24 ②	25 ③	26 ③	27 ③	28 ⑤	29 ①	30 ③

01 ②

주절과 호응하는 if절의 삽입을 생각할 수 있는데, 가정법 과거의 문장이므로 if it(=the deal) were approved가 삽입될 수 있다. 이 때 '주어+be동사'가 생략되면 if approved가 남게 된다.

만일 승인이 된다면, 그 거래는 그 합작벤처기업이 3년 후 파산에서 벗어날 수 있도록 해 줄 것이다.

02 ①

spelled와 호응하여 현재완료시제를 만드는 조동사 has와 부사 effectively가 와야 적절하다. 따라서 ①이 정답이다.

개인용 컴퓨터의 성공은 사실상 타자기의 종말을 가져왔다.

03 ④

라자냐는 serve하는 행위의 대상이므로 수동태 문장이 되어야 하며, '지금까지'라는 뜻의 so far가 있으므로 현재완료형의 시제가 와야 한다. 따라서 ④가 정답이다.

이 식당의 라자냐는 유명해서 지금까지 백만 그릇 이상이 팔렸다.

04 ④

damage는 불가산명사이므로 little이나 a little로 수식해야 하는데, 문맥상 little이 적절하다. 따라서 ④가 정답이며, damages는 '손해배상(금)'이라는 의미에 유의한다.

비록 허리케인이 이 마을을 휩쓸고 지나갔지만, 피해는 거의 없었다.

05 ④

문장의 동사가 필요한데, 빈칸 뒤에 목적어가 있으므로 능동태의 정동사가 주어져 있는 ④가 적절하다.

식충식물은 일반적으로 질소를 얻기 위해 곤충을 잡는다.

06 ②

depends on이 전체 문장의 동사이므로, 명사절을 이끌 수 있는 접속사 Whether가 포함된 ②가 정답으로 적절하다.

물체가 물에 뜨는지 여부는 그 물체와 물의 밀도에 좌우된다.

07 ①

앞부분은 명사구로서 주어가 되기에 손색이 없으므로, 빈칸에는 동사 혹은 동사와 목적어가 들어가야 한다. 따라서 ①이 정답이다.

샌디에고에 신설된 15마일의 고가 철로는 샌디에고와 멕시코 국경도시인 아카풀코를 연결할 것이다.

08 ③

the police는 복수로 취급하므로, 복수 동사와 복수 대명사를 쓴 ③이 정답으로 적절하다.

필리핀의 마르크스주의자인 신인민군 대원들이 공격해, 8명의 경찰관과 2명의 시민이 목숨을 잃었을 때, 경찰은 어떤 외딴 마을의 족장의 죽음을 조사하러 가는 도중이었다.

09 ④

주어 없이 동사 allows가 있으므로 빈칸에는 주어가 와야 한다. ①은 주어뿐 아니라 동사까지 있으므로 곤란하고, ②는 부사절이 오면 뒤에 주절이 와야 하는데 그렇지 않으므로 부적절하다. ③의 경우엔 관계사절 외에 술어동사가 없으므로 답이 될 수 없다.

땀이 증발하면 피부와 신체의 열이 식게 된다.

10 ④

'be+to부정사'로 예정의 미래시제를 대신할 수 있다. 따라서 ④가 정답이며, 이것은 'be supposed to+동사원형'으로도 나타낼 수 있다.

그 스캔들에 연루된 몇몇 저명인사들이 조사위원회에 출석할 예정이다.

11 ②

Most of와 같이 부분을 나타내는 표현이 주어에 쓰인 경우, 동사의 수는 부분을 나타내는 표현 뒤에 쓰인 명사에 일치시킨다. 주어진 문장의 경우 problems에 일치시켜야 하므로 복수 동사가 쓰인 ②가 정답이다.

우리가 직면하고 있는 현재의 국제문제들 대부분은 오해의 결과이다.

12 ④

'with 부대상황' 구문이다. 정답은 ④가 되며, his eyes와 타동사 close의 관계는 수동이므로 과거분사 closed가 왔고, his mouth 뒤의 open은 형용사 보어로 온 것이다.

눈은 감고 입은 벌린 채로 그는 멍석 위에 누웠다.

13 ④

부분 표시의 표현이 주어에 있는 경우, 동사는 부분표시어의 뒤에 오는 명사에 수를 일치시킨다. 주어진 문장의 경우 price에 동사의 수를 일치시켜야 하므로 ④에 쓰인 are를 is로 고쳐야 한다.

위스키 한 병 가격의 대략 40%가 세금이다.

14 ①

deal은 양(量)을 나타내고, number는 수(數)를 나타낸다. 뒤에 나온 명사 workers가 복수명사이므로 ①의 deal을 number로 고쳐야 한다.

많은 노동자들이 회사의 조치에 반대했다.

15 ②

all 뒤에 오는 가산명사는 복수형으로 쓴다. 따라서 ②를 all employees로 고쳐야 한다.

주말 동안, 모든 직원들은 고용 수당에 관한 연례회의에 참석해야 한다.

16 ②

one of 뒤에는 복수명사가 오므로 ②를 examples로 고쳐야 한다.

광장 건너편의 건물은 지금까지 내가 본 것 가운데 가장 훌륭한 식민지풍의 건축양식 견본들 중 하나이다.

17 ③

부분표시어가 주어에 쓰인 경우 동사의 수는 부분표시어 뒤에 온 명사에 일치시킨다. 주어진 문장에서는 income에 수를 일치시켜야 하므로

③을 is paid로 고쳐야 한다.

노동자 임금의 대략 4분의 1정도가 세금과 사회보장비용으로 정부에 지불된다.

18 ④

ours는 our policy의 의미다. 단수명사를 받고 있으므로 ④의 are를 is로 고친다.

해외 소식통에 따르면, 우리의 정책이 그들의 정책보다 더 뛰어남에도 불구하고, 모든 국가들이 자신의 정책을 고수하고 있다.

19 ②

부분표시어를 포함한 표현이 주어로 쓰인 경우, 동사의 수는 부분표시어 뒤에 쓰인 명사의 수에 일치시킨다. 주어진 문장에서는 people에 수를 일치시켜야 하므로, ②는 are descended가 되어야 한다.

영국 사람들의 대부분은 2500년 이상 전에 영국 제도(諸島)에 정착하기 시작했던 침략자들의 후손이다.

20 ④

주어인 the scientific principle은 단수명사이므로 단수동사가 와야 한다. 따라서 ④를 is로 고쳐야 한다.

어떤 물질은 산성이고, 어떤 것들은 염기성이라는 과학의 원칙은 화학 자체만큼이나 오래되었다.

21 ③

③은 문장의 정동사 자리인데, 준동사의 경우 단독으로는 정동사의 역할을 할 수 없다. 따라서 ③은 provide가 되어야 한다.

미국의 대부분의 군(郡)에 설치되어 있는 공공 변론 프로그램은 가난한 피고들에게 무료 법률서비스를 제공한다.

22 ②

news는 형태는 복수이지만 단수로 취급하므로, are를 is로 고쳐야 한다. 따라서 ②를 is that으로 고친다.

기쁜 소식은 연구원들이 많은 유전적인 정보를 이해하는 엄청난 일을 시작하고 있다는 것이다.

23 ④

부사절 다음에 온 주절이 왔으므로, 주절을 이루는 주어 people 다음에 동사가 와야 한다. 전체시제가 과거이므로, ④를 were beginning으로

고쳐야 한다.

에디슨이 21살에 자신의 고향으로 돌아 왔을 때, 그의 과학적 실험에 대해 사람들이 흥미를 갖기 시작했다.

---

24 ②

주어의 핵심명사가 단수명사인 blend이므로 문장의 동사인 ②를 has inspired로 고쳐야 한다.

그의 책에 담긴 간결한 단어들과 운율과 생생한 삽화들의 혼합이 수세대에 걸쳐 아동들에게 독서에 대한 사랑을 심어주었다.

---

25 ③

'neither A nor B' 구문이 주어로 쓰인 경우, 동사는 B에 수를 일치시킨다. 주어진 문장에서, B에 해당하는 표현은 the bus driver이고, 이것은 단수이므로 ③을 단수형 was able to identify로 고쳐야 한다.

사건이 끝난 후에, 승객과 버스 운전기사 어느 쪽도 소동을 일으켰던 아이가 누구인지 확인할 수 없었다.

---

26 ③

A as well as B 구문이 주어에 쓰이는 경우 동사는 A에 수를 일치시킨다. 주어진 문장에서는 the stomach에 동사의 수를 일치시켜야 할 것이므로 ③은 has여야 한다.

저녁은 잠자리에 들기 두 시간 전에 먹어야 한다. 그래야 위와 신체의 다른 장기들이 우리가 잠이 든 동안에 휴식을 취할 수 있다.

---

27 ③

주어진 문장에서, 주어는 The memorial meeting이고 과거분사 held와 organized는 주어를 수식하는 역할을 하고 있다. 따라서 ③이 문장의 정동사가 되어야 하는데, 타동사 attended의 목적어가 주어져 있지 않은 점, meeting이 attend 동사의 대상인 점 등을 고려하면 수동태 문장이 되어야 함을 알 수 있다. 따라서 ③을 was well attended로 고치면 옳은 문장이 될 수 있다.

6월 27일에 개최되었고 Anna Freud Center가 주최한 그 추모 모임은 올여름 가장 더웠던 날들 중 하루에, 400명의 인원이 참석했다.

---

28 ⑤

주어 parasitic plants와 호응하는 정동사가 필요하므로, ⑤는 usually kill it이어야 한다.

다른 식물에 달라붙어 그들로부터 자양분을 섭취하여 숙주 식물의 힘을 약화시키는 기생생물은 보통 그 숙주 식물을 죽게 만든다.

---

29 ①

주어가 the two ideologies가 아니라 the remarkable thing이다. 주어가 단수이므로, 동사 역시 단수가 되어야 하므로, ①을 was not으로 고쳐야 한다.

그 두 가지 이념에 있어 두드러진 점은 그들의 수많은 차이점이 아니라 공동의 목적을 위하여 그들이 협력한 방법의 가짓수였다.

---

30 ③

two thirds of와 같은 부분표시어의 경우, 그 뒤에 '복수명사+복수동사' 혹은 '단수명사+단수동사'의 형태가 온다. ③에서 Two-thirds of 다음에 '단수명사'가 왔으므로, are를 단수동사인 is로 고쳐야 한다.

① 보다 좋은 소식은 그에게는 천사 같은 아내, 마라가 있다는 것이다.
② 나의 가족들은 나와 내 여자 친구와의 관계를 잘 알고 있다.
③ 그 정보의 2/3는 돈을 절약하는 것에 관한 것이 아니다.
④ 돌고래는 보통 전 세계 많은 민족들이 행운으로 여긴다.

18 일치

01 ③	02 ①	03 ③	04 ③	05 ②	06 ①	07 ③	08 ④	09 ①	10 ④
11 ①	12 ①	13 ③	14 ②	15 ③	16 ④	17 ②	18 ①	19 ③	20 ③
21 ③	22 ③	23 ②	24 ④	25 ④	26 ③	27 ③	28 ③	29 ②	30 ④

01 ③

주어 자리에 있는 A tenth는 분수를 나타내는 표현으로 1/10이라는 의미이며, 따라서 A tenth of는 부분을 나타내는 표현이다. 부분을 나타내는 표현이 주어에 쓰이는 경우 동사는 부분을 나타내는 표현 뒤에 오는 명사에 수를 일치시킨다. 주어진 문장의 경우, the automobiles에 수를 일치시켜야 하므로 복수 동사를 써야 하며, 과거시점 부사 last year가 있으므로 시제는 과거여야 한다.

작년에 이 지역 내에서만 자동차의 10분의 1이 도난당했다.

02 ①

it은 3형식 단수 대명사이므로, 동사 역시 단수동사가 와야 한다. 따라서 ①의 begins가 빈칸에 적절하다.

모든 연료는 그것이 연소되는 그 자체의 특정온도가 있다.

03 ③

문장의 주어는 단수명사인 a great debate이며, 문장에 동사가 없으므로 유도부사와 단수 동사가 주어져 있는 ③이 정답으로 적절하다. ①은 It이 가리키는 대상이 불분명하므로 좋지 않다.

대화의 상대적 가치와 합법적인 상업 이윤에 관한 큰 논쟁이 오늘 저녁 TV에서 방영될 것이다.

04 ③

관계대명사는 '접속사+대명사' 역할을 하는데, 주어진 문장에는 등위접속사 and가 있으므로, 관계대명사를 써서는 안 된다. 따라서 빈칸에 적절한 표현은 ③ some of them이다.

우리의 결혼 서약 중 일부는 전통 예식에서부터 가져온 것들이었는데, 그것들 중 몇 가지는 아내와 내가 직접 썼다.

05 ②

첫 번째 빈칸은 be 동사의 보어가 되는 형용사 good, 두 번째 빈칸은 동사 did를 수식하는 부사 well이 와야 한다.

그녀는 시험을 잘 쳤기 때문에 시험 성적이 좋았다.

06 ①

빈칸에는 동사가 들어가야 하는데, The discovery와 make는 수동관계이므로 수동태 문장을 만드는 ①이 정답으로 적절하다.

전기가 자기를 만들어 낼 수 있다는 발견은 1820년 덴마크의 물리학자인 한스 크리스티안 외르스테드에 의해 우연히 이루어졌다.

07 ③

명사절을 이끌 수 있는 접속사 That과 동사 has been known의 주어가 제시돼 있는 ③이 정답이다.

다이아몬드가 탄소의 한 형태라는 것은 18세기 후반부터 알려져 왔다.

08 ④

동사 serves에 호응하는 주어가 필요한 상황이므로 명사(구/절)가 빈칸에 와야 한다.

도시는 수집과 분배의 중심지로서의 역할을 한다.

09 ①

빈칸에는 주절의 주어인 The term의 동사가 필요하므로 단수동사 makes가 와야 하며, make동사의 목적보어로 현재분사는 올 수 없고 원형동사가 적절하다. 3형식 문장에서 think의 목적어로 that절이 아니라 명사가 올 때는 인식동사 think가 아니라 행위동사인 think of가 사용되므로 빈칸에는 ①이 적절하다.

뇌-컴퓨터 인터페이스라는 용어는 컴퓨터를 머리 뒤에 꽂고 뇌에 정보를 업로드하고 다운로드하는 공상과학 캐릭터들에 대해 생각하게 만든다.

10 ④

주어인 The abundant supply of commercial fertilizers가 make하는 행위의 주체이므로 능동태 문장이 되어야 하며, make동사의 목적어는 the production of large crops on land이므로 추가적으로 가목적어 it이 필요하지 않다. 따라서 ④가 정답이다.

인공 비료의 풍부한 공급은 토지에서 대규모의 작물 생산을 가능하게 했다.

11 ①

주어가 될 수 있는 명사 상당어구가 와야 하는데, sex and violence를 Too much가 수식하고 있는 형태의 ①이 가장 적절하다. ②와 ④는 의미상 적절하지 않다.

TV에서 방송되는 너무 많은 폭력과 섹스는 그 프로그램을 시청하는 어린이들에게 매우 해로울 수도 있다.

12 ①

In order to learn의 의미상 주어는 사람이어야 하므로, 빈칸에 들어갈 주절의 주어도 사람이어야 한다.

수영을 배우려면 우선 물에 들어가야 한다.

13 ③

each, every 등과 함께 쓴 명사는 단수 취급한다. ③의 they were는 문맥상 주어인 Each and every member를 가리키므로 단수로 표현해야 한다. 따라서 ③을 he(she) was로 고쳐야 한다.

그 그룹의 구성원 모두 자신이 나머지 다른 사람들보다 낫다고 믿었다.

14 ②

people은 가산명사이므로 amount를 number로 고쳐야 한다. 따라서 ②의 amount of를 number of로 고친다.

시장은 많은 사람들이 교차로에서 다친 것에 우려를 표했다.

15 ③

주어가 The condition이므로 동사는 is가 되어야 한다. 관계사절에서 some believe는 삽입된 부분이라는 점에 주의해야 한다.

일부 사람들은 그 질환에 대한 진단이 지나치게 이루어진다고 여기는데, 이 질환은 집중력 결핍이라는 특징을 갖는다.

16 ④

주어가 the sixth vice-president로 단수이므로, 동사 역시 단수여야 한다. 따라서 ④를 was로 고쳐야 한다.

대통령의 서거로 대통령이 된 6번째 부통령은 캘빈 쿨리지였다.

17 ②

'the number of 복수명사'의 형태는 단수 동사로 받는다. 따라서 ②를 is로 고쳐야 한다.

애서티그의 야생마의 수가 최근 증가하고 있어서, 그 결과 늪지와 모래 언덕 초지의 풀이 남아나지 않게 되었다.

18 ③

statistics는 '통계학'이라는 의미로 쓰이는 경우에는 단수로 취급하고, '통계자료'라는 의미로 쓰인 경우에는 복수로 취급한다. 주어진 문장에서는 후자의 경우에 해당하므로 복수동사를 써야 한다. ③을 are로 고친다.

후속 인플레이션 보고서에서 언급된 통계자료는 물가 상승에 대한 정부 연구의 결과이다.

19 ③

The impression이 주어로 단수이므로, 동사 역시 단수여야 한다. 따라서 ③의 are를 is로 고쳐야 한다.

사적인 상황에서 여자들이 너무 자유롭게, 너무 많이 이야기한다는 인상은 한 마디로 요약된다. 바로 수다쟁이다.

20 ③

주어로 쓰인 대명사 Neither는 단수 취급한다. 따라서 ③에서 were를 was로 고쳐야 한다.

자격시험에 통과한 두 명의 여자아이들 중 어느 누구도 고등학교에서 그리스어를 가르치도록 허락되지 않았다.

21 ③

③은 A married man을 가리키므로 ③을 단수 대명사 his로 고쳐야 한다.

자녀가 둘 있는 기혼 남성은 소득세에 대해 두 가지 공제를 받을 수 있다. 하나는 자신에 대해, 그리고 하나는 아내에 대해 받을 수 있다.

22 ③

주어가 단수(one)이므로 단수동사 was가 와야 적절하다. 따라서 ③을 was based로 고쳐야 한다.

대통령의 결정에 영향을 주는 가장 중요한 고려사항 중 하나는 치솟는 실업률을 줄이려는 그의 바람을 바탕으로 하고 있었다.

23 ②

부분을 나타내는 표현은 전치사 of 뒤에 오는 명사에 동사의 수를 일치시킨다. 주어진 문장의 경우, the stars에 동사의 수를 일치시켜야 하므로, ②를 are로 고쳐야 한다.

육안으로 관찰할 수 있는 별들 가운데 상당수는 250광년 이내의 거리에 있다. 이 지도는 태양 주위의 우리 은하 가운데 작은 일부를 보여준다.

24 ④

allow는 5형식 동사로 쓰일 때 'allow + 목적어 + to 원형동사'의 형태로 쓴다. 이 문장에서는 허락하는 주체가 her parents이고 허락을 받는 대상이 Vanessa이므로 목적어는 대명사 her가 되어야 한다. 따라서 ④를 her to attend로 고쳐야 한다.

바네사는 8살에 용케도 자기 말을 갖게 되었으며, 12살 때는 이미 부모님을 졸라 조랑말 클럽에 다닐 수 있게 허락을 받아냈다.

25 ④

④의 지시대명사 that은 문맥상 앞의 명사 figures를 가리키고 있다. 대명사는 그것을 받는 명사와 수가 일치해야 하므로 that을 those로 고쳐야 옳은 문장이 된다.

자신의 첫 작품이 에이브러햄 링컨 상(像)이었던 거츤 보글럼은 산중턱에 있는 그가 조각한 상(像)들, 특히 러시모어 산에 있는 상(像)들로 유명하다.

26 ③

수일치 문제는 수식어구나 삽입된 요소들이 정답의 도출을 방해하는 경우가 잦다. 주어진 문장에서, 정답을 찾는 데 불필요한 요소를 제외시켜서 써 보면 다음과 같이 된다. More than half of the terror suspects has not been accused of committing hostile acts. 주어의 핵심요소가 more than half인데, of 다음의 명사가 the terror suspects로 복수이므로 동사 ③도 have not been accused여야 한다.

오늘 발표된 보고에 의하면, 관타나모 베이(Guantanamo Bay)에 억류 중인 테러용의자들 중 반 이상이 미국이나 그 동맹국들에 대해 적대행위를 저지른 혐의로 고소당하지 않았다고 한다.

27 ③

소유격과 소유대명사의 용법을 각각 알고 있는지 물어보는 문제이다. 소유격은 형용사로 쓰이며, 뒤에 명사가 오는데 반해, 소유대명사는 명사적으로 쓰여서 다음에 명사를 쓰지 않고 단독으로 사용한다. 따라서 ③을 their로 고쳐야 한다.

상하이, 마카오, 그리고 베이징은 그들의 전시산업을 적극적으로 강화하고 있으며, 역내 이웃국가인 일본과 한국 역시 그들의 산업을 강화할 태세를 갖추고 있다. 이 산업에서 국제경쟁은 더욱 격렬해지고 있다.

28 ③

were의 주어는 the development이므로 동사는 단수가 되어야 한다. 따라서 ③을 was로 고쳐야 한다.

정치적 안정과 커져가는 번영을 배경으로 하여, 인쇄기와 새로운 천문학 시스템과 같은 새로운 기술들의 발달은 철학, 문학, 그리고 특히 예술의 전성기를 함께 가져다주었다.

29 ②

since가 이끄는 부사절 다음에 오는 주절의 시제는 현재완료시제이므로, 현재완료시제는 맞게 왔지만, 주어가 imported cars로 복수이므로, ②에서 has를 have로 고쳐야 한다.

1988년 한국의 자동차 시장이 개방되고, 해외 자동차 제조업체들이 한국에 판매망을 구축하기 시작한 이래, 수입차들은 지나치게 비싼 것으로 알려졌다. 이는 그런 비싼 가격이 쉽게 설명될 수 없다고 말하는 일부 소비자들을 당황하게 하였다.

30 ④

bread and butter(버터 바른 빵), trial and error(시행착오)와 같이 단일개념으로 쓰일 경우 단수 취급해 단수동사와 함께 쓰이는 반면, good and bad butter(좋은 버터와 나쁜 버터), Christmas and Easter(크리스마스와 부활절)는 각각 두 가지 별개의 개념을 and로 나열한 것이므로 복수 취급해 복수동사와 함께 쓰여야 한다. 따라서 ④에서 is를 are로 고쳐야 한다.

① 좋은 버터와 나쁜 버터는 우리 입맛에 확연히 다른 것들이다.
② 시행착오는 문제를 해결하는데 근본적인 방법이다.
③ 공부만 하고 놀지 않으면 아이는 바보가 된다.
④ 크리스마스와 부활절은 교회에서 가장 큰 축제이다.

19 병치

01 ②	02 ②	03 ①	04 ①	05 ②	06 ④	07 ②	08 ②	09 ③	10 ①
11 ②	12 ④	13 ④	14 ④	15 ③	16 ②	17 ③	18 ④	19 ④	20 ④
21 ④	22 ②	23 ④	24 ③	25 ④	26 ④	27 ④	28 ③	29 ④	30 ②

01 ②

등위접속사 or에 의해 '동명사+전치사구'가 병치되는 구조의 문장으로 파악하는 것이 자연스럽다. 따라서 빈칸에는 동명사가 필요하다. sun이 '일광욕을 하다'라는 의미로 쓰인 것에 유의한다.

마멋은 목초지에서 풀을 뜯거나 바위 위에서 일광욕을 하면서 시간을 보낸다.

02 ②

'would rather+동사원형~ than+동사원형' 구문이다.

너무 피곤해요. 영화 보러 가는 것보다 집에 있는 게 낫겠어요.

03 ①

and에 의해 현재완료 시제의 과거분사가 병치된 구조이므로 ①이 정답이다.

합성 연료를 만들고자하는 세계적인 경쟁에서 지금까지 수십억 달러를 썼지만, 결과물은 거의 없었다.

04 ①

형용사의 병치를 묻고 있다. 빈칸 앞에 형용사가 왔으므로, 빈칸에도 형용사가 와야 한다. 따라서 ①의 and sweet가 정답이며, A, B and C의 구조가 쓰였다. 나머지 보기는 모두 부사인 sweetly가 쓰여 빈칸에 부적절하다.

그녀는 그녀의 고객들을 "정말 친근하고 사랑스럽고 상냥하다"라고 생각한다.

05 ②

주어가 동명사구인 starting something new이므로, 빈칸에도 동명사구가 와야 병치구조가 이루어진다. 또한 depress가 '풀이 죽게 하다'는 뜻의 타동사이므로 수동태로 쓴 being depressed가 정답이다.

우리의 신문 작업을 계속하면서 새로운 일을 시작하는 것이 의기소침하게 있는 것보다 낫다.

06 ④

items와 I had 사이에는 목적격 관계대명사가 생략되었다. 즉, 생략된 관계대명사가 있으므로, 관계대명사 다음에는 불완전한 절이 와야 하는데, 완전한 절이 와서 어색하다. 따라서 have no interest in(~에 전혀 관심이 없다)이라는 구문을 이용해 불완전한 절로 고쳐서, 전치사 in이 선행사인 items를 수식하게 해야 한다. 따라서 in이 없는 ①과 ③은 빈칸에 부적절하고, ②의 경우 전치사 in의 목적어로 동명사 insisting을 받을 수 있지만 선행사와 연결될 수는 없으므로 역시 부적절하다. 반면 ④는 in이 선행사를 받을 수 있으며 and insisting은 원래 was showing 과 병치되는 and was insisting에서 반복되는 was가 생략된 형태이므로, ④가 빈칸에 적절하다.

나의 담당 여점원은 나에게 내가 전혀 관심이 없는 물건들을 보여주고는 그 물건들을 한 번 써보라고 요구했다.

07 ②

비교구문에 의해 의문사절[간접의문문]이 병치된 문장이 되어야 하므로 ②가 정답이다.

많은 언어학자들은 사람이 대화하는 방식이 무엇을 말하는지 보다 더 중요하다고 생각한다.

08 ②

전치사 for의 공통 목적어인 동명사가 병치된 구조이므로 ②가 정답이다.

대형 곡물창고는 곡물을 싣고, 내리고, 세척하고, 섞고 저장하는 기계가 설비돼 있는 거대한 건물이다.

09 ③

observing을 수식하는 부사 accurately와 carefully가 병치된 구조의 문장을 만드는 것이 적절하다.

천문학자들은 정밀하고 주의 깊게 하늘을 관찰하는 방식으로 자료를 모은다.

10 ①

세 개의 절이 병치된 형태의 문장을 만들어야 하므로 ①이 정답이다.

툰드라 고산지대에서 여름은 강렬하고, 바람은 자주 불며, 강수량은 들쑥날쑥하다.

11 ②

'not only A but also B' 구문으로, A 자리에 'because of + 명사'의 형태가 왔으므로 B에도 이와 대등한 구조가 와야 한다.

나는 스페인어를 즐겁게 공부해왔는데, 이는 그 언어가 아름다울 뿐 아니라 사업적으로도 유용하기 때문이다.

12 ④

① 접속사 and 앞에 screamed가 있으므로, and 뒤에도 동사의 과거형인 was가 올 수 있지만, 부정의 뜻을 갖고 있는 nothing 앞에 부정의 not이 와서 부정어가 중복되므로, 적절치 않다. ② 접속사 and 앞에 동사와 분사구문이 왔으므로, and에 의한 병치가 되려면 and 다음에도 동사나 분사구문이 와야 하는데 부정사가 왔으므로 부적절하다. ③ 의문문, 부정문, 조건문에는 anything을, 긍정문에는 something을 쓰는 것이 원칙인데, was 다음에 not이 왔으므로 something을 anything으로 고쳐야 한다. ④의 unable to move anything은 접속사 and에 의해 병치가 되어 빈칸에 적절한데, ④는 원래 being unable to move anything에서 being이 생략된 형태이며, 부정의 뜻을 갖고 있는 unable과 호응하도록 anything이 맞게 왔다.

나는 비명을 지르며 공포에 휩싸인 채 잠에서 깼으며, 내 머리를 제외하고는 몸의 어떤 부위도 움직일 수가 없었다.

13 ④

상관접속사 either A or B 구문에서, A와 B에 오는 표현이 문법적인 구조나 역할이 동일해야 한다. 주어진 문장에서 A 자리에 write a paper, 즉 '동사+목적어'의 형태가 왔으므로 B 자리에도 동일한 형태가 와야 한다. ④에서 you can을 삭제한다.

학습계획표에 따르면, 당신은 보고서를 쓰거나, 시험을 치를 수 있다.

14 ④

and에 의해 학과명이 병치된 구조이므로 ④의 chemicals를 chemistry로 고친다.

정확한 기상예보는 화학, 물리학, 수학으로부터 나온 기술을 이용하여 만들어진다.

15 ③

주어는 highly educated children이고 동사가 and에 의해 병치되고 있다. 고등교육을 받은 아이들이 스스로 미국을 떠나 조상들의 나라로 이주하고 있는 주체이므로 ③의 moved는 moving이 되어야 한다.

미국으로 이민 온 사람들의 고등교육을 받은 자손들이 스스로 오래 살던 곳(미국)에서 떠나 자신들의 조상의 나라로 이주하고 있다.

16 ②

distribute는 동사이므로 of 이하 한정어구의 수식을 받을 수 없다. 따라서 ②는 명사 distribution으로 써야 한다.

1800년대 초 기술 발전으로 인해 신문의 형태나 배포방식에서 많은 변화가 있었다.

17 ③

are, resemblance, have는 주어 Identical twins의 술어 동사 역할을 하고 있으며 등위 접속사 and로 연결되어 병치를 이루어야 한다. 따라서 명사인 ③은 are, have와 같이 동사 resemble로 써야 한다.

일란성 쌍둥이는 항상 성별이 같고 서로 닮았으며, 유사한 지문과 혈액형을 가지고 있다.

18 ④

④에 쓰인 to put은 bobbing, playing과 함께 타동사 enjoy의 목적어가 되므로 to put costumes를 putting costumes로 고쳐야 한다. put on은 '~을 입다(=wear)'의 의미. ① success는 추상명사이지만, '성공한 사람' 혹은 '구체적인 사건이나 사례'를 의미하는 경우에는 보통명사로 쓰인다. 그래서 부정관사가 붙은 것이다. ③ playing은 enjoy의 목적어로 쓰인 동명사다.

할로윈 파티는 매우 성공적이었다. 어린아이들은 사과를 입으로 물거나, 여럿이서 게임을 하고, 할로윈 의상을 입는 등 즐거운 시간을 가졌다.

19 ④

등위접속사에 의한 병치 중 동명사의 병치와 전치사의 목적어를 묻는 문제이다. ④의 management가 들어있는 문장은 전치사 for의 목적어로 동명사가 A, B, and C의 구조로 병치되어 있다. 따라서 ④의 management를 managing으로 고쳐야 한다.

소비자 사이에서 건강에 대한 관심 때문에, 농민들은 소의 사육, 급식, 그리고 관리에 관한 방법을 향상시켜 왔다.

20   ④

capacity to change 다음에 등위접속사 and가 나왔으므로 병치가 되었음을 알 수 있다. 따라서 ④의 transmuting을 to change와 병치가 되도록 to transmute로 고쳐야 한다.

자기인식은 매우 강력한 힘이어서 인간이 하는 사고의 모든 측면을 변화시킬 수 있으며, 어떠한 해로운 업이든 변화시킬 수 있는 힘을 가지고 있다.

21   ④

등위접속사 and에 의해 부정사가 병치되었으므로, ④를 to erase로 고치거나 앞에 to go에 to가 있으므로, to를 생략한 erase로 고쳐도 된다.

당신과 그는 모두 과거로 돌아가서 그 경험을 지울 수 있는 타임머신이 없기 때문에, 낭신들이 그 경험에 관해 할 수 있는 일은 아무 것도 없다.

22   ②

warnings 다음에 to 부정사가 등위접속사 and에 의해 병치된 문장이므로 ② using은 use가 되어야 한다. 참고로 rise는 자동사로서 '(수준·물가 등이) 오르다, 상승하다'라는 뜻으로 쓰이며, since가 왔으므로 현재완료형태로 쓰인 ④는 적절하다.

햇빛을 피하고, 선크림을 바르고, 일광욕용 침대를 피하라는 경고에도 불구하고 가장 치명적인 형태의 피부암이 발생하는 비율이 2010년 이후로 꾸준히 증가해왔다.

23   ④

to keep과 to have 다음에 and가 나와서 A, B, and C의 구조로 병치된 구문임을 알 수 있다. C역시 to 부정사가 되어야 한다. 따라서 ④를 to submit으로 고쳐주어야 하며, 참고로 문장의 주어인 It은 가주어, to부정사가 진주어로 사용됐다.

모든 장부를 정확하게 기록하는 것과, 회사의 장부를 회계감사 받는 것과, 그리고 연례 회계감사를 받은 장부를 공인기록 담당자에게 제출하는 것은 어느 회사에게나 요구되는 것이다.

24   ③

by 이하의 동사(see, eat, explore, observe)는 모두 전치사 by의 목적어에 해당하므로 병치 구조를 이루어야 한다. 따라서 모두 명사 형태로 써야 하므로 ③의 explore를 exploring으로 고친다.

어린이는 독서를 통해서만 음식에 대해 배우는 것이 아니라, 균형 잡힌 식사를 보고 먹고, 새로운 음식을 접하고, 식사 시간에 다른 사람들을 관찰하는 것을 통해서도 배울 수 있다.

25   ④

④의 전후 표현들은 모두 전치사 by의 목적어들이므로, 명사형이 와야 한다. 따라서 ④를 stress로 고쳐야 한다.

현실과의 근본적인 단절로 대표되는 행동장애의 일종인 정신분열증은 유전적인 성향, 스트레스, 약물 또는 감염에 의해 유발될 지도 모른다.

26   ④

④의 kills는 or로 stun과 연결되어 can에 이어지며 stun과 똑같이 small fish를 목적어로 취하므로 원형동사 kill이어야 한다. 따라서 ④를 even kill로 고쳐야 한다. ③ 형용사 loud가 a noise를 후치 수식하는 구조로 so 앞에 which is가 생략된 것으로 볼 수도 있다. loud 다음에는 so ~ that의 접속사 that이 생략되었다.

빠나마의 대평양 해안에서 과학자들은 새로운 딱총새우를 발견했는데 이 새우는 큰 집게발을 사용해 너무나 시끄러운 소리를 내어서 그 결과 직은 물고기를 기절시키거나 심지어 죽일 수도 있다.

27   ④

allow의 목적보어로 to challenge~, to expand~, to compete~가 병치된 구조로 파악해야 한다. 따라서 ④를 to expand로 고쳐야 한다.

우리는 해외업체들에게 회원자격을 부여하여 그들이 우리의 시장에 도전하고, 자신들의 상품을 확대시키며, 우리와 공개적으로 경쟁할 수 있게 하는 것을 고려하고 있다.

28   ③

③은 preventing과 함께 전치사 of의 목적어이다. 따라서 이것 역시 동명사로 써야 옳은 문장이 된다. providing으로 고친다.

그것은 지구 온난화와 관련되어 있는 삼림벌채를 막는 방법과 상대적으로 가난한 국가들에게 기온상승에 적응하도록 돕기 위한 자금을 지원하는 방법을 논의한다.

29   ④

be동사의 보어로 형용사가 쓰여야 할 자리에 calmly라는 부사가 자리하고 있다. 언뜻 보면, '부사 and 부사'로 병렬구조를 이루어 맞게 쓰인 것처럼 보이지만, orderly는 -ly로 끝나는 형용사다. 따라서 ④를 orderly and calm으로 고쳐야 한다.

어제 펜타곤에 대한 무시무시한 습격(9. 11테러)이 있은 후, 국방부장관의 도움으로 (그 안에 있던) 사람들을 신속히 피난시켰는데, 목격자에 따르면 (피난하는) 방식이 매우 질서정연하고 차분했다고 한다.

30   ②

등위상관접속사에 의한 병치를 묻고 있다. and 다음에 명사가 왔으므로, and 앞에도 명사가 와야 한다. 따라서 형용사 timely를 명사인 time으로 고쳐야 한다.

① 은퇴 계획을 세우는 데는 너무 이른 때도 너무 늦은 때도 없다.
② 스팸메일은 그 회사에게 시간과 재원 모두를 잃게 한다.
③ 많은 사람들이 우울증 치료제를 복용하는 데 그들의 인생 대부분을 보냈다.
④ 사람들의 가치관을 가지고 장난치는 사람들은 혼이 나야 한다.

19 병치

01 ④	02 ①	03 ①	04 ②	05 ③	06 ③	07 ④	08 ①	09 ①	10 ④
11 ③	12 ①	13 ①	14 ④	15 ②	16 ④	17 ③	18 ④	19 ③	20 ③
21 ③	22 ③	23 ③	24 ③	25 ④	26 ④	27 ②	28 ④	29 ④	30 ②

01 ④

A, B and C의 형태로 명사가 병치되어 있으므로, 빈칸 역시 명사가 되어야 한다. 따라서 ④의 pollution이 빈칸에 적절하다.

과도한 착취, 오염, 그리고 기후변화로 세계 어족량의 상당부분이 큰 타격을 입었다.

02 ①

동사 look 다음에 신체의 일부분이 나올 경우, 'look+사람+in the+신체부위'의 어순을 취한다. 따라서 전치사 at이 온 ②와 ③은 빈칸에 부적절하고, 빈칸이 등위접속사 and에 의해 연결되었으므로, 동사 crossed와 병치가 되도록 빈칸에는 ①의 동사 looked가 와야 한다.

그 젊은이는 가슴 위로 팔짱을 꼈으며, 무심하게 웃으며 그 여자의 얼굴을 쳐다보았다.

03 ①

병치를 묻고 있다. 등위접속사 or로 연결된 비교대상은 동일한 형태가 되어야 한다. 따라서 or 앞에 '동명사+목적어' 형태가 왔으므로, 빈칸에도 ①의 동명사 watching이 와서 TV를 목적어로 받아야 한다.

사람들은 소설을 읽거나 TV를 시청하며 많은 시간을 보낸다.

04 ②

병치를 묻고 있다. and 뒤에 produced가 왔으므로, and 앞의 빈칸에도 ② consumed가 와서 병치를 이뤄야 한다.

무공해 연료를 마련하려는 노력으로 지금까지 수십억 달러를 소비했으나 성과는 거의 없었다.

05 ③

전치사의 목적어로 올 수 있는 것은 명사, 대명사, 동명사 등의 명사 상당구이다. 따라서 ③이 정답이다.

느릅나무 목재는 조선, 그리고 통, 가구, 바닥재, 스포츠 용품을 만드는 데 사용된다.

06 ③

등위접속사에 의한 병치 중 명사의 병치를 물어보는 문제이다. 동사 mobilize의 목적어로 A(명사), B(명사), and C(빈칸)의 구조가 나온다. A, B 모두 명사이므로 C(빈칸)에도 명사가 나와야 한다. 따라서 빈칸에는 ③의 the prosecution이 들어가야 한다.

정부는 정보기관, 세무당국, 그리고 이제는 검찰당국을 동원해서 나의 명예를 손상시키려 하고 있다.

07 ④

등위접속사 and는 문장 내에서 같은 성격을 지니는 두 개 이상의 단어, 구, 절을 연결하므로, and 앞의 to multitask와 병치를 이루는 to부정사가 빈칸에 와야 한다. 따라서 ④가 정답이다.

사용자들이 한꺼번에 여러 일을 처리하고 컴퓨터를 좀 더 직관적인 방법으로 작동할 수 있게 만들어 주기 때문에 이 운영 시스템이 인기가 많아졌다.

08 ①

비교구문에서 동명사가 병치된 구문으로 파악해야 한다. than 이하에 동명사가 왔으므로 빈칸에도 동명사가 주어로 와야 한다.

외발자전거 타는 것을 배우는 것은 수영을 배우는 것보다 더 많은 연습을 요구한다.

09 ①

and에 의해 과거시제의 정동사가 병치된 형태이므로 ①이 정답이다

로버트 벨 박사는 뉴욕에 가서 책을 몇 권 구입했고, 딸의 집을 방문했다.

10 ④

be동사의 보어로 형용사가 병치된 형태가 되어야 하는데, 사람이 주어이므로 ④가 정답이다.

스미스 씨는 젊고, 열정적이며, 여러 가지 활동에 관심이 많다.

11 ③

teach의 직접 목적어가 되는 의문사절이 병치된 구조이며, 의문사절의 형태는 '의문사+주어+동사'이므로, ③이 정답이다.

도마뱀의 꼬리는 어떻게 세포가 분화되는지, 어떻게 심장근육이 자라는지, 심지어 어떻게 암세포의 성장을 억제하는지를 가르쳐준다.

12 ①

주어인 Symphonies, string quartets와 병치를 이루는 명사가 필요하므로 ①이 정답이다.

교향곡, 현악4중주, 그리고 독주를 위한 긴 작품들은 종종 소나타 형식을 갖추고 있다.

13 ①

A, B and C의 형태로 주어인 동명사가 병치된 구문이다. ①을 swimming으로 고친다.

달리기와 걷기, 그리고 수영하기는 건강을 증진시키는 매우 뛰어난 방법이다.

14 ④

and에 의해 are의 보어인 형용사가 병치된 구조이어야 하므로 ④를 형용사인 intelligent로 고친다.

대부분의 집에서 기르는 개는 일반적으로 (새로운 환경에) 잘 적응하고, 충성스러우며, 용감하고, 지능이 높다.

15 ②

and에 의해 동사 appear의 보어가 되는 형용사가 병치된 구조이므로 ②에서 peacefully를 형용사인 peaceful로 고친다.

인디언은 우호적이며 평화스러워 보이지만, 그들은 다른 부족들을 매우 의심스러워한다.

16 ④

and에 의해 전치사 of의 목적어인 명사가 병치된 구조이므로 ④의 형용사 lonely를 명사 loneliness로 고친다.

대부분의 컨트리뮤직은 매우 개인적이며, 사랑과 외로움과 이별에 관한 노래다.

17 ③

rather than에 의해 부정사가 병치를 이루는 구조이므로 ③의 asking을 to wait와 병치를 이루도록 (to) ask로 고친다.

그 사람이 손님들에게 잔돈을 요구하기보다는 그냥 기다리는 편이 더 나았을 것이라고 모두 생각했다.

18 ④

동사 affects의 목적어가 되는 명사가 병치된 구문이므로 ④의 intelligent를 명사인 intelligence로 고쳐야 한다.

출생 순서에 따라 개성, 지능, 성취가 다르다는 것은 오랫동안 민간의 속설 가운데 일부로 있어 왔다.

19 ③

not A but B 구문의 A와 B 자리에 that절이 병치된 형태의 문장으로 파악해야 하므로, ③의 but because를 but that으로 고쳐야 한다.

요점은 우리가 다른 사람들과 우리의 문화를 비교하는 것을 피해야 한다는 것이 아니라, 다른 문화를 경멸해서는 안 된다는 것이다.

20 ③

not only A but also B에 의한 전치사구의 병치구문이므로 but also 다음에 전치사 of를 넣는다. 따라서 ③을 but also of other로 고쳐야 한다.

확대가족은 부모와 자녀뿐만 아니라, 조부모와 미혼의 삼촌, 고모와 같은 다른 친척들로 이루어져 있다.

21 ③

and에 의한 to 부정사의 병치구조이므로 ③의 for the promotion of를 to promote로 고쳐 to solve와 병치를 이루게 한다.

이 치과연구협회의 목적은 치과질환을 해결하고 치과 분야의 기술과 과학을 발전시키는 것이다.

22 ③

명사와 명사의 호응을 묻고 있다. 아버지의 직업을 나열하고 있으므로, '화학자'가 되도록 chemistry를 chemist로 고쳐야 한다. ① 뒤에 childhood라는 명사가 왔으므로 옳은 표현이다. ② his father had various jobs ~라는 절이 이어졌으므로 맞다. 콤마 사이에 a chemist and mathematician은 his father와 동격을 이루고 있다. ④ because가 이끄는 절속의 동사다.

그 가족은 (그 아이가) 어렸을 적에 자주 이사를 갔는데, 왜냐하면 화학자이자 수학자인 그 아이의 아버지가 미국의 방위 산업계에서 여러 가지 일을 했기 때문이다.

---

23 ③

③은 getting과 함께 전치사 with의 목적어에 해당하므로 동명사 형태가 되어야 한다. 따라서 ③을 finding으로 고쳐야 한다.

그의 주된 관심은 경영학 석사 학위를 취득하고 이런 불확실한 시기에 먹고 살만한 직업을 구하는 것이다.

---

24 ③

③은 to ask와 함께 was의 보어로서의 역할을 하고 있다. 따라서 이것을 (to) press로 고쳐야 병치구조가 이뤄진다.

소크라테스의 교수법은 해답을 모르는 척하고 질문을 하여 그의 제자들이 스스로 생각하도록 하는 것이었다.

---

25 ④

④ cultivates는 to teach, (to) restore와 함께 병치 구조를 이루어야 한다. 이때 restore에서와 마찬가지로 to가 생략된 cultivate가 정답이다. ① be동사의 보어 역할을 하는 to부정사다. ② appreciation이 '감사'라는 의미로 쓰이는 경우, 그 대상 앞에는 전치사 for를 쓸 수 있다. ③ self-respect를 후치 수식하고 있는 과거분사다.

물레 잣기의 실제 목적은 육체노동에 대한 고마움을 가르치고, 식민지로 종속됨에 따라 잃어버린 자존심을 복구하며, 내적인 힘을 계발하려는 것이었다.

---

26 ④

and에 의해 전치사 with의 목적어인 명사가 병치된 형태이므로 ④의 형용사 humid를 명사 humidity로 고친다.

비록 수명이 온도, 습도, 그리고 다른 환경적 요인에 따라 크게 다르긴 하지만. 다 자란 모기는 대략 30일 정도 산다.

---

27 ②

designed 이후에 to 부정사가 병치된 구조이다. 따라서 ②를 to evaluate로 고쳐야 한다.

수질정화 프로그램은 핀란드에서 수질오염으로 인한 어류의 피해를 줄이고 식수에 가해지는 대부분의 화학 처리를 평가하기 위해 계획되었다.

---

28 ④

상관접속사에 의한 병치 중 not only A but also B를 제대로 알고 있는지 묻는 문제이다. not only 다음에 동사 skip이 나왔으므로, but also 다음에도 동사가 나와야 한다. ④의 eliminating을 eliminate로 고쳐야 한다.

휴대용 가방만 사용함으로써 항공 여행객들은 공항의 탑승 수속 카운터에서 길게 줄을 설 필요가 없을 뿐만 아니라, 수하물 분실에 대한 걱정과 불편, 또 그에 따른 추가 비용 문제를 덜 수 있다.

---

29 ④

④에 쓰인 waiting은 조동사 must에 연결된 것이므로 동사원형 wait여야 한다. 따라서 ④를 wait for seven days로 고친다.

호주의 새 법에 따르면, 성인 환자는 고통을 더 이상 겪지 않도록 안락사를 요청할 수 있다. 하지만, 환자는 불치병에 걸렸다는 진단을 받아야하고 그 요청서에 사인하기 전에 일주일을 기다려야 한다.

---

30 ②

동사의 목적어를 받을 수 있는 것은 형용사가 아니라 명사이다. political and technology가 동사 use의 목적어가 되어야 하므로, 형용사 political을 명사 technology에 병치시켜주어야 한다. 따라서 political을 명사 politics로 고쳐야 한다.

① 몇몇은 과학기술의 발전을 다른 문화를 침략하는 면허증으로 인식한다.
② 국가 지도자들은 분명히 다양한 정보의 공격[침해]에 맞서 자신들의 문화를 지키기 위해 정치와 과학기술을 이용할 것이다.
③ 인간의 개입이 없다면, 과학기술은 부국과 빈국사이의 틈을 더 벌릴 것이다.
④ 전자장치는 정보쓰레기에 묻히게 할 것이며, 인간 중재자를 필요로 할 것이다.

20 도치

01 ④	02 ①	03 ④	04 ②	05 ②	06 ④	07 ②	08 ④	09 ③	10 ④
11 ③	12 ③	13 ③	14 ①	15 ②	16 ①	17 ④	18 ②	19 ②	20 ②
21 ①	22 ④	23 ②	24 ②	25 ④	26 ①	27 ①	28 ①	29 ③	30 ④

01 ④

도치 중 부정의 부사어가 문두에 오는 경우를 물어보는 문제이다. Never와 같은 부정어구가 문두에 나올 경우, 주어와 동사는 도치되는데, 빈칸 이하의 절이 과거이므로, 빈칸에 들어갈 동사도 일반 동사의 과거형이 된다. 따라서 '조동사 did+주어+일반 동사의 동사원형'의 형태가 빈칸에 들어가야 하므로, ④의 did I think가 정답이다.

저는 절대 그분이 이런 짓을 했으리라고는 꿈에도 생각하지 못했어요.

02 ①

only를 포함하는 부사가 문두에 올 경우, 의문문 형태의 도치가 일어난다. 따라서 ①의 did he know가 빈칸에 적절하다.

그때서야 그는 나이지리아에 다시는 돌아갈 수 없음을 알았다.

03 ④

not until절이 문두로 간 경우, 주절에는 의문문의 질서를 따르는 도치가 이루어져야 한다.

어린 고슴도치는 눈을 뜨기 전까지는 어미를 따라 둥지를 떠나지 않는다.

04 ②

on no account와 같이 부정의 부사구가 문두에 올 경우, 의문문의 어순(조동사+주어+동사~)을 따르는 도치가 일어나므로 ②의 should you let이 정답이다.

무슨 이유로든 당신은 당신의 동료들이 쓸 수 없는 돈을 쓰게 해서는 안 된다.

05 ②

문맥상 빈칸에는 '그녀의 오빠도 역시 그렇다(그녀의 오빠도 역시 마드라스의 명문 사립학교에서 공부한다)'는 말이 되어야 하며, 이때 쓰는 말이 so+V+S이다. 따라서 ③과 ④는 빈칸에 들어갈 수 없으며, so 다음에 나오는 동사는 앞의 동사가 be동사이면 be동사를, 일반동사이면 do를 써서 시제에 맞게 도치시켜야 한다. 이 문장에서는 빈칸 앞에 be동사가 쓰였으므로 ② is her brother가 정답이다. 참고로 so+S+V의 어순으로

쓰일 때는 '앞의 말이 정말 그렇다'는 뜻으로, 이 문제에선 문맥상 적절하지 않다.

그녀는 마드라스의 한 명문 사립학교에서 공부하고 있으며, 그녀의 오빠도 마찬가지이다.

06 ④

빈칸 앞이 '전치사+명사'의 장소 부사어이므로 주어와 동사가 도치되는데, 빈칸 다음이 복수명사인 주어이고 conceal은 타동사이므로 빈칸에는 수동태인 ④가 적절하다.

지구의 2/3를 차지하는 심해 아래에는 가장 흥미를 부추기는 몇 가지 지구의 비밀이 감추어져 있다.

07 ②

주절의 동사구 형태로 보아 가정법 과거완료이다. 내용상 '만약 ~이 없었다면(If it had not been for)'이 적절한데, if가 생략되면 주어와 동사가 도치된 형태(Had it not been for)가 된다. 따라서 ②가 정답이다.

당신의 추천서가 없었더라면, 나는 결코 고용되지 못했을 것이다.

08 ④

nor가 문두에 올 경우 '의문문의 순서(do+주어+동사원형)'를 따르는 도치가 일어난다. 따라서 nor they do가 아니라 nor do they가 되어야 하며, result는 자동사이므로 전치사 from이 필요하다. 따라서 ④의 nor do they result from이 빈칸에 적절하다.

이러한 모순된 행위들은 우연에 의해 일어난 것이 아니며, 이러한 모순된 행위들이 통상적인 위선에 의한 것도 아니다.

09 ③

부정어 not only가 문두에 위치해 있으므로 주어와 동사는 도치되어야 한다. make는 일반동사이므로 조동사 do가 첨가되어 '조동사+주어+동사원형'의 어순이 된다. 따라서 ③이 정답이다.

운동은 신체를 건강하게 만들 뿐 아니라 마음도 건강하게 만든다.

10 ④

보어도치를 물어보고 있다. 형용사가 문두에 오면 주어와 동사가 도치되어, '보어+be동사+주어'의 순서로 쓰인다. 따라서 빈칸 이하가 주어가 되려면 빈칸이 보어로 쓰이는 형용사가 되어야 하는데, 'of+추상명사'는 형용사로 쓰일 수 있으므로, with가 쓰인 ①과 ③은 빈칸에 부적절하고, 빈칸 뒤의 주어가 복수이므로, ④의 Of great importance(=very important) are가 빈칸에 적절하다.

매우 중요한 것은 다양한 필수기능을 수행하는 국가통계청(NSOs)이 관리하는 데이터 포털이다.

11 ③

only를 포함한 부사가 문두에 나올 때는 의문문 형태의 도치가 일어나지만, only가 명사나 대명사 수어를 이끌 때는 도치가 일어나지 않는다. 따라서 ①과 ④는 빈칸에 들어갈 수 없으며, rely는 자동사로 목적어를 취할 때는 전치사 on과 함께 쓰이는데, rely on이 수동태로 쓰였으므로, 동사구 형태로 be relied on이 되어야 한다. 따라서 ③의 intervention can be relied on이 빈칸에 적절하다.

칼 마르크스를 걱정하게 했던 '세습 자본주의'로 국가들이 돌아가는 것을 막기 위해서는 오직 국가의 개입만을 의지할 수 있다.

12 ③

under no circumstances와 같이 부정어가 포함된 부사어 다음에는 도치가 일어나므로, 도치가 일어나지 않은 ①과 ④는 빈칸에 부적절하며, 부정 부사어 다음에는 '단순도치(동사+주어)'가 아니라 '의문문 형태의 도치(조동사+주어+본동사)'가 일어나므로, ③의 should any unauthorized person be가 빈칸에 적절하다.

어떠한 경우에도 허가받지 않은 사람은 누구든지 보행교의 위나 아래에 있어서는 안 된다.

13 ③

only가 포함된 부사절이 문두에 있으므로, 주절의 주어와 동사가 도치되어야 한다. steam becomes를 does steam become으로 고친다. ① 주절의 주어인 steam을 받는 소유격 대명사다. ② begin은 to부정사와 동명사 둘 다를 목적어로 취할 수 있으며, condense는 '응축하다'라는 의미의 자동사로 쓰였다. ④ 불완전자동사 becomes의 보어로 쓰인 형용사다.

수증기는 그 속의 수분이 응축하기 시작할 때에야 비로소 눈에 보이게 된다.

14 ①

부정의 부사가 문두에 오는 경우, 주어와 동사는 도치된다. 현재완료에 쓰이는 have는 조동사 역할을 하므로, '조동사 + 주어 + 본동사'의 어순

이 되어야 한다. 따라서 ①의 modern history has를 has modern history로 고쳐야 한다.

위기를 벗어나기 위한 그토록 강력한 풀뿌리 민중의 노력이 현대 역사에서 있었던 적이 거의 없다.

15 ②

현재분사 Lying이 문두로 나오면서 주어와 동사가 도치된 문장으로 파악해야 한다. 주어인 a lion and his mate가 복수이므로 동사는 were가 적절하다. 따라서 ②를 were로 고쳐야 한다.

키 큰 풀숲에 사자 한 마리와 그의 짝이 낮게 엎드려 있었다. 그 두 녀석은 먹잇감을 잡을 기회를 엿보고 있었다.

16 ①

주절의 동사구가 '조동사의 과거 + have + p.p.'이므로 가정법 과거완료의 문장임을 알 수 있다. 가정법 과거완료의 문장에서 조건절은 'If + 주어+ had + p.p.'인데, 여기서 If를 생략하면 주어와 (조)동사가 도치된다. 따라서 ①은 Had가 되어야 한다.

저작권 공고를 좀 더 일찍 조항에 넣었더라면, 복제를 방지할 수 있었을지도 모른다.

17 ④

장소부사어 다음에서 1형식 자동사와 주어가 도치되었다. 주어 a great number of tall stones가 복수이므로 주어와 동사의 수 일치에 의해 ④를 stand로 고쳐야 한다.

그의 집과 마을 사이에는 푸른 풀이 우거진 좁은 길이 있으며 집 위로는 높다란 바위들이 많이 솟아있다.

18 ②

보어가 강조되어 문두에 위치하는 경우, 예를 들면 '너무 ~해서 …하다'는 'so ~ that …'의 구문에서 'so+형용사'가 문두에 오면 주어와 동사는 도치된다. ②를 is international trade today로 고친다.

오늘날의 국제 무역은 너무나도 복잡해서 제품을 사용하는 소비자들은 그 제품에 들어 있는 부품들이 전부 어디에서 온 것인지에 대해 거의 알지 못한다.

19 ②

한 문장에 연결사 없이 두 개의 동사인 were와 become이 와서 어색하다. 따라서 앞의 동사 were를 become을 꾸며주는 조동사인 did로 고쳐주어야 하며, 이 문장은 원래, In fact, reports of secondary events became so common that they~에서 보어인 so common이 문두로 나가서 도치된 형태이다.

사실, 후속 사건들에 대한 보도들이 너무 흔해져서, 그 보도들은 이제 너무 많아서 그 보도 모두가 정확할 수가 없을 정도이다.

20   ②

동사 discover의 목적어로 these canyons and primeval forests와 a fair bud가 동시에 와서 틀렸다. 따라서 ②의 these canyons 앞에 amid와 같은 전치사를 붙여서 부사구로 고쳐야 적절할 것이다. ④는 '경계, 범위'라는 뜻의 명사이다.

이들 협곡과 원시림들 가운데서 험한 산꼭대기 지역에서 그렇게 아름다운 야생 꽃봉오리를 발견하리라고는 꿈도 꾸지 못했다.

21   ①

all over the world는 '전 세계적으로'라는 뜻의 부사로 분사구문인 arguing에 대한 의미상 주어가 될 수 없으며, 문맥적으로도 arguing이 어색하다. 따라서 ①을 argues로 고쳐야 하는데, 원래 Francis Fukuyama argues가 문장에 삽입된 형태로, 이때 도치되어 동사가 주어 앞으로 나갈 수 있으므로 argues Francis Fukuyama가 된 것이다.

전 세계적으로, 오늘날의 정치적 혼란에는 늘어나고 있는 기대치를 정부가 충족시키지 못한다는 한 가지 공통된 주제가 있다고 프란시스 후쿠야마는 주장한다.

22   ④

hardly가 나온 다음에 when절이 올 경우, as soon as와 같은 의미로 '~하자마자 …하다'는 뜻으로 쓰이는데, 이때 hardly 다음에는 'had+주어+p.p.'가 오는 반면, when 다음에는 도치가 일어나지 않고 주절이 과거완료이면 when절의 동사는 과거형이 오므로, ④를 appeared로 고쳐야 한다.

그가 카운터에 다가가자마자, 머리는 대머리에, 가느다란 세로줄 무늬 녹색 정장에 다양한 색깔로 이루어진 무지개 빛깔의 넥타이를 맨 점원이 나타났다.

23   ②

주어가 길어서 도치된 수동태 구문이다. 이 문장의 주어는 enterprising Americans이다. 따라서 ②의 was를 주어의 수와 일치시켜서 복수형 were로 고쳐야 한다. 수식어구를 포함한 주어 부분이 enterprising Americans ~ public tastes로 매우 길기 때문에 문장 뒤로 보낸 것이다.

변화하는 대중의 취향에 적응할 수 있는 제품을 생산할 수 있었던 진취적인 미국인들은 인플레이션의 상승과 높은 이자율에 영향을 받지 않았다.

24   ②

부사구가 문두에 위치함으로써 주어와 동사가 도치되어 있다. 전체 문장의 주어는 a striking instance이므로 are를 is로 고쳐야 한다. 도치된 형태의 문장을 해석하기 어려우면, 본인이 이해하기 쉽도록 항상 정치시켜 보려고 노력해야 한다. 주어진 문장은 A striking instance of the aid which physical science is giving to all branches of research is seen in these chapters, which constitute two thirds of the work. 로 정치시켜 볼 수 있다. ① 분수를 나타내는데, 분자가 2 이상이므로 분모에 -s를 붙였다. ③ the aid를 선행사로 하는 목적격 관계대명사다. ④ is giving은 관계대명사절의 동사이며, 이것의 목적어는 physical science 앞에 있는 관계대명사 which이다.

그 연구의 3분의 2를 차지하는 이들 장(章)에서, 물리학이 모든 분야의 연구에 제공하고 있는 도움의 명확한 예를 볼 수 있다.

25   ④

wondered가 과거시제이므로 시제일치에 의해 why 절의 동사도 모두 과거시제여야 한다. 따라서 ④를 lay(알을 낳다)의 과거형인 laid로 고쳐야 한다. ① awake(잠에서 깨다)의 과거형이다. ② lie(놓여있다)의 과거형이다. ③ 달걀은 낳아지는 것이므로 to lay의 수동태가 맞다.

나는 새벽에 깨어나서 식탁에 놓여있는 달걀을 바라보았는데, 그때 왜 달걀은 낳아져야 하고 왜 달걀에서 암탉이 나오고 암탉이 또다시 달걀을 낳는지 궁금하게 여겨졌다.

26   ①

'be adding to ~'에서 be동사 다음의 'adding to ~'가 문두에 가고 주어와 be동사가 도치된 구조이다. 주어가 picturesque streets로 복수명사이므로 ①은 are여야 한다.

날치기들과 갱단들이 지배하는 밤에는 외출하지 말라는 현지인들의 경고 뿐 아니라 역사지구의 아름다운 길거리에 쓰레기가 마구 흩어져 있는 것도 불안감을 증가시키고 있다.

27   ①

주어에 해당하는 부분이 길어 도치가 일어난 문장이다. '제출하다'라는 의미의 타동사 present의 목적어가 주어져 있지 않은 점, 주어가 present되는 대상인 점을 고려하면 수동태 문장이 되어야 하므로, ① presenting to를 being presented to로 고쳐야 한다.

시장의 내년도 시 예산과 기존 음악극장에 대한 수리 계획 또한 오늘 아침 시의회에 상정되고 있다. 따라서 이번 회기는 재정 문제에 집중될 것이다.

28   ①

장소를 나타내는 부사구로 문장이 시작되고 동사가 stand와 같이 자동사일 경우, 문장의 주어와 동사는 단순 도치되므로 ①을 stood the temple로 고쳐야 한다.

정상에는 그 사원이 있었는데, 그 사원에서는 로마인들을 우두머리로 하는 모든 라틴부족들이 일 년에 한 번씩 모여서, 국가의 수호신에게 공동의 제물을 바쳤다.

29
③

도치 중 부정의 부사어가 문두에 오는 경우를 물어보는 문제이다. No longer와 같은 부정어구가 문두에 나올 경우, 주어와 동사가 도치된다. 따라서 ③의 people had to를 did people have to로 고쳐야 한다.

자동차의 발명은 일상생활에 주요한 영향을 끼쳤다. 그것은 완전히 새로운 양식의 생활을 가능하게 했다. 사람들은 더 이상 도시에서 살거나 근처의 붐비는 휴양지에서 휴일을 보낼 필요가 없게 되었다.

30
④

보통 부정의 부사어가 문두에 오는 경우 도치가 일어나지만, not long ago와 같이 부정의 뜻이 아닌 경우에는 도치가 일어나지 않고 평서문의 어순을 취한다. 따라서 ④를 Not long ago the companies became successful.로 고쳐야 한다.

① 나는 게 꿈인 뽀로로는 그 이후, 날아올랐다.
② 그것이 보편적인 교육을 달성하는 데 있어 장애물이다.
③ 나는 저기 달려가고 있는 소년과 그의 개를 알고 있다.
④ 얼마 전만 해도, 그 기업들은 성공을 거두었다.

21 문의 구성

01 ①	02 ③	03 ③	04 ①	05 ③	06 ③	07 ②	08 ①	09 ①	10 ④
11 ②	12 ④	13 ②	14 ④	15 ①	16 ④	17 ④	18 ①	19 ④	20 ②
21 ③	22 ①	23 ④	24 ③	25 ④	26 ③	27 ④	28 ①	29 ②	30 ④

01   ①

빈칸에는 has taught private music lessons가 필요한데, 이런 현재완료시제의 술부는 조동사 has로 대신할 수 있다. 따라서 빈칸에는 ①이 적절하다.

그는 여러 해 동안 그래왔듯이 개인 음악 레슨을 계속 가르친다.

02   ③

빈칸 다음에 완전한 절이 왔으므로 빈칸 앞은 빈칸 이하를 강조하는 말이 되어야 한다. 빈칸에는 It ~ that 강조구문이 적절하며, on that balcony와 같이 부사구를 강조할 때는 that만을 쓰므로 ③이 정답이다.

새로운 교향이 세상에 소개될 곳은 바로 저 발코니에서이다.

03   ③

it ~ that 강조구문을 묻고 있다. 빈칸 이하에 완전한 절이 왔으므로, 강조하는 대상은 부사구가 되어야 한다. 따라서 ①과 ④는 빈칸에 들어갈 수 없으며, 부사구를 강조할 때는 which가 아니라 that만을 사용하므로, ③의 in May that이 빈칸에 적절하다.

1945년 3~4월부터 공습이 더욱 잦아졌다. 적군의 비행기들이 전단지를 상공에서 뿌려댄 것은 5월이었다.

04   ①

그들은 나에게 가족이 되었다고 했으므로, 빈칸에는 이에 상응해 "나는 그들에게 가족이 되었다"는 말이 되어야 문맥상 자연스럽다. 따라서 ①의 I to them이 빈칸에 적절한데, I to them은 원래 I became family to them에서 반복되는 became family가 생략된 것이다.

나는 두 스승과 함께 일하고 공부했는데, 두 스승 모두 80대였다. 두 스승은 나에게 가족이 되었고, 나 역시 두 스승에게 가족이 되었다.

05   ③

① keep은 빈칸에 들어갈 수 있지만, keep의 목적어로 mind와 three points라는 두 개의 목적어를 받을 수 없다. ② keep과 our mind는 호응이 되지만 mind와 three points가 호응하지 않는다. keep one's mind on은 '~에 전념하다'는 뜻으로 쓰이므로 keep our mind on three points가 되어야 맞는 표현이 된다. ④ should가 대동사로 쓰인 것이 아니므로 should 다음에 동사원형이 와야 한다. ③ 'keep 목적어 in mind'는 '~을 명심하다'는 뜻으로 이때 목적어는 in mind 뒤로 갈 수 있으므로 keep in이 빈칸에 적절하다.

실질적인 측면에서, 그 주제는 복잡하며, 암 치료의 예측 인자로써 세포 소멸 문제를 연구하는 데 있어서 우리는 세 가지 점을 명심해야 한다.

06   ③

①과 ②는 빈칸에 들어갈 수는 있으나, "교사들과 그들의 제자들이 세대들이다"라는 말이 되어 문맥상 어색하다. ④ do generations는 '세대를 하다'라는 뜻이 되어 그 자체로 뜻이 모호해 빈칸에 적절하지 않으며, do는 뒤에 목적어로 generations가 왔으므로 대동사도 될 수가 없다. ③ have는 have engaged in the study of the sciences를 받은 대동사로 쓰일 수 있으며, for generations는 '몇 세대에 걸쳐서'라는 뜻의 부사로 쓰여 문맥상 자연스러우므로 ③이 정답이다.

전 세계에, 교사들과 그들의 제자들이 몇 세대에 걸쳐서 관여해왔던 것처럼, (지금) 과학이라는 학문에 관여하고 있다.

07   ②

whose affair ~ impeachment가 the former White House intern을 수식해 주고 있으며, Monica Lewinsky와 the former White House intern은 동격관계이다. out으로 문장이 끝났으므로 빈칸에는 주어인 Monica Lewinsky에 대한 동사가 들어가서 절이 되어야 하고 의미상 능동태여야 한다. 따라서 ②의 is speaking이 빈칸에 들어가야 한다.

빌 클린턴 대통령과의 불륜으로 빌 클린턴을 탄핵으로 내몰았던 전 백악관 인턴인 모니카 르윈스키가 솔직하게 의견을 말하고 있다.

08   ①

빈칸에는 앞에 쓰인 동사 give를 받아서 he gives가 들어가야 하는데, 이 때 gives 대신 대동사 does를 쓸 수 있다.

앤드류 씨는 아직 나에게 영수증을 주지 않았다. 그러나 그가 (그것들을) 주면 그것들을 너에게 우송해 주겠다.

09　　　　　　　　　　　　　　　①

주절에서 주어인 결론(the conclusion)은 '내리는(drawing)' 것이 아니라, '내려지는(drawn)' 것이므로, ②와 ③은 빈칸에 들어갈 수 없으며, what은 불완전한 절을 이끄는데, 빈칸 이하에 완전한 절이 왔으므로 ④는 빈칸에 들어갈 수 없다. ①은 drawn이 와서 수동태가 되며, that은 동격의 접속사 that으로 쓰였으므로 drawn that이 빈칸에 적절한데, 이처럼 동격의 접속사 that을 포함한 수식어구가 길 경우, 수식어구가 수식받는 단어 바로 뒤에 오지 않고, 동사 뒤로 갈 수도 있다.

이러한 전제들로부터, 물질의 배열이 조직에서 가장 중요하다는 결론이 도출된다.

10　　　　　　　　　　　　　　　④

① 전치사 of 다음에는 명사나 명사구가 와야 하는데, 질이 와서 틀렸다. ② convince는 'convince+사람+of+사물'의 어순을 취하지만, 사람 뒤에 that절이 오면 of 없이 'convince+사람+that절'이 오므로, ②가 아닌 ④가 빈칸에 적절하다. ③ convinced가 that절과 함께 쓰이기 위해서는 convinced me that이나 수동태인 was convinced that으로 고쳐야 한다.

두려움이 나를 보호해줄 유일한 것이라고 그 사악한 마녀는 나에게 확신을 주었다.

11　　　　　　　　　　　　　　　②

①과 ③의 경우, 주어인 they 다음에는 현재분사나 명사가 아니라 동사가 와야 하며, 빈칸 앞의 동사 like와도 호응되지 않는다. ④ 동명사의 주어는 소유격이 원칙으로 interfering 앞에 their가 맞게 왔지만, interfere는 '자동사'로 목적어를 받을 때 반드시 전치사 with와 함께 쓰인다. 따라서 ④가 아닌 ②가 빈칸에 들어가야 한다.

최근 범죄에 대해 우리가 벌이는 공식수사를 그들이 간섭하는 것을 나는 좋아하지 않는다.

12　　　　　　　　　　　　　　　④

thought 다음에 that이 왔으므로, that 다음에는 절이 와서 thought의 목적어 역할을 해야 한다. 따라서 that 다음에 구가 온 ①과 ③은 빈칸에 들어갈 수 없으며, '눈이 많이 오다'라고 할 때는 자동사 snow 다음에 부사인 heavily가 와야 한다. 따라서 ②가 아닌 ④가 빈칸에 들어가야 하며, 이때 it은 비인칭 주어로 snow와 같이 날씨를 나타낼 때 쓰인다.

우리는 모두 악천후에 대비했으나, 폭설이 내릴 줄은 꿈에도 몰랐다.

13　　　　　　　　　　　　　　　②

convince는 '확신하다'가 아니라 '확신시키다'는 뜻이므로 '우리는 ~라고 확신한다'는 we convince that ~가 아니라 we are convinced that ~이다. 따라서 목적보어 자리의 원형동사인 ②를 과거분사 convinced

로 고쳐야 한다. ① 분사구문이 아니라 동명사로 story까지가 문장의 주어이다.

그의 성공이야기를 읽는 것이 우리로 하여금 우리가 꿈을 붙잡고 있으면(버리지 않으면) 꿈은 실현될 수 있다고 확신하게 만든다.

14　　　　　　　　　　　　　　　④

refer to는 regard와 마찬가지로 'refer to+목적어+as+형용사/명사'의 어순을 취한다. 따라서 refers to의 목적어는 Diaoyu가 아니라 선행사인 Senkaku islands가 되며, 목적격 보어가 Diaoyu이므로 ④를 refers to as Diaoyu로 고쳐야 한다.

가장 중요한 것은 중국이 댜오위다오라고 부르는 일본이 점유하고 있는 센카쿠 열도의 반환을 요구하는 중국의 적극적인 노력이다.

15　　　　　　　　　　　　　　　①

to부정사가 have 동사의 목적어를 수식할 때는 능동태의 to부정사를 쓰므로 ①을 to offer로 고쳐야 한다. ② 복수명사 sights를 수식하므로 so much가 아니라 so many이다. ③ 사람이 아니라 사물을 수식하므로 현재분사이다. ④ is의 주어이므로 관계부사 where가 아니라 관계대명사 which가 맞다.

비엔나는 예스러우면서도 새로운 도시에 너무나 많은 매력적이고 매혹적인 명소가 있어서 권할 것을 너무나 많이 갖고 있다.

16　　　　　　　　　　　　　　　④

마지막 keep 이하는 자녀들을(목적어) 계속 행복한 상태에 있게(목적보어) 하는 것이므로 목적보어인 ④를 형용사 happy로 고쳐야 한다. ① If we look at the problem from ~에서 the problem을 주어로 하여 수동태로 전환하면 If the problem is looked at from ~이 되는데, 이것을 분사구문으로 만들고 being을 생략한 과거분사로 시작되는 분사구문이다.

약간 다른 관점에서 보면, 문제는 오늘날의 부모들이 너무 열심히 일하다 보니 자녀들을 계속 행복하게 해줄 수 없다는 것이다.

17　　　　　　　　　　　　　　　④

make one's way는 '나아가다, 가다'는 뜻으로 쓰이는데, 뒤에 장소가 올 경우에는 그 장소 앞에 전치사 to를 쓴다. 따라서 ④를 to the historic old로 고쳐야 한다. 참고로 형용사의 어순은 'the(한정사)+성질(historic)+신구(old)'의 순서로 적절하게 왔다.

산타마르타 근처에서의 일자리 제안을 거절한 그는 그 뒤에 다시 한 번 비행기를 타고 카르타헤나라는 역사적으로 유명한 고대도시로 갔다.

18 ①

preparation은 '조제용 물질'이라는 뜻으로, '개발하고 검사하는' 주체가 아니라, '개발되고, 검사되는' 객체가 되므로 ①을 have been으로 고쳐야 한다.

그러나 현재까지 개발되어 시험을 마친 조제용 물질들 중 어느 것도 이런저런 이유로 상업적인 용도로 사용되지 못했다.

19 ④

vie는 자동사이므로, the top play title을 목적어로 받기 위해서는 전치사 for와 함께 쓰여야 한다. 따라서 ④를 vying for로 고쳐야 한다.

드라마 리그는 그 시즌의 수상 후보작들을 발표했다. 후보작들은 여느 때처럼 매우 많아서, 11개의 프로그램이 최우수 작품상을 두고 경쟁을 벌이고 있다.

20 ④

since 앞에는 현재완료시제의 주절이 오고, since 다음에는 과거시제가 와야 하므로 ④를 arrived로 고쳐야 한다.

캐나다에서 태어난 리온은 2011년에 인도에 도착한 이래, 인도의 풍기를 문란케 한 혐의로 그녀를 추방시키자는 요구에 직면해 왔다.

21 ③

두 나라 중 한 나라가 공격당할 경우, 나머지 다른 한 나라가 공격받은 나라를 도와준다고 했다. 따라서 명백히 두 나라에서 한 나라가 다른 나라를 도와주는 것을 나타내므로 ③의 another를 the other로 고쳐야 한다.

1961년, 양국은 우호협력 상호지원 조약에 서명했는데, 이 조약은 두 나라 중 어느 한 나라가 공격당하면, 다른 한쪽이 공격당한 나라를 도와줄 것을 요구한다.

22 ①

분사구문의 주어는 the rescue workers인데 이들이 코란의 한 구절에 영감을 준 것이 아니라, 영감을 받은 것이므로 ①은 Inspired by가 되어야 한다.

코란의 한 구절에서 영감을 받은 구조대원들은 6만 명이 넘는 사람들을 구했으며, 이러한 업적으로 그들은 바른생활상을 받았다.

23 ④

'on the day of the test(시험 당일)'는 과거의 특정 시점을 나타내는 부사이므로 완료시제가 아닌 과거시제와 함께 써야 한다. 따라서 ④를 과거동사 overslept로 고친다. ①은 시험 당일(과거)보다 더 이전의 얘기이므로 과거완료 시제가 옳다.

그 학생은 매우 어려울 것으로 우려되는 기말시험을 준비하면서 이틀 밤을 새웠지만 시험 당일 깜빡 늦잠을 잤다.

24 ③

enter는 의미나 상황에 따라서 타동사 혹은 자동사로 쓰일 수 있다. 이 문장에서는 '~에 들어간다'는 의미가 되어야 하므로 enter다음에 전치사 into없이 장소명사가 바로 위치해야 한다. 따라서 ③을 enter the로 고친다. 참고로 'enter into+N'는 '(논의·처리 등을[에]) 시작하다, 착수하다'라는 뜻으로 쓰인다.

천만 명 이상의 힌두교인들이 자신이 지은 죄를 한 축제에서 씻기 위해 갠지스(Ganges)강에 들어갈 것으로 예상됨에 따라, 인도 정부당국은 그 종교행사에 대비했다.

25 ④

function은 자동사이므로 itself를 목적어로 받지 못한다. 따라서 ④를 functions로 고쳐야 한다.

아담 스미스가 주장했듯이, 시장에서 가격이 어떻게 결정되는지에 초점을 맞추는 것은 일리가 있는데, 왜냐하면 이것은 시장이 어떻게 기능하는지를 이해하는 데 있어 핵심이기 때문이다.

26 ③

'Enterprise 2.0'까지 이미 하나의 완전한 절을 이루고 있으므로, 동격 명사 a term 이하는 a term을 꾸며주는 말이 되어야 한다. 따라서 ③의 has been coined를 which has been coined로 고치거나, which has been을 생략한 coined로 고쳐야 한다.

업계에서는 'Enterprise 2.0'으로 불리는 어떤 것에 관한 대대적인 광고가 또한 있었는데, 이 용어는 과학기술을 직장에 접목시키는 노력을 설명하기 위해 만들어졌다.

27 ④

deprive는 '제거·박탈'의 뜻을 가진 동사로, 'deprive+사람[장소]+of+사물'의 어순을 취한다. 따라서 ④를 of로 고친다.

중국이 조금씩 주는 원조를 중단한다면, 북한은 내부적으로 붕괴될 것이고, 수백만 명의 난민이 인접국(중국)으로 유입될 것이며, 중국으로서는 미국의 영향력을 상쇄해주는 중요한 완충국을 잃게 될 것이다.

28 ①

한국전쟁과 같이 역사적 사실을 나타낼 때는 항상 과거시제를 사용해야 한다. 따라서 과거완료시제인 ①을 broke out으로 고쳐주어야 한다.

1950년 6월 한국전쟁이 발발했을 때, 핵무기를 사용하는 것은 첫 번째 군사옵션들 중 하나였으며, 핵무기를 사용하는 것이 해리 트루먼 대통령과 그의 보좌관들에 의해 검토되었다.

29   ②

have become accustomed는 have built up tolerance to와 같이 naturally-occurring toxic compounds를 목적어로 취하고 있는데, accustomed가 목적어를 취하기 위해서는 전치사 to가 필요하므로 ② 를 become accustomed to로 고쳐야 한다.

일반적인 주장은 우리가 자연 발생한 독성 화합물에는 익숙해져 있고 이에 대해서 내성이 생긴 반면, 보다 최근의 합성 화합물에는 그럴만한 시간이 없었다는 것이다.

30   ④

④ '더욱 더 ~해지다', '점점 더 ~하다'라는 의미의 표현은 'get+비교급 and 비교급'으로 써야 한다. higher and highest를 higher and higher로 고친다. ① at (the) best는 '기껏해야', '잘해야'라는 의미의 최상급 관용표현이다. ② 원인, 이유의 부사구나 절의 앞에 있는 비교급 표현에는 앞에 the를 붙인다. none은 부사로 쓰인 것이며, 'the+비교급' 앞에 쓰여 '결코 ~않다'라는 의미를 만든다. ③ 배수사 twice 다음에 명사가 나오면 그 명사 앞에 한정사 the 또는 소유격 대명사를 쓴다. 어순은 'all/both/half/double/twice+the+명사'이다.

① 그는 기껏해야 이류 작가이다.
② 그는 많은 재산에도 불구하고 행복하지 않다.
③ 계약을 갱신하려면 두 배를 지불하도록 우리는 요구받았다.
④ 밀 가격이 점점 더 상승하고 있다.

MEMO

MEMO

MEMO

MEMO

MEMO

MEMO